U0755860

　　本教材得到山东省研究生教育优质课程建设项目"行政法学原理"、中国石油大学（华东）研究生教育建设项目"法学一级学科硕士点核心课程群的建设"的经费资助。

中国石油大学（华东）法学硕士点建设项目系列教材

XINGZHENGFA ZHUANTI YANJIU

行政法专题研究

王学栋　谌爱华　编著

中国政法大学出版社

2020·北京

声　明　　1. 版权所有，侵权必究。

　　　　　　2. 如有缺页、倒装问题，由出版社负责退换。

图书在版编目（ＣＩＰ）数据

行政法专题研究/王学栋,谌爱华编著. —北京:中国政法大学出版社, 2020.1
ISBN 978-7-5620-9375-6

Ⅰ.①行… Ⅱ.①王… ②谌… Ⅲ.①行政法－研究－中国 Ⅳ.①D922.104

中国版本图书馆 CIP 数据核字(2020)第 007279 号

出 版 者	中国政法大学出版社
地　　址	北京市海淀区西土城路 25 号
邮寄地址	北京 100088 信箱 8034 分箱　邮编 100088
网　　址	http://www.cuplpress.com (网络实名：中国政法大学出版社)
电　　话	010－58908586(编辑部) 58908334(邮购部)
编辑邮箱	zhengfadch@126.com
承　　印	固安华明印业有限公司
开　　本	880mm×1230mm　1/32
印　　张	11.375
字　　数	275 千字
版　　次	2020 年 1 月第 1 版
印　　次	2020 年 1 月第 1 次印刷
定　　价	59.00 元

目 录

第一章　行政与行政法 / 001

　一、行政 / 001

　二、公共行政 / 004

　三、行政法是关于公共行政的法 / 013

　四、公共行政与行政法的关系 / 033

第二章　行政法的基本原则 / 037

　一、信赖保护原则 / 037

　二、比例原则 / 051

　三、正当程序原则 / 065

第三章　行政主体法论 / 080

　一、我国行政主体理论的审视与展望 / 080

　二、行政委托行为 / 094

　三、非政府组织的行政主体地位 / 109

第四章　行政自由裁量权论 / 126

　一、行政自由裁量权的多维透视 / 126

二、行政自由裁量权的产生前提 / 138

三、行政自由裁量权的历史演进 / 152

四、行政自由裁量权的控制途径 / 166

第五章　行政行为设定论 / 183

一、行政行为设定的内涵 / 183

二、行政行为设定的原则 / 187

三、行政行为设定的内容 / 192

第六章　行政合作法论 / 215

一、合作行政中的公共利益 / 215

二、行政契约行为 / 228

三、公私协力行为的法律规制 / 257

第七章　行政听证程序论 / 275

一、行政听证的概念 / 275

二、行政听证程序的价值 / 279

三、行政听证程序的适用范围 / 282

四、行政听证主持人制度 / 292

五、行政案卷排他制度 / 306

第八章　行政公益诉讼论 / 319

一、行政公益诉讼的基本概念 / 319

二、行政公益诉讼的法理基础 / 323

三、行政公益诉讼制度的域外考察 / 325

四、我国行政公益诉讼制度的发展 / 332

五、我国行政公益诉讼制度的发展方向 / 340

主要参考文献 / 350

后　记 / 356

第一章 行政与行政法

一、行政

　　行政是行政法学最基本的概念，但行政本身恰恰是一个多义的、不断变化的概念。在日常用语中，"行政"这个词有着很广泛的含义。在我国，20世纪80年代以前人们几乎把与管理有关的活动都称为行政，不管这个管理是党政机关的，还是人民团体的、教学科研机构等事业单位的，抑或是企业的。随着公共行政学（当时称行政管理学）与行政法学作为一门学科在20世纪80年代后的恢复和重建，人们开始将行政管理与企业管理分开来看待。但是，作为一种历史遗迹，部分事业单位和企业单位仍然有"行政科""行政处"的设置，在这里，"行政"所指的仅是"后勤管理"，是一种特殊的管理形式。

　　其实，"行政"一词，在中国古代就早已出现。从语源来说，早在两千多年前的中国古文献中，就有关于"行政"的记载。例如，《左传》中有"行其政令""行其政事"的说法。"行政"一词最早见于《史记·周本纪》："召公、周公二相行政，号曰'共和'。"这里的"行政"是指对整个国家的管理。在我国《现代汉语词典》中，对"行政"的解释是："行使国家权力的（活动）；机关、企业、团体等内部的管理工作"。[1]

---

〔1〕 中国社会科学院语言研究所词典编辑室编：《现代汉语词典》（修订本），商务印书馆1996年版，第1409页。

在西方，行政的英文表述是 Administration，源自拉丁文 Adminatrarc，《英汉大词典》对该词的解释除"行政"外，还有管理、执行、实施等意义。[1] 美国学者 A. 邓瑟（Dunsire）在《行政：词义与科学》中分析了行政的 15 种不同含义，其中"对各种事物进行管理"是基本含义之一。因此，行政本身具有管理的内涵。

在英语中，管理的另一表述是 Management，主要指商业企业的活动。在约定俗成的意义上，人们更多地用"行政"（Administration）表示政府的管理活动，而用"管理"或"企业管理"（Management）表示企业的经营管理活动。但是，无论中文的"行政"与"管理"，还是英文的"Administration"与"Management"，都是近义词，经常不加区分地加以应用。如赫伯特·西蒙的名著 Administration Behavior，中译本大多译为《管理行为》，我国的 Master of Business Administration（简称 MBA）则被翻译为工商管理硕士，而 Master of Public Administration（简称 MPA）也被翻译为公共管理硕士。当然，二者之间的差异也是不能被忽视的。

"行政"一词是由"行"与"政"构成，"行政"词义的基点在于"政"。"行"是一个动词，与作为动词的"管理"有着大致相同的含义，因此，人们常用的"行政管理"这个词汇并不严谨，具有同语反复的嫌疑，即"管理管理"。当然，之所以有"行政管理"这一约定俗成的词语，一方面可能是基于行政作为管理的一种特殊形式，突出行政的特殊内容与特征，另一方面可能是为了强调行政的管理内涵，但"行政管理"一词，在特定的学术语境下才有其存在的必要性。"政"是所行之事，

---

[1] 陆谷孙主编：《英汉大词典》，上海译文出版社 1993 年版，第 22 页。

是在国家出现之后才产生的政治活动或政治现象，即有了政治现象，才有"政"（政治、政令）可"行"。"行"与"政"合起来，就是管理国家事务之意。马克思曾指出，"行政是国家的组织活动"。[1]所以，现在人们使用"行政"这个概念往往是从其作为国家的政务，或与国家相联系的各种事务方面来理解的。确实，"行政"所行之"政"就表明了行政的特殊性质和对象，即表明行政不是一般意义上的管理，而是一种特殊形式的和有着特殊内容的管理。所以，早期的行政，主要是指政府管理，特别是政府对自身事务的管理。这也是行政这一概念最基本的含义。这里的管理，通常是指计划、组织、指挥、领导、控制等活动。

作为对国家事务的管理活动，行政一开始就同政治结下不解之缘。"政治"之"治"也是一个动词，实际上相当于今天行政或管理的含义。所以，人类社会早期的行政活动与政治活动是没有区分的。近代资本主义国家形成以后，随着工业化和城市化的发展，以及公共领域与私人领域的区分，政府担负的职能日益复杂化，经过不断分化，行政作为一个相对独立的政府管理领域逐渐从政治中分离出来。特别是随着 1883 年美国政府以功绩制为主的近代文官制度的建立，威尔逊和古德诺等行政学奠基者对行政进行了理论阐释，终于把作为"国家意志的表达"的政治与作为"国家意志的执行"的行政区分开来。行政从政治中分离出来，成为一个相对独立的政府活动领域，从而使行政学或公共行政学这门独立学科的产生成为可能。

当然，学界对行政、行政管理的概念一直存在着不同的理解。从狭义上说，行政管理是指国家行政机关及其行政人员对

---

〔1〕《马克思恩格斯全集》（第 1 卷），人民出版社 1965 年版，第 479 页。

国家事务、社会事务和机关内部事务的计划、组织、指挥、协调、控制等管理活动。以此为依据，自从国家和政府产生以来，人类就开始了行政管理的实践，但近代以来，由于国家、社会事务的管理，涉及全体或多数社会成员的利益，行政管理具有鲜明的公共性特征，因此其通常被称之为"公共行政"（Public Administration）。广义地看，任何组织要生存与发展，都必须要有相应的机构和人员行使执行、管理职能，因此，行政管理的体制、机制、程序和方式、方法，不仅仅属于政府，其他类型的大型组织如企业单位、社会组织等在其运营过程中，都有着大量的行政管理事务需要处理，都存在一个行政管理的问题。与公共行政的概念相对应，这一含义的行政或行政管理，可以称之为私人行政（Private Administration）。因此，从广义上讲，行政有公共行政与私人行政之分。作为行政法调整对象的行政，主要指的是公共行政。

二、公共行政

从法理上说，现代行政权力源于人民主权或人民权力，属于公共权力，政府受人民委托履行管理国家事务和社会公共事务等行政职责。因此，现代行政的实质是公共行政。

（一）公共行政的内涵

1. 公共行政中的"行政"

关于公共行政中的"行政"概念，确切地说，其源于西方的学术传统。在西方，人们通常从以下四种角度来理解"行政"这一概念：

（1）从三权分立的角度解释"行政"，认为行政是除立法、司法之外的一切国家活动，是行政机关实施立法机关所制定的法律和政策的活动，代表人物是美国行政学家魏罗毕。

（2）从政治与行政二分法的角度解释"行政"，认为政治是国家意志的表达，行政是国家意志的执行，代表人物为美国行政学家威尔逊与古德诺。

（3）从管理的角度解释"行政"，把行政等同于管理，认为行政是由计划、组织、人事、指挥、协调、报告和预算等功能构成的一个过程，是一种具有高度理性的人类合作努力，代表人物是美国行政学家古立克与沃尔多。

（4）从综合性角度解释"行政"。如罗森布罗姆认为，公共行政采用管理的、政治的和法律的理论与过程，以实现立法的、行政的和司法的政府命令为目的，具有为整个社会或其某个部分提供管制和服务的职能。[1]尼格罗认为，公共行政是在公共环境中共同合作的群体努力；包括所有三个部门——执行的、立法的和司法的相互作用；在制定政策方面有重要作用，因此是政治过程的一部分；明显不同于私营机构的行政；在提供社会服务方面，与许多私人团体和个人有密切关系。[2]

2. 公共行政中的"公共"

把握公共行政的内涵，关键在于对"公共"的理解。综合学术界关于公共的解释，本书认为公共行政中的"公共"至少应包括以下内涵：

（1）公共组织。这是公共行政的主体。公共是相对于"私人的""营利性的"或"企业的"行政来说的，"公共的"行政强调执行行政活动的主体主要是政府部门或公共组织，而不是私人企业或机构。公共行政不同于国家行政，国家行政主要是

---

〔1〕［美］戴维·罗森布鲁姆、罗伯特·克拉夫丘克：《公共行政学：管理、政治和法律的途径》（第5版），张成福译，中国人民大学出版社2002年版，第5~6页。

〔2〕［美］菲利克斯·尼格罗、劳埃德·尼格罗：《公共行政学简明教程》，郭晓来等译，中共中央党校出版社1997年版，第15页。

指国家行政机关的行政，范围要小于公共行政；公共行政的主体除了国家行政机关外，还包括大量的法律法规规章授权的组织，[1] 它们行使着广泛的公共行政管理职能。因此，公共行政既包括传统的国家公共行政，还包括社会公共行政。

（2）公共权力。这是公共行政的基石。公共权力在国家产生之后主要表现为国家权力，行政权力是国家权力的重要组成部分。政府行使的权力是人民赋予的，为人民服务并接受人民的监督。政府公共权力必须接受立法机关所通过的法律的制约，还要受到司法部门的监督和制约，所以，必须依法行政。政府公共权力行使的一个重要原则是行政机关的行为"越权无效"，即行政机关超越立法机关的授权和法律所允许的界限，便是越权，而越权行为是无效的。

（3）公共利益。这是公共行政的宗旨。如果进行抽象的研究，所有的行政管理都有同样的职能、程序、要素或过程。但是，不同的行政管理活动有不同的目的和性质。如封建国家的行政管理的目的和性质是巩固王权和少数人的统治；私人行政的目的和性质是为了营利；而公共行政的目的和性质主要是为公众提供服务，实现公共利益。政府存在的唯一目的是满足社会公共需要、实现公共利益，政府是公共利益的代表和体现。

（4）公共产品与公共服务。这是公共行政的任务。政府活动的主要形式是为全体公民提供全面而优质的公共产品，为社会提供公正公平的公共服务。政府不直接提供私人产品与服务。这里，公共产品（public goods）是相对于私人产品（private goods）而言的，是指那些具有非排他性和非竞争性的产品，又

---

〔1〕 2014 年修订的《行政诉讼法》第 2 条第 2 款规定，"前款所称行政行为，包括法律、法规、规章授权的组织作出的行政行为。"这样就把授权组织的范围扩大到法律、法规、规章授权的组织。

分为纯公共产品和准公共产品，前者如国防、环境保护、基础科学研究等，后者如高速公路、公共渔场、电影院等。从理论上讲，公共产品的非竞争性和非排他性特征决定了它不能通过市场途径进行分配，而只能由政府来提供。因此，提供公共产品和公共服务乃是政府的天职，并且提供的公共产品和公共服务应以无偿为原则，收费为例外，坚持收费法定原则。当然，这并不意味着政府完全垄断公共产品的供应。

（5）公共事务。这是公共行政的客体。政府活动的核心是对公共事务的处理，公共事务涵盖政治管理、经济管理、文化管理、社会管理等各个方面和领域。政府在公共事务的管理上才是权威，私人事务不属于政府的管辖范围，在私人事务领域政府不是权威。

（6）公共责任。这是公共行政的灵魂。依法行使行政权力，管理公共事务，代表与实现公共利益，相应地必须承担公共责任，这是题中应有之义，也是天经地义之责。政府的公共责任分为政治责任、法律责任、道德责任、行政责任等四个方面。这就意味着，政府必须认真履行这四项责任，并广泛接受社会的监督和问责。

（7）公民参与和公开。这是公共行政的保障。"公民第一"的原则是公共行政活动的核心原则。公民在决策上享有知情权和表达权，公共行政应当追求社会分配的公平与公正，公共行政和行政人员的工作应该保持公开、透明，遵循"以公开为常态，以保密为例外"的原则，有利于公民的参与和监督。所以，公共行政面向全体公民提供公共服务，具有公益性，以维护社会公平、公正为主。

公共行政的上述公共组织、公共权力、公共利益、公共事务、公共责任、公民参与等方面，都是公共性的表现。作为公共行政的实质与核心，公共性主要是指公共部门、政府的属性，也就是说，政府产生、存在的目的是为了维护公共利益、行使公共权力、制定公共政策、管理公共事务、生产公共产品、提供公共服务、维持公共秩序、满足公共需要以及创造具有公益精神的意识形态等，公正、民主、法治、透明、责任都是公共性的具体表现和要求。

3. 公共行政的概念

综上可知，所谓公共行政，是指以国家行政机关为主体的公共组织依法对国家事务与社会公共事务进行有效管理与服务的活动。这样，相对于原来的行政管理概念，公共行政的概念有了一些新的内涵。如果说行政管理的概念集中在政府自身的行政体制、程序、运行机制及其方式、方法上，以效率为主要追求的话，那么，公共行政的概念则突出了政府的公共服务和社会管理方面的职能，它是以政府为主体的公共行政主体、以服务于公共利益和满足公民需要为出发点和最终归宿的行政体系及其行政管理活动的总括。当然，公共行政的概念没有完全否定或取代行政管理方面的问题，而是把行政管理作为实现自己职能的一个重要组成部分。

（二）公共行政的特征

与私人行政相比较，行政法所指称的公共行政具有以下几个显著特征：

1. 公共服务性

公共服务性是公共行政的首要特征，也是公共行政最根本的价值观。因为公共行政存在于公共领域，行使的是公民所赋予或委托的公共权力，利用和支配的是公共资源，最终提供的是公共产品或公共服务，目的是实现公共利益的最大化。20世纪以来的行政法学认为，行政主体与行政相对人的关系在状态上是一种利益一致的关系，在行为上是服务与合作的关系，在观念上是一种相互信任的关系。因此，公共行政被认为是行政主体在行政相对人的合作下所做的公共服务行为。[1]因此，公共行政的这一特征向现代政府提出了新的要求，现代政府应是国家共同体内全体公民的政府，是"公共的"政府或公共利益的代表，政府公务人员是人民的"公仆"。公共行政必须为公民服务、为纳税人服务。公共行政发展过程中一以贯之、不断强化的理念就是公共服务性的日益凸显，离开这一特征，就背离了公共行政的本质要求，必然导致公共行政的异化。

私人行政追求私人利益，提供的产品或服务是以等价交易、有偿服务为原则，无偿服务为例外的。而公共行政提供的公共产品或公共服务恰恰与此相反，是以无偿为原则，收费为例外的。这是因为，从利益关系上说，行政主体对公共利益的集合（主要表现为征收税款）是无偿的，因而对公共产品与公共服务的提供也应当是无偿的。也就是说，行政相对人已经无偿地分担了公共负担，其接受行政主体的公共服务也应当是无偿的。从法律关系上说，行政主体的权力是一种职责或义务，而职责或义务的履行应是无偿的。行政主体实施法律所需的经费只能由国家财政来负担。当然，行政行为的无偿性是有例外的。当特定行政相对人承担了比其他行政相对人更多的公共负担（如财产征用等）时，或者分享了比其他行政相对人更多的公共利益（如获得许可而采矿、取用地下水等）时，就应当是有偿的，但是这种有偿或收费应有明确的法律法规依据。

2. 从属法律性

19世纪的行政法学认为，行政相对人的公法权利来源于法

---

〔1〕 姜明安主编：《行政法与行政诉讼法》（第3版），北京大学出版社、高等教育出版社2007年版，第177页。

律，但行政机关的行政权却并非源于法律或立法机关，而与立法机关的立法权和司法机关的司法权一样来源于国家或人民。因此，行政权并不需要从属于立法权或司法权，行政权的行使并不一定都要接受法律的约束，法律优先原则并不具有彻底性。20世纪的行政法学认为，行政机关的行政权与行政相对人的权利同样来源于法律，行政权的行使必须全面、全程地接受法律的监控，而不能凌驾于法律之上或站在法律之外，否则就要承担法律责任。[1]

现代社会是法治社会，法律是社会治理的最高权威，依法行政是依法治国的首要内容，也是现代行政的基本方式。行政机关作为公共权力的执行机关必须接受立法机关和司法机关的法律监督，权由法定、权依法使，必须严格遵循"法无授权不可为"的原则，行政机关依法设立，行政权的行使必须有法律授权并有法定根据，行政机关和人员必须带头遵守宪法和各项法律，严格按照法律办事，一切行政活动都要在法律许可的范围内，任何行政机关和个人不存在超越宪法与法律的特殊行政权力。我国宪法也体现了公共行政的这一特点，它规定行政权的来源是宪法与法律，行政机关的性质是执行机关即执法机关，行政机关的执法行为，即行使行政权的行为，必须从属于宪法与法律。公共行政"法无授权不可为"的行政规则与私人行政"法无禁止皆可为"的市场规则是完全相对的。

3. 单方意志性

私人行政，尤其是民事法律行为，强调各方主体的一致意思表示与合意，更多地体现为双方或多方行为。公共行政是运用行政权对公共利益的一种集合、维护和分配，只能是代表公

---

〔1〕 姜明安主编：《行政法与行政诉讼法》（第3版），北京大学出版社、高等教育出版社2007年版，第177~178页。

共利益的行政主体的一种单方面意思表示。也就是说，行政相对人是否应当承担某种公共负担，能否利用某种自然资源和公共设施，它侵犯公共利益的行为是否应受到制裁，都取决于行政主体的意志而不取决于行政相对人的意志。行政行为的单方意志性不仅表现在行政主体依职权进行的行为，如行政机关进行行政监督检查、科处行政处罚、采取行政强制措施、征收税款等；也体现在行政主体依行政相对人申请而实施的行为，如颁发许可证、执照，发放救济金、抚恤金等。后面的这些行为虽然是行政主体在相对人提出申请的前提下作出的，但是行政主体是否满足行政相对人的申请，却不简单取决于相对人的请求。

　　传统行政法上，行政主体无需与相对人协商，而是根据法律规定的标准和条件，自行决定是否作出某种行为。随着行政民主化的发展，一方面出现了双方行政行为，如行政契约的缔结等，必须是双方意思表示一致的行为，否则无法成立；另一方面，现代社会的行政相对人已能广泛地参与行政程序或行政行为的实施，即参与意思表示。但是即使是在体现双方合意的行政契约行为中，也不乏一定程度的行政单方意志性的表现，如行政契约的解除方面。[1] 现代行政法越来越强调行政相对人的参与性，但这仍然取决于行政主体的接受和采纳。行政相对人的意志一旦为行政主体所接受或采纳，所形成的最终意志仍然被视为行政主体的意志。因此，行政相对人的行政参与并没有改变行政行为的单方性。

---

　　〔1〕　当然行政契约总体上讲是一种要求双方意思表示一致的行为，这是它区别于大量的单方行政行为的特点，但它在缔结、履行、变更与解除方面也有着许多不同于民事合同的特点。

4. 权威强制性

公共行政是行政主体代表国家、以国家名义实施的行为，故其以国家强制力作为实施的保障，体现一定的权威性。根据行政法的原则，行政主体为行使其管理职能，享有相应的管理权力和管理手段。行政主体行使职能的行为如遇到障碍，在没有其他途径克服障碍时，可以运用其行政权力和手段，或依法借助其他国家机关的强制手段，消除障碍，保障行政行为的实现。私人行政，尤其是民事法律行为是以意思自治为原则的，即是以对方主体自愿接受为前提的，是各方主体自愿约定权利义务的一种意思表示。民事行为的双方当事人则不享有这种特权，民事行为也不具有此种特性。

公共行政的权威强制性与单方意志性是紧密联系的。就行政主体而言，这种强制性表现为行政主体作意思表示的法定性，而不以意思自治为原则。就行政相对人而言，这种强制性表现为19世纪行政法学上所说的服从和遵守，以及20世纪行政法学上所说的配合。如果行政相对人不予以配合，就会被强制执行。行政行为对行政相对人的强制性也是行政行为单方性的保障，没有行政行为的强制性，作为行政主体单方意志的行政行为就难以作出和实现。

必须指出的是，随着行政民主化的发展，公共行政的直接强制性色彩有所淡化，而平等、协商、参与日益成为行政的基本模式或重要特征：一方面，行政契约、行政指导、公私合作、公私共同治理等行政行为或活动方式，更多体现行政机关和行政相对人之间的平等、协商，几乎没有命令、强制内容；另一方面，行政许可、行政处理、行政处罚、行政强制、行政裁决等传统上具有强制要素的行为，也需要遵循听取相对人的陈述、申辩，向相对人说明理由，甚至与相对人协商等程序。[1]尽管现代行政法学不再强调行政行为实施的强制救济机制、确定性，而强调行政行为的可接受性和行政相对人的自愿接受，但强制仍然是行政行为的后盾。

5. 效力先定性

为了保障行政秩序的稳定性与连续性，行政法承认公共行政具有效力先定性。所谓效力先定，是指行政行为一经作出后，就事先假定其符合法律规定，在没有被国家有权机关宣布为违法无效或被撤销之前，对行政机关本身和相对人以及其他国家机关都具有拘束力，任何个人或团体都必须遵守和服从。行政行为的效力先定是一种事先假定，并不意味着行政行为绝对正确、不可否定，对其效力的否定必须经过国家有权机关依职权和法定程序审查认定。这一特征根源于实现维护和保障公共秩序和公共利益这一目的的需要。与此相比，民事行为则不具有这种效力。在税收征管领域和社会治安秩序的管理领域，这一特点非常明显，如我国的《税收征收管理法》《治安管理处罚法》等法律中有很多反映这一特点的法律规范。

三、行政法是关于公共行政的法

行政法的概念不仅直接表明行政法的调整对象、调整方法，而且直接影响行政法的研究目的、对象及方法的确定，因此，确定行政法的概念是行政法学研究的逻辑起点。[2]顾名思义，行政法是关于公共行政的法。"这种最简单的定义正如民法是有

〔1〕 罗豪才、湛中乐主编：《行政法学》（第3版），北京大学出版社2012年版，第4页。
〔2〕 胡建淼、江利红：《行政法学》（第3版），中国人民大学出版社2015年版，第7页。

关民事的法、商法是有关商事的法、刑法是有关犯罪与刑罚的法等部门法的常识定义一样。当然,仅此简单的定义是不够的。"[1]但是,学术界对行政法的定义更多的情况是学者"从某一角度进行研究而得出的结论,很少能对事物做多视角、多层面的考察",[2]我们认为,为了尽可能完全准确反映行政法的全貌,对行政法概念的界定,可以从以下几个角度入手:

(一)行政法是国内之公法

这是就行政法在法律体系中的地位与性质而言的,主要包含两层含义:

首先行政法是国内法,以区别于国际法。国际法是国际社会中处理国际关系事务的规范。国内法即是由本国政府以国家主权所制定的,适用于国内事务,其效力以国家领域为范围的法规。国际法与国内法是不同的法律体系,但这两个体系之间相互联系,彼此之间起着互相渗透、互相补充和互相促进的作用。国家在制定国内法时,不能忽视其应尽的国际义务,在参与制定国际法时,又不能无视本国的主权。国际法不得干预国内法,国内法不得改变国际法,两者的关系应是协调一致的。行政法基于一国国家主权而制定,效力及于本国区域。行政法作为国内法与国际事务并非毫无关系,但应注意:①本国政府对派驻国外的各种机构与旅外侨民,以及就有关行政业务的处理,仍系适用本国之行政法规。②本国政府对在本国领域内的外国侨民,虽有权适用本国行政法规予以管辖,但须受国际法及条约的限制。③国内行政法规吸收外国法或国际法原理原则

---

〔1〕《行政法与行政诉讼法学》编写组:《行政法与行政诉讼法学》,高等教育出版社 2016 年版,第 10 页。

〔2〕 姜明安主编:《行政法与行政诉讼法》(第 3 版),北京大学出版社、高等教育出版社 2007 年版,第 14 页。

与规定的情形日益普遍，由此形成行政法国际化的趋势。

其次，行政法是公法。在国内法的范围内，有公法与私法两大系统。关于公私法的划分源于古罗马法，古罗马法学家乌尔比安认为，"公法涉及罗马帝国的政体，私法涉及私人利益"。[1]而大陆法系继承并发展了该理论，并将其运用于法律实践。一般说来，私法是关于个人的、经济的、平等的、自律的、私益的规范的法，包含民法与商法两类；公法是关于国家的、政治的、支配的、他律的、公益的规范的法，包括宪法、行政法、刑法、诉讼法。行政法属于公法的范畴，调整的是行政权之间或行政权力与个人权利之间的关系，涉及公共利益与个人利益之间的关系。行政法的公法特性决定了行政法调整方式的特殊性，与民法中平等自愿的调整方式相比，行政法的调整方式存在着公共利益与公权力的因素。[2]但是随着全球范围内公共管理改革的推进与现代国家职能的变化，在行政法领域出现了公法私法化与私法公法化的趋势。

公法私法化即公共管理中的私人意志自由，其中的"公法"是从调整对象意义上说的，即公共管理领域的法律关系；"私法化"又是从调整方法意义上说的，即协商、放任的法律手段。"公法私法化"的主要表现是将平等对立、协商较量、等价有偿、恢复补偿等私法手段引入有政府和公权力加入，以公共利益为考量的公法关系；[3]在公共管理中，运用行政契约的方式，变"指令"为一定范围内的"协商"；在金融宏观调控中由直接的信贷控制、利率管制变为运用再贴现、公开市场操作等市

---

〔1〕　[罗马]查士丁尼：《法学总论》，张企泰译，商务印书馆1989年版，第5页。

〔2〕　胡建淼、江利红：《行政法学》（第3版），中国人民大学出版社2015年版，第9页。

〔3〕　史际春、邓峰：《经济法总论》，法律出版社1998年版，第64页。

场化方式，避免过于刚性的调控手段对金融市场的冲击；在财政政策方面，由直接财政补贴变为通过政策性银行贷款、贴息等契约方式，以提高资金运用效率；对于需要行政控制的领域，由逐项行政许可和收费变为控制总量之后的许可证交易，其典型事例是环境保护法上的"排污权交易"制度。"排污权交易"制度在西方国家实践中被证明在治理环境污染方面效果非常突出，是在国家干预中引入市场机制的典范，其在信息和利益激励方面比传统的逐项强制收费更具效率。

私法公法化即市民社会生活中的国家意志支配，其中的"私法"是从调整对象意义上说的，即市民社会领域的法律关系；"公法化"又是从调整方法意义上说的，即国家强制的法律手段。私法公法化表现为以国家意志支配当事人意志，在行为模式和权利义务的安排上实行"管制"，排除一定范围内的当事人意思自治。一是契约自由的原则受到了一定的限制，订立契约不得违背国家法律和社会道德，不得损害公共利益和社会利益，因此，订立契约不再享有绝对的自由。二是所有权由过去的绝对权利开始变为相对权利，国家可以为了社会公共利益的需要，对公民的所有权作出一定的限制。三是过错责任原则受到挑战，无过错原则得以确立，在特定领域，如环境保护或市场管理领域，不论行为人主观上是否有过错，只要客观上给公民、法人造成损害，就应承担赔偿责任。如劳动法上关于就业平等、劳动时间、最低工资、社会保险、女工特殊保护的规定；消费者保护法上关于商品售后服务的规定；消费者保护法上关于经营者提供详细产品说明书的规定；竞争法上关于禁止搭售、禁止横向或纵向限制的规定；证券法上对上市公司、券商以及证券投资基金信息披露义务的规定，对操纵市场、内幕交易等实行"过错推定"的制度等。

因此，随着现代国家职能的变化，出现"私法公法化"和"公法私法化"，它们难以被单纯划入私法或公法，并且在法律法规、法律实践、法学研究方面已经形成相当规模，应当列为与私法和公法并列的第三法域（公私融合法、广义社会法），从而形成私法、公法和社会法（公私融合法）三大基本法律领域。[1]

（二）行政法是调整行政关系的法

这是就行政法的调整对象与内容而言的。法律是调整社会关系的工具，不同的部门法调整不同的社会关系，因而，从调整对象的角度界定部门法的概念是各部门法界定的通用方式，如民法是调整平等的民事主体之间的人身关系与财产关系的法律规范的总称，经济法是调整国家宏观经济管理过程中所发生的社会关系的法律规范的总称。基于此种认识，我们可以把行政法界定为"调整行政过程中行政关系的法律规范的总称"。与其他部门法相比，行政法的调整对象具有如下特征：①行政法的调整对象是行政过程中发生的各种关系，与行政活动直接相关；②行政法并非调整行政过程中的所有关系，而是行政主体在行使行政职权和接受行政法制监督而与行政相对人、行政法制监督主体所发生的各种关系以及行政主体内部发生的各种关系；③行政法所调整的各种社会关系中必然有行政主体的参与，行政主体是行政关系的主体之一；④行政法调整的各种关系中，各方主体的地位并非是平等的。如在行政管理关系中，行政主体往往居于主导地位，更多体现为一种管理与被管理、命令与

---

[1] 龚刚强："法体系基本结构的理性基础：从法经济学视角看公私法划分和私法公法化、公法私法化"，载《法学家》2005 年第 3 期。

服从的关系；[1]而在行政法制监督关系、行政救济关系中，行政法制监督主体、行政救济主体往往居于主导地位，对行政主体行使行政监督权利。

行政关系是指行政主体在行使行政职权和接受行政法制监督而与行政相对人、行政法制监督主体所发生的各种关系以及行政主体内部发生的各种关系。因此，作为行政法调整对象的行政关系主要包括四类：[2]

（1）行政管理关系。即行政机关、法律法规授权的组织等行政主体在行使行政职权的过程中，与公民法人和其他组织等行政相对人之间发生的各种关系。行政主体与行政相对人之间形成的行政管理关系，是行政关系中的主要部分。行政主体的大量行政行为，如行政许可、行政征收、行政给付、行政裁决、行政处罚、行政强制等，大部分都是以行政相对人为对象实施的，从而与行政相对人之间产生行政关系。大多数行政法，如《行政处罚法》《行政许可法》《行政强制法》等都调整此类关系。行政管理关系与其他行政关系相比较，有两个重要特点：一是关系的双方只能是行政主体与行政相对人；二是行政主体在关系中居主导地位。

（2）行政法制监督关系。即行政法制监督主体在对行政主体及其公务人员进行监督时发生的各种关系。所谓行政法制监督主体，是指根据宪法和法律授权，依法定方式和程序对行政职权行使者及其所实施的行政行为进行法制监督的国家权力机关、国家司法机关、国家监察机关等。行政法制监督关系的另

---

〔1〕　在合作行政中，行政主体与行政相对人主要通过协商达成合意，双方的权利义务基本是对等的，但是行政主体仍然享有行政优益的特权。
〔2〕　姜明安主编：《行政法与行政诉讼法》（第3版），北京大学出版社、高等教育出版社2007年版，第18页。

一方当事人是行政法制监督的对象，包括行政主体、公务员、其他行政执法组织和其他执法人员。调整行政法制监督关系的行政法的法源包括宪法、国家机关组织法、行政诉讼法、行政复议法、监察法等。此类行政关系与其他行政关系相比，有三个重要特点：一是双方主体具有多元性；二是关系的内容因参与主体的不同而具有较大的差异性；三是行政法制监督主体在关系中具有主导地位。

（3）行政救济关系。即行政相对人认为其合法权益受到行政主体作出的行政行为的侵犯，向行政救济主体申请救济，行政救济主体对其申请予以审查，作出向相对人提供或不提供救济的决定而发生的各种关系。所谓行政救济主体，是指法律授权其受理行政相对人申诉、控告、检举和行政复议、行政诉讼的国家机关。主要包括受理申诉、控告、检举的信访机关，受理行政复议的行政复议机关，以及受理行政诉讼的人民法院。从另一角度看有时行政救济本身就是一种行政法制监督，因此，行政救济关系存在与行政法制监督关系的重合，如行政复议关系、行政诉讼关系等。调整行政救济关系的行政法法源主要有信访条例、行政复议法、行政诉讼法、国家赔偿法以及集会游行示威法等。此类行政关系与其他行政关系比较，有三个特点：一是存在三方主体：行政相关人、行政主体、行政救济主体；二是行政救济主体在关系中占主导地位；三是部分行政救济关系与行政法制监督关系重合。

（4）内部行政关系。即行政主体内部发生的各种关系，包括上下级行政机关之间的关系，平行行政机关之间的关系，行政机关与其内设机构、派出机构之间的关系，行政机关与国家公务员之间的关系，行政机关与法律、法规授权组织之间的关系，行政机关与其委托行使某种行政职权的组织的关系等。内部行政关系相对于外部行政关系——行政管理关系、行政法制监督关系、行政救济关系而言，虽然处于从属的地位，但也是构成行政关系的不可缺少的部分，同样是行政法的调整对象之一。作为调整内部行政关系的行政法法源，主要有行政组织法、行政编制法、国家公务员法以及内部行政程序法等。内部行政关系的主要特点是：一是关系的主体是多元的，关系的类别是多种多样的；二是部分内部关系（如平行行政机关之间的关系）的双方主体处于平等地位，不存在一方起主导作用的情形；三是关系受法律调整的范围和程度小于外部行政关系。

在上述四种行政关系中，行政管理关系是最基本的行政关系，行政法制监督关系和行政救济关系是由行政管理关系派生出的关系，而内部行政关系则是从属于行政管理关系的一种关系，是行政管理关系中的一方当事人——行政主体的单方面内部的关系。但是这四种关系都是行政法的调整对象。

（三）行政法是控制与规范行政权的法

这是就行政法的实质与功能而言的。关于行政法的实质与功能，学术界主要有三种主要观点：管理论、控权论与平衡论。[1]

管理论主要在苏联、东欧国家和我国计划经济时代流行，认为行政法的目的与功能是规范行政相对人的行为，保障行政管理的顺利进行，以建立与维护有利于提高管理效率、实现管理任务的法的秩序，因此，行政法可以称为"管理法"。控权论主要在英美国家流行，认为行政法的功能是控制行政权力，保护行政相对人权益免受行政权力滥用的侵害，以建立和维护自由、民主和人权保障的法的秩序，因此，行政法是"控制政府

---

〔1〕 姜明安主编：《行政法与行政诉讼法》，法律出版社2003年版，第29~35页。

权力的法"。平衡论是 20 世纪 90 年代以罗豪才教授为代表的中国学者在既吸收管理论、控权论的合理内核，又批判二者片面性的基础上提出的，认为行政法既要保障行政管理的有效实施，又要防止公民权利的滥用与违法行使，应尽可能在总体上平衡行政主体与行政相对人的权利义务关系，兼顾公共利益与个人利益，以建立和维护民主与效率有机统一和协调发展的法的秩序，因此行政法应该是"平衡法"。[1]

从平衡论的角度考察，行政法既有"管理"的功能，又有"控权"的功能。管理在于建立和维护秩序，实现行政的目标和任务；控权则在于防止行政权的违法行使和滥用，保护行政相对人的合法权益。行政法这两方面的功能都是不可忽视的，过分强调某一方面的功能而否定另一方面的功能都是有害的。但是，从行政法的产生、整体性质和内容考察来看，行政法的控权功能相对于管理功能是更主要和更基本的。[2]不过，平衡论主张的控权是指积极的控权而不是纯消极的控权，即积极地促进和保障行政主体依法行使职权，防止其违法、越权、不作为和滥用权力，而不只是消极地限制其权力，使其尽量"少管事"。如果赋予控权功能以积极的涵义，它本身也就同时具有维护和保障管理、维护和保障依法行政的内容。在这个意义上，行政法可以界定为控制和规范行政权的法。

众所周知，行政权是国家权力的重要组成部分，是社会秩

---

〔1〕　罗豪才主编：《现代行政法的平衡理论》，北京大学出版社 1997 年版，第 3~5 页。

〔2〕　行政法的产生是近代社会基于对政治专制的痛恨、对经济自由的渴望以及对人性弱点的反思，它主要解决法律如何配置权力与权利、行政法如何保证权力正当、行政法如何保障权利实现等问题，归结起来就是如何通过控制行政权力，保障公民权利从而实现"行政权力与公民权利的平衡"的问题。参加孙笑侠：《法律对行政的控制》，山东人民出版社 1999 年版，第 7~8 页。

序的重要保障，任何国家或社会的良性运行与协调发展都离不开行政权的有效支撑。那么，行政法为什么还要对行政权加以规范与控制呢？这主要是由行政权的特点所决定的：第一，行政权同其他国家权力一样，具有两面性，它既可以行善，也可以作恶。行政权在维护社会秩序，增进公共利益，保障公民、法人或其他组织合法权益等方面发挥积极作用的同时，存在行政权异化的风险，如腐败与滥用权力、官僚主义与效率低下、对民主自由与人权的威胁等。因此，必须对行政权力进行监督与控制，保证行政权的行使符合公共目的。第二，与立法权、司法权等其他国家权力相比，行政权最经常、最广泛、最直接涉及作为行政相对人的公民、法人或其他组织的权益，且行政权实施的程序远不及立法权、司法权行使的程序严格、公开，从而行政权最容易导致权力的滥用和腐败。第三，在现代社会，行政权相对于立法权和司法权，有膨胀和扩张的趋势，现代行政权已不再是纯粹的执行管理权，而是包含了越来越多的准立法权（行政立法权）和准司法权（行政司法权）：行政机关自己制定规范，自己执行规范，自己裁判因执行规范而发生的争议、纠纷。在这种将数种权力集中在同一机关的情况下，如果没有有效的控制和制约机制，必然存在权力滥用现象。正是由于以上原因，建立和完善对行政权的控制与规范机制是十分必要的，而行政法就是控制与规范行政权最重要的机制。

那么，行政法是如何控制和规范行政权的呢？基于行政法的控权过程与构成体系，行政法主要是从三个方面控制和规范行政权的：第一，通过行政组织法，控制行政权的权源，实现对行政权的事前控制。行政组织法的基本功能是规定各个不同行政机关的职权，行政机关只能在行政组织法规定的职权范围内实施行为，否则越权无效，而且要承担法律责任。第二，通过行政行为法与行政程序法规范行政权行使的方式，实现对行政权的事中控制。行政权对行政相对人权益的影响不仅在于其权限的范围，而且在权力行使的方式与过程中。一个行政机关，权力即使再大（例如可以限制公民的人身自由），如果其行使方式有严格的程序规范，遵守一整套公开、公正、公平的程序规则，它对相对人权益的威胁并不会很大；相反，即使其权力很小（例如仅可对公民进行罚款），但如果其行使方式没有程序制约，可以任意行使，它对相对人权益亦可造成重大威胁。因此，行政行为法与行政程序法是行政法的重要组成部分，它是保证行政权正确、公正、有效行使的最重要的手段。第三，通过行政监督法、行政责任法、行政救济法制约行政权滥用，实现对行政权的事后控制。行政组织法和行政程序法是事前控制行政权的范围和事中规范行政权行使的方式，防止其越权和滥用；行政监督法、行政责任法、行政救济法则是事后对行政权进行制约。行政监督法为行政权行使是否遵守法定权限、法定程序提供监督机制；行政责任法为滥用行政权的行为提供法律责任追究机制；行政救济法为受到滥用行政权行为侵犯的行政相对人提供法律救济机制。行政法即是通过这三种途径对行政权进行控制、制约和规范，调整这三种途径行为的三类法律规范即是行政法的三大组成部分。

（四）行政法是难以制定统一法典的法

这是就行政法的表现形式而言的。行政法在形式上不同于民法与刑法，民法与刑法都有一部集基本规范为一体的统一法典，而行政法一般不存在这样的法典，它的法律规范广泛地散见于各种法律规范文件之中。具体说来，行政法形式上的特点主要表现为：

（1）行政法缺乏统一、完整的法典。民法有民法典，刑法有刑法典，行政法却很难有行政法典。尽管曾有一些国家和学者努力促进行政法的法典化，但在推进过程中仍然面临很大的困难与争议。我国从来没有一部系统、完整的行政法典，[1]但学术界与立法部门一直在进行在有关某一领域订立行政法典的探讨。

（2）行政法的形式多样，行政法规范散见于各种法律规范文件之中。民法、刑法通常只能由最高国家权力机关制定，法律形式单一，而行政法有多种多级的立法主体，不仅最高国家权力机关或地方国家权力机关可以规定，而且有权的行政机关也可以制定。这就使得行政法的表现形式繁多、种类不一，即具有多种法律渊源，如宪法、法律、行政法规、地方性法规、部门规章与地方政府规章、法律解释、国际条约与协定等。行政法的形式多样，也必然导致其效力多元，具体主要表现在：一是效力层级多元，即不同的行政法形式其效力层级各不相同；二是效力的适用范围多元，即在时间、地域、对象等方面不统一。不同的行政法形式，所适用的地域、时间、事项各有不同。行政法的这一特点必然为行政法的学习与适用带来困难。

（3）行政法规范的数量特别多，属各部门法之首。民法、刑法等法律文件制定主体单一，法律文件数量有限，但行政法的法律文件数量特别多。根据全国人大常委会法工委统计，截至 2018 年 3 月，我国现行有效的宪法 1 部，法律 263 部，行政法规 753 部，地方性法规约 12 000 部，自治条例、单行条例约 700 部，此外还有大量的部门规章、地方政府规章和政府规范性

---

〔1〕 20 世纪 80 年代的中国曾经有过一个行政立法组，其任务是形成我国行政法通则的草案，然而这个努力并未能给我们带来行政基本法。参见应松年："依法行政的回顾与前瞻"，2016 年华东政法大学暑期学校讲话。

文件。[1]在这众多的法律文件中，至少 80%以上的法律性文件都涉及行政管理的内容，属于行政法的范畴。

行政法难以制定统一的法典，主要是因为：①行政法所调整的对象是行政关系，正如"从摇篮到坟墓"所形容的那样，所涉及的领域过于广泛、多种多样，且各种不同的行政关系又存在较大差别，很难将之以统一的规范加以调整。②经济社会的发展导致部分行政关系的稳定性低、变动性大，有必要留给法律位阶较低的法规和规章调整，而不宜于由统一的法典进行规范；③行政法作为一个独立的法律部门产生较晚，规范各种行政关系的最一般基本原则尚未完全形成，有些基本原则虽已形成，但尚不完全成熟，从而不具备将之编纂成统一法典的条件。[2]

行政法不存在统一的法典，并不意味着行政法没有法典。无论是外国还是我国，在行政法的许多领域，都已制定了大量的"局部性行政法典"。如我国已经制定《行政诉讼法》《国家赔偿法》《行政处罚法》《行政复议法》《行政许可法》《行政强制法》等"局部性行政法典"，《行政程序法》《行政收费法》等重要法律也在酝酿之中。

行政法不存在统一的法典，也难于制定统一的法典，但这并不意味着行政法将永远不能制定统一的法典。随着行政法的日益发展，行政法各领域局部法典的日益完善，调整行政关系的基本原则逐步形成，将来制定统一的法典也是可能的。行政

---

〔1〕　就数量而言，规章和规范性文件或许是汪洋，而法律、法规只是汪洋上的几座孤岛。参见周佑勇主编：《行政法专论》，中国人民大学出版社 2010 年版，第 10 页。

〔2〕　姜明安主编：《行政法与行政诉讼法》（第 3 版），法律出版社 2003 年版，第 26 页。

关系虽然各种各样，每种不同的行政关系虽然存在着这样那样的差别，但它们既然同属行政关系，也就必然存在着共性，从而存在着为基本原则所统一调整的可能性。[1]

实际上，世界上有的国家（尽管只是很少的或个别的国家）甚至已将此种可能性变成了现实。例如，荷兰在 1992 年开始制定《荷兰行政法通则》。荷兰之所以制定《行政法通则》主要是基于五个方面的目的：落实《宪法》义务；试图通过法典的编撰（codification）把部门行政法中的错综复杂的程序性规定进行统一；通过立法把行政审判程序进行统一；填补空白（filling gaps）；进行简化（simplify），让规则对普通人而言更清晰。《荷兰行政法通则》在立法形式上是很有特色的，被称为是一个未完成的（unfinished）立法，或者是不断添加构筑的立法。即它是从躯干开始，然后每隔几年就加上去一些新的部分。这是一种成熟一个部分纳入一个部分的思路，因为不可能一次性把所有的行政法内容都确定下来，所以就在不同的时期把不同的内容放到不同的章节中去。当前《荷兰行政法通则》已经有四个部分，第一部分和第二部分在 1994 年 1 月 1 日生效，这两部分也是《荷兰行政法通则》最大的组成部分，主要涉及行政法上的主要概念界定、行政决定一般程序、行政诉讼程序、行政异议程序；第三部分于 1998 年 1 月 1 日生效，涉及行政补助（subsidy）和行政执法（enforcement）等规定；之后第四部分于 2009 年 7 月 1 日生效，规定了行政申诉（administrative complaint）、创设权力（attribute）、授权（delegate）、委托（mandate）等内容。尽管《荷兰行政法通则》在制定过程中面临很大的争议甚至反对，但是它

---

〔1〕 正是行政法的基本原则犹如一根红线，贯穿于行政法的始终，把形式多样、数量众多、效力多元的行政法律规范统一起来，因此，行政法的基本原则是行政法的核心与灵魂，也是制定统一行政法典的基本前提。

的优点很明显，例如：第一，它的规则确立得比较平衡（balanced），在公民和行政机关的关系上设置得当；第二，实现了通过法典化简化规则的目的（codification），与原先规则散落各处的情况相比，立法之后的确是方便了许多；第三，随着近年来政治因素的纳入逐渐增多，能够变得实用（practical），不再是一个美好的体系而已，这是一种好的趋势。当然，《荷兰行政法通则》最困难的部分主要在于确定框架，对各个层次不同的内容的设计。它是一个贯通的整体，采用一个金字塔的形式，从上至下，从一般走向具体，例如《行政法通则》的第二章是公民与行政机关的关系，第三章是行政决定的一般规定，第四章是关于行政决定的特别规定，第五章是关于行政执法的内容。当需要作出一个具体的行政决定时，需要做的就不只是看第五章，而是还需看第四章、第三章、第二章。这个金字塔型的体系和框架比较复杂，作为研究者可以掌握，但这对于普通人来说是很难掌握的一个体系，需要精通整个通则，否则所掌握的规则就不是完整的规则。[1]

必须指出的是，一方面，不能指望通过法典化终结各种行政法问题，法典化也会带来新的问题；另一方面，统一的行政法典只是将一国行政法的基本原则和基本规范编纂在一起，形成一个统一的、有内在逻辑联系的法律规范体系，而并非将一国所有的具体行政法规范汇集成一部行政法大全（这样的法律规范大全并非法典，而是法规汇编）。在统一的行政法典下，各具体领域的局部行政法典以及其他单行行政法律、法规仍有存在的余地。将行政法制定成一部包揽所有行政法规范的统一法典恐怕是永远不可能做到的，不仅行政法做不到，就是民法和

---

〔1〕 夏雨："荷兰《行政法通则》访谈"，载姜明安主编：《行政法论丛》（第20卷），法律出版社 2017 年版。

刑法，在统一法典之外也存在着某些单行法，只是民法、刑法的单行法比行政法要少得多。

（五）行政法是实体性与程序性相统一的法

这是就行政法的规范构成而言的。法有实体法与程序法之分。实体法是以规定和确认权利和义务以及职权和责任为主要内容的法律，而程序法是以规定保证权利和职权得以实现或行使，义务和责任得以履行为主要内容的法律。民法、刑法都属于典型的实体法，行政法的规范构成不同于民法、刑法，行政法既有实体法规范，又有程序法规范，体现了实体法与程序法的统一。这表现为：

（1）行政诉讼法是行政法的重要组成部分。民法与民事诉讼法、刑法与刑事诉讼法，通常分别作为实体法与程序法，单独制定法典，且往往被视为并列的、平行的不同法律部门。行政法则不同，行政法也有行政诉讼法，但行政法与行政诉讼法的关系不像刑法与刑事诉讼法、民法与民事诉讼法那种是并列、平行的部门法关系，行政诉讼法本身是行政法的重要组成部分，是一种整体与部分的关系。其理由是多方面的：[1]一是在调整对象上和逻辑思路上，行政活动及其过程必然伴随着监督与救济的发生。行政权的两面性决定了司法权必须对行政权的行使进行监督制约，并为行政相对人提供救济和保护，即"无监督即无行政"。该内涵同刑法与刑事诉讼法的关系、民法与民事诉讼法的关系具有质的区别。刑法是从实体上解决犯罪与刑罚问题，刑事诉讼法是刑事犯罪的判断与决定的程序规则；民法解决的是意思自治的私领域问题，民事诉讼法主要是关于民事侵权或违约的诉讼程序规则。行政诉讼不同于刑事诉讼与民事诉

---

[1]《行政法与行政诉讼法学》编写组：《行政法与行政诉讼法学》，高等教育出版社 2016 年版，第 13~14 页。

讼，针对国家公权力行使进行监督。二是在监督或救济关系方面，通过行政诉讼的司法救济与通过行政复议等方式的行政救济往往衔接密切，在时间、方式和过程等方面环环相扣。三是从比较视野来看，世界各国无论大陆法系国家还是英美法系国家，都将行政诉讼作为行政法的组成部分（甚至主要的组成部分）予以对待。四是从行政法产生和形成的历史来看，作为"行政法母国"的法国的行政法，最初就是由行政法院通过判例及其概括提升，形成行政法的原则与规则并推动其发展的，可谓"无行政诉讼即无行政法"，且这已成各国行政法产生之通例。[1]

（2）统一的行政程序法的存在。行政法的程序性规范并不仅限于诉讼领域，它还包括有关行政管理活动程序的规范，即行政程序法，行政程序法是行政法特有的一类行为规范。在民事关系中，通常在非诉讼情况下，当事人行为受"意思自治"原则指导，很少有法律规定严格的行为程序。在刑事关系中，若规定罪犯应按一定的程序作案，那是绝对的荒谬。但在行政关系中，出于民主、公正的要求，科学与效率的需要，国家有必要对行政机关行使职权的步骤、次序、方式、时限作出统一的规范。制定统一的行政程序法已成为世界各国行政法发展的重要实践或趋势。这是刑法、民法所不具备的特点。

（3）实体性规范与程序性规范往往共存于同一个法律文件之中。在一个法律文件中，规定行政权力的取得、运行及对相对人产生的后果等内容的规范往往是紧密相连的。如果仅规定

---

〔1〕　行政诉讼法与行政法有着不可分的关系，行政诉讼法实质上是行政法的重要组成部分，但是行政诉讼法相对于行政法的其他部分来说，确实也有着相对的独立性：行政诉讼关系与行政实体关系在主体、客体、内容等各个方面均有较大的差异。

行政权力的取得，而不同时规定其行使的程序是不可能的。这不仅是科学与效率的要求，也是行政活动本身的特点决定的。行政实质上就是管理、执行，因此，享有权力与行使权力是一体的。在行政领域，关于行政行为的实体性规范和程序性规范总是互相交织的，共存于同一个法律文件之中。例如，作为行政实体法的法律文件，同时载有行政诉讼法的规范，如规定相对人不服某种行政行为可提起行政诉讼的诉权、起诉条件、起诉时限的规范等。作为行政诉讼法的法律文件亦往往同时载有行政实体法的规范，如对行政行为司法审查范围的规范，行政行为停止执行条件的规范，行为合法性标准的规范等都应认为是行政实体法的内容。再比如，作为行政法三部曲的行政处罚法、行政许可法、行政强制法等，不仅规定了行政行为的设定、实施、法律责任等实体性规范，而且还规定了行政行为的实施程序，用以规定行政行为的程序性规范。当然行政法律规范集实体与程序于一身的特点并不影响把共通的程序独立出来，作为统一的行政程序法加以规定，更不影响行政诉讼法的独立存在。

（六）行政法是政治性与技术性相统一的法

这是就行政法的规范内容与应用特点而言的。行政法是政治性的法还是技术性的法，一直有不同的观点。如法国学者 P. 威尔认为，行政法不是一种法律意义上的法，而是一种政治意义上的法，人们不能比照民法上通常使用的标准来衡量行政法的规范、概念和制度。[1]另有学者从技术操作角度来认识行政法，认为行政法是一种技术法。如日本的和田英夫认为：宪法具有政治性、意识形态性、国家性和民族性；而行政法则表现

---

〔1〕 ［法］P. 威尔："法国行政法涵义"，徐鹤林译，载法学教材编辑部、《行政法概要》编写组：《行政法资料选编》，法律出版社 1984 年版，第 18 页。

为技术性、手段性、合目的性。[1]行政法的特点，往往要视其参照的对象来确定。

相对于民法或刑法而言，行政法是政治性的法。这主要是由行政法与宪法的关系所决定的。宪法作为国家的根本法，既是重要的法律文献，也是重要的政治文献，具有很强的政治属性，是政治属性和法律属性相结合、相统一的产物。因而，进行任何与宪法有关的活动，都应当坚持将政治与法律相统一。尽管刑法、民法、诉讼法等部门法都是执行宪法的部门法，都与宪法有着密切的联系，但是宪法与行政法的关系除了是根本法与部门法的关系外，与民法、刑法相比较，行政法与宪法的关系更为密切，行政法是仅次于宪法的部门法。首先，两者都属于狭义的公法范畴，民法属于私法范畴，刑法、诉讼法属于广义的公法范畴。其次，两者的调整对象与调整方法具有相似性，宪法规定了国家的基本政治制度，而行政法在此基础上规定了行政组织制度、行政权力的行使及监督等，行政法的许多规范直接来自于宪法。第二，宪法具有高度的抽象性，宪法规范的实施有赖于行政法的具体化，因此，可以认为行政法是"宪法的具体化"，甚至是"小宪法"。而相对于宪法的稳定性，行政法又被称为"动态宪法"或"行动中的宪法"。正是由于行政法与宪法的这种密切关系，决定了行政法同宪法一样，也具有较强的政治性。

相对于宪法而言，行政法又是技术性、应用性比较强的法。宪法作为法律体系的核心、各种法律法规的总依据，一方面，它属于法律体系的一部分，其内容具有法律规范的一般性质，应属题中应有之义；另一方面，作为治国安邦的总章程，宪法

---

[1] ［日］和田英夫：《现代行政法》，倪建民、潘世圣译，中国广播电视出版社1993年版，第36页。

中又有许多纲领性、宣示性、倡导性规范，多为宏观的、总括的、动态的，体现国家活动的目标和方向、理念和价值、立场和原则等。这类纲领性规范，同行为性规范一样，都是宪法的重要组成部分，都具有法律效力。当然，这类纲领性规范的法律效力有其自身的特点。在我国，宪法作为国家的根本大法，其行为规范功能主要存在于立法领域，也就是说，宪法中的规定，需要通过行政法律法规予以落实和具体化。宪法不具有裁判规范的性质，宪法规定不能直接作为起诉和判案的依据，法院不具有解释宪法的职权和功能，行政法律法规是起诉和判案的依据。[1]与宪法这一特点不同，行政法是有关为了实现在宪法规范的框架内由立法者选择的具体法律目的的技术的法律，[2]它兼具行为规范与裁判规范的特点。行政法对于行政主体来说是行为规范，对于法院来说则是裁判规范。德国行政法学鼻祖奥托·迈耶曾提出"宪法消逝、行政法永存"的名言，奥托·迈耶针对德国当时的《魏玛宪法》在国家构造的运行中并不起实际作用而由行政法支撑行政体制运行的状况，认为行政法具有技术性，可以不依赖于宪法而存在。但是，该论断仅仅看到了行政法相对独立于宪法的特点，而忽视了行政法与宪法的密切联系。行政法被称为"具体化的宪法"，一方面，宪法中有关宪法原理或原则的规定多数较为抽象，一般需要通过行政法律规范加以具体化；另一方面，行政活动必须遵守宪法中的规定及宪法原理，不仅仅受到其限制，而且从中得到正当性或正统性的支撑。

---

〔1〕 沈春耀："中国宪法制度的若干问题"，载中国人大网：http://www.npc.gov.cn/npc/xinwen/2018-06/29/content_ 2057110. htm。

〔2〕 胡建淼、江利红：《行政法学》（第3版），中国人民大学出版社2015年版，第16页。

综上，相对于民法或刑法而言，行政法是政治性的法，相对于宪法而言，行政法又是技术性、应用性比较强的法。行政法是政治性与技术性相统一的法。

四、公共行政与行政法的关系

行政法是有关公共行政的法，其中不仅涉及"公共行政"与"行政法"两个概念，而且还涉及两者之间的关系。[1]一般而言，公共行政与行政法的关系可以概括为"依法行政"，但具体而言，公共行政与行政法存在着如下关系：

（一）公共行政与行政法的先后关系

公共行政与行政法的关系首先涉及两者之间的先后关系。有关公共行政与行政法的先后关系，在行政法学界存在着不同的观点：

（1）"行政法先于公共行政"的观点。认为"行政法先于公共行政"的理由主要在于：第一，对依法行政原则进行逻辑推理的结果。依法行政原则是指行政机关必须依据法律进行行政活动，如果没有法律依据就不能行政，即"无法律即无行政"，在这种意义上，行政法先于行政而存在，只有事先存在法律，行政才得以进行，因此，行政与行政法的关系只能是行政法先于行政而存在。第二，行政活动区别于相对人行为的理论依据。行政活动作为一种公权力活动，是以行政机关为主体的公共组织所进行的具体行动，行政活动之所以与相对人的活动相区别，是因为存在赋予这些公共组织以权能的法律规范，如果没有这些法律规范的依据，就不能将"行政"活动从相对人的个别性行动中区分出来。可见，人类的行动之所以被称为

---

[1] 胡建淼、江利红：《行政法学》（第3版），中国人民大学出版社2015年版，第10~12页。

"行政"是行政法规范的结果,如果没有行政法的规范,行政这一行为是不可能存在的。在这种意义上,行政法先行于公共行政。第三,行政法学与行政学的关系。行政法学教科书中在确定行政法的概念时,通常首先界定公共行政的概念,然后再将行政法规定为"有关行政或公共行政的法",其实这种顺序是错误的。行政学在逻辑上应当以行政法学为前提,行政法学在逻辑上先行于行政学。

(2)"公共行政先于行政法"的观点。认为"公共行政先于行政法"观点的理由主要在于:第一,基于法治主义的逻辑推导。法治主义是指以法律的合理性来抑制行政恣意的原理,在这种意义上,行政是先于法律而存在的,即存在原本恣意的"行政"是前提,"合理的法律"在事后对理论上或事实上先行的行政进行规制。第二,行政法教学上的理由。行政法学教科书的通例是先介绍行政的概念,而后将行政法定义为"有关行政的国内公法"。第三,从历史沿革来看,行政的历史是与国家同步的,行政并不以法律规范的存在作为前提,在近代法治国家之前,行政独立于法律而存在。即使在法治国家中,在事实上也存在着不受行政法规范的行政活动。

(3)区分确定说。该观点认为,在行政法中应当区分权限规范(行政组织规范或行政组织法)与行为规范(行政行为法)。无论是在警察国家还是在法治国家,不管权限规范采取什么形式,权限规范都是将行政机关的行为作为国家行为而产生效力的前提条件。但现在的问题并非相关权限规范的有无而是以权限规范的存在为前提的、作为国家行为或活动标准的法律是否必要的问题。对此,在法治国家中被要求的法律是作为行为规范的法律。组织规范或行政组织法是行政存在的逻辑前提,而行为规范或行政行为法是从法治主义的要求出发对行政进行的规制。可见，该观点反对从行政法整体上讨论行政法与公共行政的先后关系，而主张首先对行政法进行分类，在行政法的不同部门中分别承认"公共行政先于行政法"与"行政法先于公共行政"的观点。该观点认为，在行政法中，应考虑权限规范、组织规范或组织法与行为规范或行为法的区别，即将行政法分为行政组织法与行政行为法。在此基础之上，将"行政法先于公共行政"的观点看成是有关"行政与组织规范"的问题，即在行政组织法中承认"行政法先于公共行政"的观点；将"公共行政先于行政法"的观点看成是有关"行政与行为规范"的问题，即在行政行为法中承认"公共行政先于行政法"的观点。基于这种区分的行政法体系（包括行政组织法、行政行为法、行政救济法）至今仍为现代行政法学所继承。

（二）公共行政与行政法的关系形态

根据行政活动对行政相对人权益的侵害程度以及行政法对行政的控制程度，可以将"公共行政与行政法的关系"分为三种形态，即"法的执行""法的授权""法的限制"。

（1）法的执行。"法的执行"是指对相对人课以义务、限制有可能侵害相对人利益的行政活动。由于这类行政活动直接涉及相对人的权益，法律必须进行严格的规制，不仅要求必须依据法律，对于其内容原则上法律也应当规定一般性的标准。法律是抽象性的规范，而行政是执行法律的活动，行政活动有时又被称为"执法活动"，但此处的"法的执行"是指有可能侵害相对人权益的行政活动必须严格地依据法律、受到法律的规制。

（2）法的授权。"法的授权"是指规定行政权限的法律授予行政权某种程度上自由判断的权能，针对的是授予相对人权利或其他利益的行政活动。在法律授权的范围内，行政主体享有一定的自由裁量权，但其前提是必须得到法律的授权，而且自由裁量只能是在法律授权的范围内。

（3）法的限制。"法的限制"针对的是不需要作为行政规范的法律的明示根据而可以直接作出的行政活动，但在法律上必须予以一定的限制。一般针对授益行政行为，例如，行政奖励、行政补助等给付行政，在没有法律依据的情况下也可以实施，但在一定事项上受到法律的限制。

可见，根据各种行政活动对相对人权益的侵害程度的不同，行政法对行政的控制程序也不同：对于侵害行政的要求是"法的执行"，即必须严格地依据行政法进行；对于自由裁量行政的要求是"法的授权"，即在法律授权范围内进行；对于授益行政的要求是"法的限制"，即并非必须依据法律，但受到法律的限制。

第二章 行政法的基本原则

一、信赖保护原则

（一）信赖保护原则的含义

信赖保护原则是在行政法理论不断向纵深发展的过程中，形式意义的法治行政观念被实质意义的法治行政观念所取代后，由德国等大陆法系国家的学者最先提出来的，后逐渐被大陆法系各国的立法所接受。信赖保护原则不仅成为行政法之一般原则，甚至被认为是宪法原则。至今在世界各国的法律制度中，除德国之外，信赖保护原则在法国、英国、日本、韩国的行政法中已经以不同的方式得到了程度不等的运用。[1]它是由传统法理中的诚实信用原则、法律安定性原则以及人民基本权利保障原则等综合演化而成的。

在我国，《行政许可法》第8条首次将信赖保护原则适用于行政许可领域，并对此作了明确具体的规定，即"公民、法人或者其他组织依法取得的行政许可受法律保护，行政机关不得擅自改变已经生效的行政许可。行政许可所依据的法律、法规、规章修改或者废止，或者准予行政许可所依据的客观情况发生重大变化的，为了公共利益的需要，行政机关可以依法变更或者撤回已经生效的行政许可。由此给公民、法人或者其他组织

---

〔1〕 黄学贤："行政法中的信赖保护原则"，载《法学》2002 年第 5 期。

造成财产损失的，行政机关应当依法给予补偿"。[1]

关于信赖保护原则的涵义，学术界缺乏统一的系统界定。德国学者何意志认为："撤销违法行政行为必须区分负担性和授益性行政行为，对于违法的负担性行政行为，在其相对人已经不可诉请撤回之后，行政机关仍得全部或一部分撤销之。但对于确认权利或法律利益的行政行为原则上不可以撤销，这是因为受益人对此行政行为的信赖应受到保护。"[2]我国台湾地区的学者认为："信赖保护原则，通常是指行政处分的相对人或是公权力行使的相对人，其对公权力的信赖应予保护的问题。依信赖保护原则，如行政行为罔顾人民值得保护之信赖，而使其遭受不可预计的负担或丧失利益，而且并非基于保护或增进公共利益所必要或因人民忍受之义务时，则此种行政行为，即不得为之。"[3]大陆学者李春燕基于对信赖保护原则的设立目的与适用条件的理解，将该原则定义为："基于维护法律秩序的安定性和保护社会成员正当权益的考虑，当社会成员对行政过程中某些因素的不变性形成合理信赖，并且这种信赖值得保护时，行政主体不得变动上述因素，或在变动上述因素后必须合理补偿社会成员的信赖损失"。[4]

综上，尽管学者在界定信赖保护原则时尚存差异，但基本精神是一致的，即信赖保护是指行政主体对自己的行为或承诺应守信用，不得随意变更，不得反复无常，让信赖行政主体的

---

[1] 杨临宏："行政法中的信赖保护原则研究"，载《云南大学学报（法学版）》2006年第1期。

[2] 马怀德主编：《中华人民共和国行政许可法解释》，中国法制出版社2003年版，第44页。

[3] 翁岳生编：《行政法》（上），翰芦图书出版有限公司2000年版，第131页。

[4] 李春燕："行政信赖保护原则研究"，载《行政法学研究》2001年第3期。

相对人吃亏。综合学者的不同观点，可以将信赖保护原则定义为：行政相对人依法获得的权益受法律保护，除该权益所依据的法律、法规、规章修改或者废止，或者赋予权益时所依据的客观情况发生重大变化，为了公众利益的需要确需依法变更或者撤回已经作出的授益性行政行为外，行政主体不得擅自改变或者撤销已经作出的行政行为或承诺；对于依法变更或撤销的授益性行政行为或承诺，行政主体应当依法给予补偿。

（二）信赖保护原则的适用条件

（1）行政行为存在。行政行为存在，是信赖保护原则适用的基础。作为信赖保护原则适用基础的行政行为，包括具体行政行为和抽象行政行为。信赖保护原则旨在保护相对人基于对行政行为信赖所产生的利益，如果没有行政行为，就不可能发生需要保护的利益，因而适用信赖保护原则并无必要。一般认为，行政行为自完成或者成立之时起，才能承受相对人的信赖，并可因此信赖产生利益。尚在程序进行之中的不成熟行政行为，不能视为已经存在。

（2）信赖利益存在。已有行政行为，可能产生信赖，但是仅有行政行为，不必然产生信赖。同时，信赖仅停留于意志，而未支配相对人的行为时，也不必然产生利益。因此，适用信赖保护原则，还必须存在信赖利益。所谓信赖利益，即相对人因对已经存在的行政行为的信赖，而对自己的生产经营活动和日常生活进行了一定的安排，这种安排已经体现了一定的利益。如果行政行为发生改变，则这些利益就会受到损害。当然，信赖利益是实际存在的，不能是相对人个人想象的，也不能包括与信赖无关的利益。因此，信赖利益与行政行为之间有因果关系。

（3）存在保护的必要性。信赖保护原则的一个渊源是民法上的诚实信用原则。因此，在适用信赖保护原则时，对是否有保护必要的判断，可以借助民法上的过错责任原则。但是从适用的具体要求看，一般情形下，应当首先推定相对人没有过错，而对其信赖利益给予保护。但是，在有证据证明相对人有过错的情况下，则根据其过错的种类和程度决定是否给予保护。如果行政行为的违法是由相对人自己的过错造成的，则不能给予信赖保护。但有的国家规定的免于保护的范围更为宽泛。比如，《联邦德国行政程序法》第48条第2款列举规定，以下三类情形不适用信赖保护原则：①受益人以欺诈、胁迫或行贿取得一行政行为；②受益人以严重不正确或不完整的陈述取得一行政行为；③明知或因重大过失而不知行政行为的违法性。

（三）信赖保护原则的运行机制

行政信赖保护原则只有贯穿到行政权运行的全过程，并且由此形成相互衔接的运行机制才能够充分保障社会成员的合理信赖。行政运行机制可以从事实认定、法律适用、行为变动的信赖保护出发。其中，行政行为变动中的信赖保护包括行为的变更、撤销与废止、无效三种行政行为。

1. 行政行为变更中的信赖保护

行政行为的变更是指行政主体作出行政行为之后，又针对该事实作出一个新的行政行为，且新的行政行为与旧的行政行为在内容上存在着较大的差别。基于此，学术界认为，"行政程序因讲究弹性、速度与合目的性考虑，不能为某最终决定提供与判决相同的正确性担保，致一事不再理原则的适用。"[1]即允许行政主体可以针对同一事实前后作出不同的行政行为，但是基于对法律秩序的安定性和社会成员的既得权益的考虑，这种

---

[1] 翁岳生编：《行政法》（上），翰芦图书出版有限公司2000年版，第570页。

行政行为的变更应受到一定的限制。因此，基于行政主体变更权的限制，有学者提出了"行政行为的跨程序拘束力"概念。其意义在于，虽然允许行政主体变更行政行为，但不能因变更而使相对人承受更为不利的合法行政行为，包括不能加重处罚和不能以负担性行政行为替代授益性行政行为，或者以授益较小的行政行为替代授益较多的行政行为。

2. 行政行为的撤销与废止中的信赖保护

基于特定的条件，现实中对行政主体所作出的行政行为存在着撤销或废止的问题，但是对行政行为的撤销与废止要进行严格限制。这涉及行政行为的存续力问题。考虑到行政行为对社会成员的法律效果，可以将行政行为分为授益性、负担性和复效行政行为。其中，授益性行政行为是指能对行政相对人产生设定或确认权利或法律上重要利益等法律效果的行政行为；负担性行政行为是指行政相对人作为、不作为或容忍义务，或变更、减损其权利或法律上的利益，及拒绝作出授益性行政行为等对行政相对人产生不利法律效果的行政行为；复效行政行为又称有第三人效力的行政行为，即对两方行政相对人在授益或负担上产生了不同法律效果的行政行为，如存在数量限制的行政许可对被许可的相对人是授益性行政行为，而对未取得该许可的相对人则是负担性行政行为。

关于授益性行政行为的撤销与废止中的信赖保护。首先行政相对人要对授益性行政行为产生信赖的可能性，即该生效事实被他们所接受并且产生了一定的信赖感，要存在信赖基础，若无此前提的话，行政信赖保护就无从谈起。其次，该授益性行政行为的信赖值得保护。违法的授益性行政行为的行政相对人的实际信赖是否值得保护，关键是考察该受益人对行政行为的违法性有无可归责性及其有无利用该违法性的不良企图。当受益人对某行政行为的违法性存在着可归责性或有利用该违法性的不良企图，那么受益人的信赖就不值得保护。根据有关国家和地区行政程序法的规定，排除信赖的情况有：通过恶意之欺诈、胁迫或贿赂而促成行政行为的；对重要事项不提供正确资料或为不完全陈述而促成行政行为的；明知或因重大过失而不知行政行为违法的。[1]合法的授益性行政行为，其行政相对人的信赖是否值得保护，关键是考查废止行为是否具有可预测性；若具有可预测性，则该信赖不值得保护。从立法及行政、司法实践看，行政行为被废止的原因有：①法规保留废止权；②原行政主体保留废止权；③行政相对人未履行授益性行政行为所附加的负担；④行政行为所依据的法规或法律事实事后发生变更，若不将其废止将危害公益；⑤其他为废止或除去对公益的重大危害的情形。对于前三项，行政相对人应知其权益处于不稳定状态，能够预测到该行为可能被废止，故对该行政行为的信赖不值得保护。后两项，由于它超出了行政相对人的预测能力，若废止，则应保护行政相对人的合理信赖。[2]在具备上述条件的情况下，对信赖保护原则的适用，还必须在相对人的信赖利益与否定原行政行为所维持的公共利益之间进行一种客观的对比或权衡。这种利益的权衡，实际上也就是个人利益与公共利益的权衡。当信赖利益大于撤销或废止之公共利益，则要维持原行政行为的效力，不得撤销或者废止；反之，则可以撤销或者废止，但必须给予相对人合理的信赖赔偿或补偿。可以说，行政相对人的信赖都值得保护，只是公共利益与信赖利益较量的结果不同。当信赖利益占上风时，授益性行政行为

---

〔1〕 参见德国 1997 年《联邦行政程序法》第 48 条第 2 款。

〔2〕 李春燕："行政信赖保护原则研究"，载《行政法学研究》2001 年第 3 期。

不得被撤销或废止；当公共利益占上风时，虽可撤销或废止授益性行政行为，但并不能因此而无视信赖利益受损害的事实，必须适当给予信赖赔偿或补偿，这是兼顾公共利益与信赖利益的一种策略。

关于负担性行政行为撤销与废止中的信赖保护。一般来讲，负担性行政行为违法，其撤销与废止极少涉及信赖保护原则。但也有学者认为，如撤销与废止后代之以对相对人更为不利的合法行政行为，或者行政行为事实上不适于撤销或者废止（如物品已按照行政行为要求被消耗）时，也有适用信赖保护原则的余地。

关于复效行政行为的撤销与废止中的信赖保护。在复效行政行为中，关于行政主体对其撤销或废止的限制，学界存在着诸多不同的观点。我们认为在复效行政行为的撤销与废止中应适用行政信赖保护原则。因为不管是行政相对人还是第三人，只要其行政行为是合法的，具有存续性并且使得社会成员产生了一定的信赖，任何人都可以依法主张获得行政法中信赖保护原则的保护。与此同时，根据对复效行政行为概念的认识，我们可以发现复效行政行为的撤销或废止又会产生授益性与负担性的双重效果，因此必须在适当的范围去平衡行政相对人与第三人的心理，重点保护因复效行政行为而获益的一方。

3. 行政行为无效中的信赖保护

在大陆法系中对于行政行为无效的法律后果问题，大多采用无效理论。该理论的操作性极强，但是正因为如此，它也可能会使得社会成员的正当权益处于一种比较尴尬的状态即无保障状态。基于此，有学者主张行政行为的相对无效，即若无效行政行为与承继之后的行政行为各自独立，并产生法的效果，则先行行为的无效不为后续行为继承；若两行为是为实现同一目的而不可分离地连续时，则先行行为的无效后果将被后续行为所继承。甚至，无效行政行为也可在一定条件下转换成有效行政行为。[1] 该制度的确立实际上也就是行政信赖保护原则发挥其作用的结果。其通过缩小无效制度的适用范围从而迫使行政主体将行政行为处于撤销的范围，以此来解决该无效的行政行为，因为撤销行政行为有着严格的程序，从而得以保障公众的信赖利益。

（四）信赖保护原则与诚实信用原则之比较

关于行政信赖保护原则与诚实信用原则，我国学者有着不同的主张。有学者认为行政法诚实信用原则与信赖保护原则是源流的关系，诚信原则是信赖保护原则的依据，诚信原则引用在行政法关系上，行政机关负有合法行政的义务，而相对人则信赖该行政作用是适法的。倘若行政机关基于行政作用之违法性等理由而否定其效力，则因为顾及相对人信赖而违反诚信原则，诚实信用原则适合说明信赖保护原则。[2] 我国有学者也认为，信赖保护原则产生于诚信原则，诚信原则为行政法之最高形式原则，乃在行政法之基本原则皆源于诚信原则。信赖保护原则是诚信原则对公民个人正当权益之法律保障。[3] 但是，也有学者对此持相反意见，如翁岳生就主张诚实信用原则与信赖保护原则是行政法上两个不同的原则。[4] 鉴于我国学者对这两

---

〔1〕 ［日］和田英夫：《现代行政法》，倪健民、潘世圣译，中国广播电视大学出版社1993年版，第202~203页。

〔2〕 城仲模主编：《行政法之一般法律原则（一）》，三民书局1997年版，第244页。

〔3〕 刘莘、邓毅："行政法上之诚信原则刍议"，载《行政法学研究》2002年第4期。

〔4〕 城仲模主编：《行政法之裁判百选》，月旦出版社股份有限公司1996年版，第148页。

个原则存在不同认识，有时将这两个原则交替或混合使用，且日常生活中两者都对政府行为存在相似的约束作用，因此容易导致人们对信赖保护原则与诚实信用原则的混淆。因此，厘清二者之间的关系，对于我国法制建设以及相对人的合法权益保护有着重大的现实意义。

1. 两者产生的渊源不同

信赖保护原则起源于德国，20 世纪中期作为一个独立的法律原则出现在德国行政法之中，随后逐渐被其他国家和地区的行政法所吸收。信赖保护原则的发展可以大致分为三个阶段：战前的零散时期、战后系统化时期以及到现在的发展时期。信赖保护原则从德国发展起来以后不仅仅是行政法上的一般原则，而且还被认为是宪法原则。而诚实信用原则，则起源于罗马法善意与衡平观念，其被广泛适用于民法领域，是民法的一个基本原则，而其在行政法领域很少被适用。只是随着时代的发展，政府职能发生了很大变化，导致行政行为的方式从过去的简单命令变成了说服与合作。然而，政府要想合作与说服广大人民群众，政府与人民之间就必须存在着一种信任，政府必须要做到诚实与守信。基于此，民法上的诚实信用原则就从私法领域被引入到公法领域，行政法开始援引帝王条款——诚实信用原则。随后，诚实信用原则在行政法领域逐渐被接受并且越来越受到学者们的关注。有学者甚至认为，诚实信用原则是行政法之最高形式原则，乃在于行政法之基本原则皆源于诚实信用。[1]

2. 两者的内涵不同

行政法上的信赖保护原则主要保护的是行政相对人基于信

---

〔1〕 李春燕："行政信赖保护原则研究"，载《行政法学研究》2001 年第 3 期。

赖所产生的利益。符合信赖的构成要件，就可以取得信赖保护原则的保护。一般只有私人才可以对国家行政机关主张信赖保护原则，私人之间以及行政机关之间则不能适用行政法上的信赖保护原则，它们应该适用诚实信用原则。行政法上的诚实信用原则要求行政机关的相关活动必须维护社会公共利益以及相对人的正当权益，不能够出尔反尔，它是行政机关与人民之间的一个指导性原则，更是一个根本原则。行政机关在执行其任务作出行政行为时，应该遵循诚实信用原则，而且人民就公法权利的行使或防御，也适用诚实信用原则。[1] 该原则适用于行政主体以及相对人，同时也适用于行政主体内部的公务员之间。因此，行政主体不管是变更还是撤销或者是废止行政行为都必须遵守诚实信用原则。

3. 两者的可操作性不同

行政法上的信赖保护原则主要保护的是行政相对人基于原行政行为产生的合理的信赖利益。不论行政主体是变更还是撤销或者是废止原行政行为，只要行政相对人的信赖利益是合法的，满足了信赖的构成要件，就可以获得信赖保护的利益，这些都有明确的法律依据。法官在综合事实，权衡各方利弊后，很容易决定采取存续保护或补偿等方法，因此法官在现实生活中运用该原则是明确的、具体的，是具有可操作性的。然而，诚实信用原则则与其相反，因为该原则更多存在道德规范的色彩，且在私法与公法领域同时存在。因此，诚实信用原则在现实生活中的操作性不强，相对于信赖保护原则而言就不那么具体，显得比较抽象与模糊。基于此，我国台湾地区的一些学者就提出，"诚实信用原则在吾们的法律生活方面虽为不可或缺之

---

[1] 翁岳生编：《行政法》，中国法制出版社 2009 年版，第 154 页。

铁则，然而一方面其内容为空，故不免有妨害法的安全，如对德国民法第二草案来说，诚实信用原则在德国实务中无异于一把利剑。如其使用得益，则在法律生活上降以公平正义之慈雨，苟误其运用，便化为扰乱吾们法律秩序之凶略。因此使用此利器须有警觉。要之，应将诚实信用原则的内容尽可能具体地、客观地加以把握，来防止法官之恣意。"[1]

综上所述，行政法上的信赖保护原则与诚实信用原则虽然存在一些相似之处，但从这两个原则的起源、内涵以及现实中的可操作程度来看，二者存在着本质上的区别。我们只有深刻理解并把握了两者的本质，才能够在现实生活中更好地运用这两个原则，从而构建诚信社会，推动法治的进步，更好地保护行政相对人的合法权益。

（五）我国信赖保护原则的立法现状及完善

1. 立法现状

我国立法对信赖保护原则的最早关注始于最高人民法院在1999 年 11 月 24 日通过的《关于执行〈中华人民共和国行政诉讼法〉若干问题的解释》，该解释第 59 条规定：根据《行政诉讼法》第 54 条第 2 项规定判决撤销违法的被诉具体行政行为，将会给国家利益、公共利益或者他人合法权益造成损失的，人民法院在判决撤销的同时，可以责令被诉行政机关采取相应的补救措施。该规定在一定程度上促使信赖保护的理念得以在行政审判实践中发挥作用。此外，国务院于 2004 年 3 月颁发的《全面推进依法行政实施纲要》，将"诚实守信"作为依法行政的一项基本要求予以规定："非因法定事由并经法定程序，行政机关不得撤销、变更已经生效的行政决定；因国家利益、公共

---

〔1〕 刁荣华主编：《中国法学论集》，汉林出版社 1976 年版，第 417 页。

利益或者其他法定事由需要撤回或者变更行政决定的，应当依照法定权限和程序进行，并对行政管理相对人因此而受到的财产损失依法予以补偿。"这一规定已经基本概括了信赖保护原则的内容。

上述两个文件虽然对信赖保护原则已经有所涉及，但它们并不是严格意义上的立法。真正在立法中明确信赖保护原则是在 2004 年 7 月 1 日起开始实施的《行政许可法》。该法第 8 条对信赖保护原则作了规定，"公民、法人或者其他组织依法取得的行政许可受法律保护，行政机关不得擅自改变已经生效的行政许可。行政许可所依据的法律、法规、规章修改或者废止，或者准予行政许可所依据的客观情况发生重大变化的，为了公共利益的需要，行政机关可以依法变更或者撤回已经生效的行政许可。由此给公民、法人或者其他组织造成财产损失的，行政机关应当依法给予补偿。"该法确认合法行政许可决定的效力，明确它的受法律保护性；对行政相对人由此产生的信赖利益优先使用存续保护，只有在变更或撤回合法行政许可决定所维护的公共利益大于相对人的信赖利益时，才适用财产保护。该法第 69 条规定了对违法行政许可决定的信赖保护：行政机关违法作出行政许可决定或被许可人以欺骗、贿赂等不正当手段获取行政许可的，行政机关应当予以撤销；对于行政许可是由行政机关违法作出而被许可人对此没有过错并且合法权益因此而受到损害的，行政机关应当依法给予补偿，可以看出对违法行政许可决定的信赖保护主要适用财产保护。

2. 信赖保护原则的立法不足

信赖保护原则在行政许可法中的确立，对于维护行政相对人的合法权益、创建诚信政府具有重要的意义。但总体来看，我国立法中关于信赖保护的规定还相当薄弱，存在着诸多不足之处，主要体现在以下几方面：

（1）信赖保护原则适用范围狭窄。信赖保护原则作为行政法的一项基本原则，应贯穿于行政权力运行的全过程，既适用于具体行政行为，也适用于抽象行政行为；既适用于授益性行政行为，也适用于负担性行政行为。但我国目前仅在行政许可法中确立了信赖保护原则，该原则也只适用于行政许可这一授益性行政行为。对于其他行政行为是否适用信赖保护还没有明文规定。

（2）公共利益界定不清。根据信赖保护原则的规定，对行政相对人的信赖利益采取存续保护还是财产保护，关键是公共利益与信赖利益的衡量，在实践中，公共利益也常成为行政主体撤销废止行政行为的主要原因。可见公共利益在信赖保护原则的适用中是非常重要的，但我国相关立法对公共利益的内涵与外延却没有明文的规定。

（3）行政补偿范围狭窄。行政补偿是国家调整公共利益与个人利益、全局利益与局部利益之间关系的一项基本制度，也是与信赖保护原则直接衔接的重要保障措施。近年来，虽已有一些单行法律法规对行政补偿作了规定，但从总体上讲，行政补偿尚未形成制度，零散的立法中也存在不少问题。如补偿范围过窄，缺乏统一的补偿标准，补偿程序混乱等。这些问题的存在，不仅不利于在我国全面贯彻实施信赖保护原则，保护行政相对人的合法权益，更不利于我国推行法治建设。

3. 完善信赖保护原则的建议

针对我国的信赖保护存在的诸多不足，特提出以下几点建议：

（1）制定行政程序法，将信赖保护原则确立为我国行政法上的一项基本原则。行政程序法是规定行政机关实施行政行为时应遵守的步骤、方式、顺序、时效等程序的法律规范。制定并实施行政程序法，是将行政权的行使规范于安全轨道的保障，对于法治行政的实现具有重要的意义。但我国目前尚未出台行政程序法。对此，我国应尽快制定行政程序法，将信赖保护原则确立为行政法的一项基本原则，并明确规定信赖保护原则不仅是指导行政程序法的基本原则，也是其他单行行政法在设置程序时所必须遵循的原则，更是行政执法司法活动的基本依据。

（2）明确界定公共利益。对于公共利益的界定涉及对行政相对人的信赖利益是采取存续保护还是财产保护的关键问题，但是对于什么是公共利益目前尚无明确规定。从理论上讲，至少应从以下三方面进行把握：一是公共利益涉及不确定的多数人的利益，在主体上具有公共性；二是公共利益因公众的需要而产生，在内容上具有共性；三是公共利益是为了实现大多数人的共同利益的需要，在性质上具有公益性。在立法上，则可以借鉴《国有土地上房屋征收与补偿条例》关于公共利益的规定，采取大量法律列举的方式，具体确定公共利益的范围。

（3）完善行政补偿制度。行政补偿是与信赖保护原则相衔接的重要保障措施。针对我国行政补偿的缺陷，我们应从两方面对其加以完善：一是明确行政补偿的标准。信赖利益由既得利益和期待利益构成。如果仅以既得利益对其进行补偿则不足以弥补相对人的损失，但若把两者都纳入补偿范围，则会受到当前我国经济的限制。因此，目前应以既得利益为下限，以期待利益为上限对行政相对人的信赖利益进行补偿。在实践操作中由行政机关根据具体情况裁量。二是规范行政补偿程序。在一般情况下，由行政机关主动对行政相对人的信赖利益损失进行补偿。如果行政程序不能解决行政补偿争议的，应该确保司法审查这一救济途径——行政相对人可以提起行政诉讼，通过法院的司法审查来确保行政补偿的实现。

二、比例原则

(一) 比例原则的缘起

对于比例原则源起的讨论，学术界主要可以从两个层面进行分析：[1]

一是概念源起。传统比例原则的出现，主要集中在德国警察法内。1802 年德国学者贝格（Berg）在《德国警察法手册》中指出，警察之权力唯在必要时可以实行之，这是广义比例原则出现的标志。1882 年 7 月 14 日普鲁士高等法院关于"十字架山案"的判决促进了行政法学界对比例原则的研究。1895 年，德国行政法大师迈耶（Mayer）在《德国行政法》（第 1 册）中举出警察权力不可违反比例原则，在 1923 年该书第 3 版中，对比例原则有更具体细致的主张。1911 年弗雷诺（Fleiner）在《德国行政法体系》一书中提出了脍炙人口的名言"警察不可用大炮击麻雀"。在德国公法学者的努力和促动下确立的比例原则，在行政法院的审判实践中获得了肯定。但是，在实证法上，比例原则的用语首先是在刑事法中采用的。1953 年，德国的《联邦行政执行法》进一步表明，强制手段必须与其达成之目的有一适当比例。与此同时，德国联邦宪法法院以"药房案"为始，大量援用比例原则。

二是思想源起。有学者认为，比例原则的理念可以上溯至西方法学中的"正义"法哲学思想。据《查士丁尼民法大全》的记载，正义的定义由古罗马法学家乌尔比安首创，其表述为："正义乃是使每个人获得其应得的东西的永恒不变的意志"。亚

---

[1] 黄学贤、杨红："我国行政法中比例原则的理论研究与实践发展"，载《财经法学》2017 年第 5 期。

里士多德将正义划分为分配正义与矫正正义，提出用衡平原则实现个案的正义。西塞罗将正义描述为"使每个人获得其应得的东西的人类精神取向"，并且指出，真正的法律是一种与自然相符合的正当理性，智者的理性和思想应当是衡量正义与不正义的标准。康德的道德和法律哲学的核心是自由，他将自由区分为伦理上的和法律上的，将法律上的自由定义为个人对他人专断意志和控制的独立，这一基本权利本身含有形式平等的思想，每个人都应当永远被视为目的本身。黑格尔认为精神高于物质，并信奉人的基本尊严。黑格尔所肯定的国家是符合伦理的国家，不是贬低个人、奴役个人、不顾个人正当要求的国家。可以说，渗透在古典时期自然法思想中的正义理念暗含着衡平、比例的精神，这些观念经过之后以康德、黑格尔为代表的德国哲学家的传承和发展，对于德国公法中确立比例原则具有一定的影响力。有学者指出，《自由大宪章》第 20 条的规定体现了合比例性的思想。17 世纪，古典自由主义的代表人物洛克在批判继承霍布斯理论的基础上，进一步指出："国家即政府权力的性质不是，并且也不可能是绝对地专断的"。当代自由主义的代表人物罗尔斯认为："每个人都拥有一种基于正义的不可侵犯性，这种不可侵犯性即使以整个社会的福利之名也不能逾越。"两种自由主义学说虽然在国家权力的认识方面存有差异，但是，二者都肯定政府的存在，并且在限缩政府权力、防御政府权力侵害自由方面具有共性。

（二）比例原则的内涵

比例原则自产生于警察法学之后，逐步向整个行政法学领域发展，并向宪法学等法律部门扩充，因此，比例原则的内涵界定也形成了较多的观点，如三分之二理论、三阶理论、二分法理论、四阶理论。[1]尽管存在争论，但学术界还是以"三阶理论"为通说。

"三阶理论"认为，比例原则包括了三个子原则，即妥当性原则、必要性原则、狭义的比例原则。1958 年 6 月 11 日，德国（西德）联邦宪法法院在"药房案"的判决中，法院对于营业权之侵犯的合法性问题，以手段的妥当性、必要性、比例原则来进行检视，这就是所谓的"三阶理论"。根据联邦宪法法院的审查实践，这三个方面的审查有次序之分，先审查妥当性，必要性审查次之，最后审查比例性问题。

（1）适当性原则。也有学者称之为"妥当性原则"，是指行政机关所选取的手段必须有利于某项正当行政目的的实现。行政机关的行政目的我们可以从授权法的规定中看到或者能够从法条的字里行间中推导出来。该目的就是要使得行政机关走正确的方向，其采取的行政措施要和追求的目标一致，不能够南辕北辙，而且追求的必须是正当的行政目的。适当性原则解决的是目的与手段的关系问题。

（2）必要性原则。该原则是指行政权力对私人权益的影响不得超越实现行政目的的必要程度。这就涉及一个方式方法的问题，也就是在实现行政目的时不同手段取舍的问题。对此，德国用谚语"勿以大炮轰小鸟"，中国用"杀鸡焉用牛刀"来形容此原则。既然都可以达到"杀鸡"这个目的，就不用大动干戈的使用"宰牛刀"，完全可以用"菜刀"等来达到目的。这也就是说行政机关在追求行政目的时，如果存在多种可以供选择的行政手段，那么行政机关就应当采取其中给私人利益造成损害最小、影响最轻微的手段。但是，即使存在多种可行的

---

〔1〕 黄学贤、杨红："我国行政法中比例原则的理论研究与实践发展"，载《财经法学》2017 年第 5 期。

手段时，根据该手段对公民权利造成的侵害程度大小，必须以必要性标准进行审查衡量。那么什么是必要性的标准呢？我们可以借鉴德国与日本的界定。在德国的联邦宪法中将"必要性"解释为："当有其他同样有效且对于基于权利侵害较温和的措施可供选择时，则立法措施有违必要性原则。"日本也有学者对必要性原则的标准做过具体的描述，比如学者田村悦一就提出过三个有关于必要性原则的标准：一是为保护公益可以采取下命令或禁止性的行政行为时，原则上应选择禁止性行为，因为二者相比较，后者对公民权益侵害一般较小；二是为追求公益而有多个等值手段可供选择时，除有紧急事态等特别情形外，原则上赋予相对人选择权，通过尊重当事人的自由选择，能在主观层面上将侵害减至最小；三是如果当事人能提供与侵害行政行为具有相同法律效果的方法时，在此范围内，应避免采取官署强制作成行政行为的方式。[1]必要性原则解决的是手段与手段的关系问题。

（3）法益相称性原则。该原则又被称之为狭义比例原则或衡量性原则，是指在所有可以达到某一行政目的的手段中，如果给私人权益造成损害最小的手段，其造成的损害仍然超过该行政目的所追求的公益时，则该行政目的就不值得追求，就应该放弃。就该原则的定义来看，也就是说即使相比其他手段，所选取的手段对私人的权益损害最小，也并不能当然适用，只有该手段的损害程度未超过行政目的所追求的公益时才可以使用。也就是我们在日常生活中所说的"杀鸡取卵"，这样损失的价值就太多了。因此，该原则强调行政目的涉及的利益与采取手段涉及的利益必须有所取舍，其不受行政目的的限制。法益相称性原则解决的是不同利益之间的关系问题。

---

〔1〕 城仲模主编：《行政法之一般法律原则》，三民书局 1994 年版，第 144 页。

（三）比例原则的适用范围

综观现有的研究成果，比例原则适用范围的分歧主要可以分为三大类：

一是公法内部之争。就我国学者的研究来看，对于比例原则在公法领域各法律部门的适用基本持肯定观点，从而形成了公法部门共同研究的局面。在比例原则的发源国德国，学界大致的看法是将比例原则视为一般法律原则，但是，有的学者却持有不同的认识。德国学者史密特（Schmidt）在 1969 年发文反对比例原则进入刑事诉讼法领域，反对宪法法院的法官援用比例原则进行判决。据此，我国学者陈新民教授认为，正视比例原则适用中存在的问题确有必要，但是，应当看到比例原则在保障人权方面的积极功效，可以通过积累典型案例，归纳相对清晰的指标等途径解决比例原则适用中的不确定性问题，不可完全否定比例原则在宪法中的地位和作用。比例原则在公法内部适用上的争论，一方面与比例原则的产生和发展过程有着密切的关联，比例原则在其发展变迁的过程中，与公法中的主要法律部门都产生了一定的关联；另一方面与比例原则的思想渊源有关，比例原则的思想渊源蕴含着法治国家、人权保障等理念，使得该原则具有了宪法层次的位阶。

二是公法与私法之争。近年来，我国学者对比例原则在私法领域适用的研究取得了较为丰硕的成果，但是，学科之间的对话和交流并不明显，学术争论更是少有。面对各学科自说自话的局面，跨学科的交流确有必要，核心的问题是私法领域是否能够适用比例原则。梳理现有的研究成果，学界对这一问题基本持肯定的观点。有学者运用比例原则的四步审查框架，具体分析了比例原则在私法中的运用，并进一步指出：比例原则是目的理性全面而凝练的概括和成本效益分析的另一种表达，可作为沟通事实判断与价值判断之间鸿沟的"桥梁",从理论上论证了比例原则虽然源起于公法领域,但在私法中也具有普适性。有学者从逻辑前提、可行性、适用价值、适用表现等方面对比例原则在民法中的适用进行了论证,其核心思想是确认国家权力对公民权利的干预不得超过必要的限度,即禁止过度。

三是国内法与国际法之争。比例原则在国际法领域的研究成果主要集中在以下几个方面:有学者持续关注比例原则与WTO法的关系,认为比例原则的理念在相关协定及其运用中都得到了反映和体现。有学者指出,基于各成员对"必要性测试"的认识差异,导致比例原则顺利进入"必要性测试"解释之路并不顺利。有学者认为,欧盟行政法中对比例原则的适用标准相对灵活,这种适用的情形也会带来对法的安定性的不良影响,值得关注。除此之外,还有学者就国际投资仲裁、欧洲法院反倾销案件审查、国际争端中武力的使用等领域比例原则的适用进行论证和研究。由上观之,比例原则在国际法中的适用借鉴了德国法中比例原则的内容,但是,基于各成员的认识分歧,比例原则进入国际法视野的过程也是比例原则内容不断演进和变化的过程,而这种变迁,又反过来影响着各成员内部法原则的变革和完善,这也是处在转型期的中国行政法发展面对的现实课题。

(四)比例原则与合理性原则的关系

相较于比例原则,合理性原则在我国行政法领域中更为人熟悉。明晰合理原则的内涵,比较二者的异同,有利于厘清二者的关系。[1]

一是合理性原则的内涵。合理性原则的渊源可以追溯到16世纪的英国,1598年科克法官在"鲁克案"的判词中提到了自

---

〔1〕 黄学贤、杨红:"我国行政法中比例原则的理论研究与实践发展",载《财经法学》2017年第5期。

由裁量权的行使应遵守合理规则和法律原则，在 1609 年的案件中，科克重复了同样的原则，科克在其著作中也谈到了这个原则，这一原则在 1948 年的"韦德内斯伯里案"的判决之后被称之为"韦德内斯伯里不合理性"等。根据英国法官的判词，不合理的标准还是很高的，如丹宁法官指出："如此错误以致有理性的人会明智地不赞同那个观点"。由此可见，严格的"不合理"标准在一定程度上限制了司法审查，表现出司法谦抑和克制。20 世纪 80 年代之后，受英国行政法学的影响，我国行政法学界开始引入合理原则，称为合理性原则。长期以来，合理性原则被认为是行政法治原则的重要组成部分，其基本内容包括：行政行为应符合立法目的、应建立在正当考虑的基础上，不得考虑不相关因素；平等适用法律规范，不得对相同事实给予不同对待；符合自然规律和社会道德。

二是比例原则与合理性原则关系的主要学术观点。20 世纪 90 年代中期以后，因德国行政法理论的大量引入，再加上比例原则内涵明确、可操作性较强等优势，行政法学界开始较为普遍地将比例原则代替合理性原则，将其确立为行政法的基本原则。从当前的学术研究成果来看，因行政法学者的学术背景不同，对于两个原则的认同也有差异，作为分别来自于两大法系的合理原则与比例原则，我国行政法学者对二者的关系主要有以下几种观点：

第一，相通说。有学者认为，两个原则都是为了控制行政裁量权而设置的标准，比例原则中的比例与合理性原则中的比例性相通，但是，比例原则具有更强的可操作性，在保留合法性原则、合理性原则的基础上，通过对行政合理性原则的改选，将比例原则作为我国行政法的基本原则。

第二，吸收说。这种学说主要分为两类：一类是合理性原则吸收比例原则。主要观点是将比例原则作为合理性原则众多子项中的一个。有学者认为，比例原则与信赖保护原则是合理性原则的具体内容或其延伸出来的子原则。有学者指出，行政合理性原则包括平等对待、比例原则、正常判断三个基本内涵，行政合理性原则在包含比例原则的基础上，又从属于合法性原则。另一类是比例原则吸收合理性原则。有学者通过对英国合理原则适用的考察分析，认为即使在对不涉及人权的案件中，比例原则更加符合法治的要求，从而也可能更加合理。因此，从当下我国人民法院所担负的基本权利保障任务和采行的积极主动司法政策来看，统一采用比例原则为评价基准更符合我国法治建设和人权保障的需要。

第三，帝王条款说。有学者就两个原则的内涵、法律渊源、适用范围和位阶等方面进行了详细的比较：在内涵方面，比例原则着眼于法益的均衡，合理性原则凸显对公共利益的喜好；在作为法律渊源的目的方面，比例原则以维护和发展公民权为最终归宿，合理性原则以公共利益本位为出发点；在适用范围和位阶方面，比例原则较合理性原则的适用范围更广、位阶更高，比例原则是行政法中比合法性原则位阶更高的法律原则，在行政法治建设中，比例原则应发挥"帝王条款"的作用。

除以上观点之外，有学者认为应当以合理性原则补充合法性原则，承认行政自由裁量权并加以控制；用比例原则和信赖保护原则补充依法行政原则，限制政府滥用权力。另有学者认为，应由比例原则和平等原则代替行政合理性原则，比例原则是衡量手段与目的、公共利益与私人利益的关系。原来归结到合理性之内的不适当目的、不相关考虑等，因不具有普适性，则退却为司法控制行政裁量的具体审查标准或技术。另有学者认为，比例原则是从属于诚信原则的子原则，比例原则既是为了防止行政机关滥用权力，也是对行政机关审慎善意行使权力的要求，其为诚信原则之内容，应属当然。有学者在肯定行政合理原则的基础上，又提出了行政效能原则，将效能原则的内容确定为行政统一、节约、时效三个方面。该学者经过进一步的理论研究和发展，提出了包含合理原则与比例原则的行政效益原则，特别提出行政法规范的创制也应符合效益。

（五）比例原则在我国行政法中的实践发展与展望

基于前述学界对比例原则与合理性原则关系的认识，梳理我国行政法中比例原则的表现，难免会存在合理性原则与比例原则共存的情形，因此，该部分内容既有合理性原则的规定，也有比例原则的规定，甚至有的规定仅仅是具有比例原则的内在精神。

1. 比例原则在我国行政法中的实践发展

（1）有关文件的规定。2004 年国务院《全面推进依法行政实施纲要》（国发〔2004〕10 号）中对依法行政的基本要求作了规定，第二个方面就是"合理行政"，其中的具体要求既有合理性原则的内容，也有比例原则的精神。2008 年国务院《关于加强市县政府依法行政的决定》（国发〔2008〕17 号）以行政裁量标准的制定为抓手，力图达到对行政裁量权的有效控制。2010 年国务院《关于加强法治政府建设的意见》（国发〔2010〕33 号）中有体现合理性原则和比例原则的规定，如"要平等对待行政相对人，同样情形同等处理。行政执法机关处理违法行为的手段和措施要适当适度，尽力避免或者减少对当事人权益的损害"。在我国国务院机构中，有些部门在制定规范性文件时就明确提出适用比例原则问题。如原国家安全监管总局《关于进一步深化安全生产行政执法工作的意见》（安监总政法〔2012〕157 号）就明确指出，"作出行政处罚决定时，要对自由裁量权的行使进行专门审查，并在相关执法文书中记载。当事人对自由裁量结果有疑义的，要予以解释和说明。要按照平等原则、比例原则，建立完善行政裁量基准制度，确保大致相同的违法行为适用法律大体一致"。

（2）法律、法规、规章的规定。就目前来看，我国尚没有明确规定比例原则的立法例，但在我国现行立法条文中蕴含比例原则的某些因素已经出现，主要表现为以下领域的规定：

一是行政处罚领域。《行政处罚法》第 4 条第 2 款的规定是行政处罚公正原则的具体要求，[1]这里的处罚公正原则，也称合理处罚原则，是处罚法定原则的必要补充。《治安管理处罚法》第 5 条第 1 款的规定与上述《行政处罚法》的规定一脉相承。追溯治安管理处罚立法中对拘留期限规定的变迁，也体现了比例原则的精神，例如 1986 年审议通过的《治安管理处罚条例》规定的拘留期限为：1 日以上，15 日以下，裁量的幅度较大。2005 年审议通过的《治安管理处罚法》中将拘留的期限规定为：5 日以下、5 日以上 10 日以下、10 日以上 15 日以下。两相比较，后者的规定更加细化，更能彰显行政处罚的适当原则。

二是行政强制领域。《行政强制法》第 5 条、第 16 条、第 23 条、第 29 条、第 43 条的规定无不体现着比例原则的精神，[2]可以说，《行政强制法》的这些规定是我国现行立法中

---

[1] 《行政处罚法》第 4 条规定："行政处罚遵循公正、公开的原则。设定和实施行政处罚必须以事实为依据，与违法行为的事实、性质、情节以及社会危害程度相当……"

[2] 《行政强制法》第 5 条规定："行政强制的设定和实施，应当适当。采用非强制手段可以达到行政管理目的的，不得设定和实施行政强制。"第 16 条第 2 款规定："违法行为情节显著轻微或者没有明显社会危害的，可以不采取行政强制措施。"第 23 条第 1 款规定，"查封、扣押限于涉案的场所、设施或者财物，不得查封、扣押与违法行为无关的场所、设施或者财物；不得查封、扣押公民个人及其所扶养家属的生活必需品。"第 29 条第 2 款规定："冻结存款、汇款的数额应当与违法行为涉及的金额相当；已被其他国家机关依法冻结的，不得重复冻结。"

最接近比例原则的。2000年7月在青岛举行的行政法学年会上，以应松年教授为主的行政立法小组提交了《行政强制法（试拟稿）》，其中就试图将比例原则作为行政强制的原则之一予以规定。《行政强制法（征求意见稿）》第5条规定："设定和实施行政强制应当依照法定条件，兼顾公共利益和当事人的合法权益，正确适用法律、法规，选择适当的行政强制方式，以达到行政管理的目的为限度。"虽然《行政强制法》的规定与征求意见稿有差异，但是，这并不影响这一法律对比例原则的贡献。正如有的学者所言："行政机关依照法律规定拆除违章建筑时，就应当尽可能采取对相对人权益损害最小的手段。这一要求类似于大陆法系国家行政法中的比例原则，即行政权力的行使虽是达成行政目的所必要的，但是不可给予公民超过行政目的价值的损害。"[1]

三是行政程序领域。比例原则也是行政程序立法所特别关注的内容，三部比较有代表性的《行政程序法（试拟稿）》对比例原则都作了规定。[2]在国家层面行政程序立法迟迟不到位的局面下，地方政府纷纷制定规章规范行政程序，其中的有关规定也有比例原则的因素，如《山东省行政程序规定》第5条规定，"行政机关应当公正行使行政权力，平等对待公民、法人和其他组织。行政机关行使行政裁量权应当符合立法目的，采取的措施和手段应当必要、适当；实施行政管理可以采取多种方式实现行政目的的，应当选择最有利于保护公民、法人和其他组织合法权益的方式。"

---

〔1〕 陈新民：《中国行政法学原理》，中国政法大学出版社2002年版，第43页。

〔2〕 黄学贤、杨红："我国行政法中比例原则的理论研究与实践发展"，载《财经法学》2017年第5期。

四是高等教育管理领域。教育部发布的《普通高等学校学生管理规定》第 54 条规定："学校给予学生处分，应当坚持教育与惩戒相结合，与学生违法、违纪行为的性质和过错的严重程度相适应。学校对学生的处分，应当做到证据充分、依据明确、定性准确、程序正当、处分适当。"该条所规定的处分与过错相适应原则、处分适当原则都是比例原则的体现。

五是应急管理领域。《突发事件应对法》第 11 条第 1 款规定："有关人民政府及其部门采取的应对突发事件的措施，应当与突发事件可能造成的社会危害的性质、程度和范围相适应；有多种措施可供选择的，应当选择有利于最大程度地保护公民、法人和其他组织权益的措施。"该规定体现了比例原则的妥当性原则、必要性原则与法益相称原则。

（3）行政复议、行政诉讼中的表现。根据《行政复议法》第 28 条、《行政诉讼法》第 70 条、第 77 条的规定，行政复议机关和人民法院可以对明显不当的行为作出变更决定。然而，规定中的"明显不当"缺乏具体的评价标准，使其在实践中很难操作。从实然的角度来看，比例原则在行政救济中的明确适用依然较少，但已经出现运用比例原则判决的案例，如"汇丰实业发展有限公司诉哈尔滨市规划局行政处罚案"。[1]这一案件被认为是我国最高人民法院适用比例原则的第一案，虽然在法院的判词中没有使用比例原则的术语，但是，法院判决直接援引了比例原则的概念，即"规划局所作的处罚决定应针对影响的程度，责令汇丰公司采取相应的改正措施，既要保证行政管理目标的实现，又要兼顾保护相对人的权益，应以达到行政执法目的和目标为限，尽可能使相对人的权益遭受最小的侵害"。

---

〔1〕 湛中乐："行政法上的比例原则及其司法运用——汇丰实业发展有限公司诉哈尔滨市规划局案的法律分析"，载《行政法学研究》2003 年第 1 期。

从法院推理的过程来看，目的妥当性的考察主要考虑是否遮挡原外文书店顶部，影响中央大街景观；必要性考察的是对被上诉人侵害最小；相称性考察的是原审法院的判决体现了行政行为与行政目的之间的均衡与相称。这三个方面的说理，与比例原则的三阶理论完全吻合。因此，本案被称为我国最高人民法院适用比例原则的典型案件。当然，随着现代行政法的发展以及行政法治的日益健全，特别是司法审查制度的日益完备，比例原则将会以其内容明确、操作功能强而更频繁地被行政审判机关所适用。

2. 比例原则在我国行政法中的展望

在我国全面推进依法治国，加快建设法治政府的宏观背景下，应明晰比例原则的法律地位与适用范围，充分发挥比例原则对行政行为的指导、规范功能，既有利于行政法理论的丰富和发展，也对行政权的运行和监督具有积极功效。

（1）在立法中明确规定比例原则，并逐步用比例原则替代合理性原则。具体理由如下：一是比例原则更能积极主动地履行好人权保障的职责。合理原则源自英国，而英国的人权保障主要依赖其民主选举制度，合理原则在英国产生之初更多体现的是越权无效的理念和司法克制的精神。正因如此，随着英国法院人权保障任务的增强，英国法院逐步选用比例原则进行审查，合理原则主要考察行为符合立法目的，只要求符合立法的目的，排除不相关因素也往往与立法目的相关联，但是，比例原则还要求对目的正当、损害程度最小、法益相称等方面进行综合考量，更能全面保障当事人权益。二是比例原则具有更强的可操作性。比例原则具有三个方面的内容，即适当性原则、必要性原则、法益相称性原则。这三个方面从手段与目的的关系、手段选择的合理性、利益关系的合比例性方面层层递进地对行政行为作出要求，既有利于行政权的规范运行，也为后续的行政复议和司法审查提供了清晰的审查标准。三是比例原则更加契合实质法治的追求目标。法治包括形式法治和实质法治，公正包括程序公正和实体公正，实质法治和实体公正是人类追求法治理想和公平正义的高级形态。比例原则通过对行政行为从目的、手段、后果等方面的综合考量，权衡行政行为对公共利益与私人利益的影响，追求行政权力运行对公民权利和自由的保障，走出了机械依法行政的传统法治认识，强调法律实施的效果，具有实质法治的价值追求。

（2）拓宽比例原则的适用范围。比例原则的适用范围拓宽，具体表现为以下方面：一是比例原则适用于授益性行政行为。比例原则历来被认为只适用于规制性行政行为，而不适用于授益性行政行为，这与比例原则产生的背景有关。如同行政法的其他原则随着行政法的发展而不断发展一样，比例原则也绝不能停留在奥托·迈耶的经典意义上。比例原则应扩大至授益性行政行为，即行政机关在行使给付行政等授益性行政行为时，如有几种程度不等的行为可予选择，行政机关应在法律许可的范围内选择对人民授益最大的行政行为而为之。这是现代行政的特点和要求使然，也是现代福利国家应该而且能够做到的。二是比例原则适用于行政立法和行政救济领域。作为利益分配的第一个环节，立法质量关乎公共利益和公民权益的维护，也关系着政府的公信力。就行政立法而言，适用比例原则可以对行政立法的必要性、克减公民权利的正当性、行政行为对公民利益影响的最小化、公益与私益的兼顾与均衡等问题事先进行预估，尽可能保障立法的质量。行政救济是指因行政争议而引发的救济，主要包括行政复议和行政诉讼。行政救济中应当引入比例原则，明晰合法性审查标准与合理性审查标准的界限，运用比例原则的"三阶理论"审查自由裁量行政行为，加强对行政自由裁量权的监督。

三、正当程序原则

（一）正当程序原则的起源

正当程序原则（the due process of law），又称为正当法律程序原则，是英美法上的重要的概念。但是，正当程序原则目前已成为重要的行政法原则受到世界各国的重视，不少国家和地区都已通过制定行政程序法典或单行法律对其进行法律确认。

1. 正当程序原则在英国法上的渊源

在英国，正当程序原则最早可追溯到 1215 年制定的《自由大宪章》第 39 条，"自由民非依国法而受其同辈之合法审判者，不得逮捕、禁锢、剥夺其财产，逐出于国外，或加以任何伤害。"而"正当程序"在法律概念上被正式使用，则是 1354 年爱德华三世颁布的《伦敦西敏寺自由法》第 3 章第 28 条，"未经法律的正当程序进行答辩，对仟何财产和身份拥有者一律不得剥夺其土地或住所，不得逮捕或监禁，不得剥夺其继承权和生命"。[1]

考察正当程序原则的制度生成，则应当溯及至英国普通法传统中的"自然正义"，自然正义是英国法治的核心概念，是英国法官据以控制公共行为与行政行为的方法。正当程序原则是一个与"自然正义"一脉相承的概念。[2]在普通法的传统中，自然正义是关于公正行使权力的"最低限度"的程序要求，其核心内容包括：一是公平听证规则，即行政机关在作出不利于

---

〔1〕　［英］丹宁勋爵：《法律的正当程序》，李克强、杨百揆、刘庸安译，法律出版社 1999 年版，第 1 页。

〔2〕　周佑勇："行政法的正当程序原则"，载《中国社会科学》2004 年第 4 期。

公民的行政决定时必须听取对方的意见，公民有为自己辩护和防卫的权利；二是避免偏私规则，即任何人不能成为自己案件的法官，也就是说某案件的裁决人不得对该案持有偏见和拥有利益。自然正义原则原本只适用于司法或者准司法功能，在长期的司法审判实践中，通过阐发自然正义原则，英国法院使这些原则不仅适用于法院和行政裁判所的司法权，同样也适用于行政权，即要求行政机关在行使权力时也要保持最低限度的程序公正。

根据英国议会委员会的建议，正当程序原则的内容包括：①通知当事人；②当事人有表达意见的机会；③决策者应该公正；④行政机关作出决定应当说明理由；⑤告知当事人救济途径等。正当程序作为英国法治原则的集中体现，已成为行政法中最基本的程序原则。

2. 正当程序原则在美国法上的渊源

美国继承了英国自然正义原则，把正当法律程序首先作为一项宪法原则在宪法中确立，从而赋予其至高无上的地位。《美国宪法第五修正案》第5款规定："非经由法律正当程序，不得剥夺任何人之生命、自由或财产。"在1868年的第十四修正案中又规定："各州亦不得不经由法律正当程序，即剥夺任何人之生命、自由或财产。"这是正当法律程序在美国宪法中的直接规定，以这两条修正案为基础建立和发展起来的正当程序制度代表美国最基本的程序性要求。自此，正当法律程序成为一项宪法性原则。

在美国，宪法所规定的正当法律程序既包括程序性正当程序，也包括实体性正当程序。首先，正当法律程序是一个程序法的规则，称为程序性的正当法律程序，它要求政府的"正式行动必须符合对个人的最低公正标准，如得到充分通知的权利和作出裁决之前的有意义的听证机会"。[1]其次，正当法律程序还是一个实体法的概念，称为实质性的正当法律程序，它要求国会所制定的法律，必须符合公平与正义。如果法律剥夺个人的生命、自由或财产，不符合公正与正义的标准，法院将宣告其无效。

在正当法律程序的适用范围上，自 19 世纪末，美国宪法修正案所确立的正当法律程序逐步向行政法领域渗透，形成了行政性正当程序规范，从而使得正当法律程序的适用范围呈爆炸性地扩张，而不再只适用于法院的诉讼程序。1946 年《联邦行政程序法》的制定是美国行政法发展的一个重要里程碑，它不仅统一了联邦行政机关的行政程序，还为联邦行政机关规定了最低的程序公正要求，即"作出决定者必须举行听证"；不仅充分体现了宪法上正当法律程序精神，而且直接形成美国行政法上的正当法律程序原则，从而标志着正当程序原则的正式确立。

根据当今美国行政法的通说，正当程序的内涵包括：①合理的告知。所谓合理的告知，不仅指相对人应得到被处理事项的合理说明，也包括其在合理的时间内被告知。没有告知或不恰当的告知，将影响相对人行使程序和实体上的权利。②听取相对人意见，给予相对人申辩的机会。行政主体在作出决定前，要给予利害关系人发表意见的机会，使其能够陈述意见，质证辩驳。③说明理由，即行政主体应在作出决定之时一并明确其作出该决定的目的及理由。

（二）正当程序原则的制度与内容

20 世纪中期以后，随着各国行政程序立法的发展，正当程序原则在世界许多国家得到确立和广泛适用，不仅是普通法系

---

〔1〕 ［美］欧内斯特·盖尔霍恩、罗纳德·M. 利文：《行政法和行政程序概要》，黄列译，中国社会科学出版社 1990 年版，第 119 页。

国家，许多大陆法系国家也都通过立法确认了正当程序原则为行政法的基本原则。尽管不同国家和地区对正当程序原则具体内涵的认识不完全一致，但基本上又趋于一致，都包括以下几个方面：①中立性，即不得偏私；②公开性，即行政行为或裁决应公开进行，除非为了保护更高价值的需要（如当事人的隐私）；③公平性，即行政机关的决定或裁决应是在公平对待各方的基础上作出的；④参与性，主要体现为行政机关作出决定应听取各方意见，保障当事人陈述、申辩的权利；⑤及时性，行政行为应及时作出。

正当程序原则在我国起步较晚，[1]直到2004年国务院颁布《全面推进依法行政实施纲要》，第一次将"程序正当"列为依法行政的基本要求之一，正当程序原则逐渐在我国立法中有所体现。[2]近年来，我国法院在行政审判中运用正当程序原则的案件也在不断增加，[3]但受制于我国程序立法上的滞后以及行政机关对程序制约的抗拒，自觉遵守正当程序原则在我国行政

---

〔1〕 我国早期立法虽然没有出现"正当程序"这个概念，但正当程序原则的内容在单行法中有所体现。例如，《行政处罚法》第32~33条，第42条规定听证制度，《行政许可法》第32、36条，第46~48条，《行政复议法实施条例》第33条，《行政强制法》第8条、第14条、第18条、第20条、第25条、第32条、第35~36条、第38条、第44条、第58条等条文中的规定。

〔2〕 例如，2011年的《国有土地上房屋征收与补偿条例》第一次将正当程序原则列在行政法规的总则之中。2014年最高人民法院办公厅关于印发《行政审判办案指南（一）》的通知中第24条对正当程序原则运用问题的相关规定，2015年的关于人民法院落实《司法机关内部人员过问案件的记录和责任追究规定》的实施办法，2016年颁布的《青少年法治教育大纲》中要求建立对正当程序原则的认识等。

〔3〕 适用正当程序原则的经典案件有"田永案""刘燕文案""张成银案""陆廷佐案"等，最近引起人们关注的还有"于艳茹诉北京大学案"。其中本书所讲的正当程序问题具体是指法院在行政审判过程中所运用的正当程序，而非被诉行政行为的正当程序问题。"田永案"的判决作为第38号指导性案例被最高人民法院发布。

实践中的道路依旧十分艰难，这也为正当程序原则在行政审判中的适用带来较多不便。根据我国学者的阐述，作为"底线"的正当程序原则，应该包括如下制度或内容。[1]

1. 公开制度

俗话说得好，"阳光是最好的防腐剂，路灯是最好的警察"。公开是其他程序制度得以展开的大前提，如果没有公开，其他程序也只是纸上谈兵而已。因此，坚持正当程序，公开是第一步而且是必要的。公开主要包括：政府文件的公开、行政机关办事制度的公开、结果的公开。政府只有公开了政府文件，才能够让老百姓查阅或者获取相关政府文件。行政机关在办事的时候也要"透明化"，贯彻公开原则。行政结果因为与行政行为相对人息息相关，由此必须对直接当事人或相关利害关系人有一个合理的送达或告知。

2. 告知制度

"没有事先通知其利益有可能因政府的决定而受到影响的人，一切其他程序权利便都可能毫无价值。"[2]程序活动过程应当对当事人、利害关系人及社会公开进行，并告知保障其参加机会。除了一些涉及个人隐私、商业秘密或者国家机密外的，一般情况下均要告知。通知可以分为事前通知与事后通知两种，在行政行为生效之前通知的是事前通知，反之就是事后通知。在行政程序上通常以事前通知为主。告知尽量以当面或者当场告知为主，不能够当场或者当面告知的，可以采取直接送达、邮寄送达、留置送达、通告或者公告的告知形式。告知的事实、

---

[1]　应松年主编：《当代中国行政法》，中国方正出版社 2005 年版，第 114~119 页。

[2]　[美] 欧内斯特·盖尔霍恩、罗纳德·M. 列文：《行政法和行政程序概要》，黄列译，中国社会科学出版社 1990 年版，第 133 页。

理由与依据应与最后作出决定的事实、理由或依据完全一致，否则应再次告知。在 1991 年 5 月 29 日生效实施的最高人民法院《关于贯彻执行〈中华人民共和国行政诉讼法〉若干问题的意见（试行）》中最早规定了告知制度。《行政处罚法》《行政许可法》《行政复议法》《行政强制法》中都有涉及对告知的相关规定。

3. 听取意见制度

虽然"听取意见"的主体是行政机关，但是从某种意义上来讲，这也是一种民主参与的方式。听取意见分为正式的和非正式的，正式的如听证会，非正式的如讨论会、座谈会、书面收集群众意见等。听取意见已成为行政机关最普遍的一种程序，被广大群众所认同。比如，我国《立法法》第 58 条就规定：国务院制定行政法规应当广泛听取有关机关、组织和公民的意见，听取意见可以采取座谈会、论证会、听证会等多种形式。与此同时，在《价格法》第 22 条、第 23 条中也涉及听证会、听取各方面意见等。

4. 说明理由制度

日常生活中，说明理由就是要以理服人，使人感到心服口服。在行政法中说明理由是指在行政机关作出行政行为时，有必要对行政相对人说明作出该行政行为的法律依据与事实根据。在说明理由时，要充分做到以理服人，让广大群众及利害相对人都能够认可，没有逻辑上的错误，事实清晰等。也就是说明理由最基本的要求就是存在事实上的依据；在法律许可的范围内行使行政权力，把权力装进制度的笼子里。与此同时，要有论证的过程，使得事实与法律、根据与结论相互印证，相辅相成。可以说这个制度是现代政治文明的一个重要体现。

5. 回避制度

"回避"原本属于司法上的一个制度，随着法治的推进，这一制度被运用到了行政程序上，这可以说是现代法治的一大进步。戈尔丁认为，这是一种社会的需求，它以一种公平方式运行，给予当事人一种受公平待遇之感，有利于当事人对行政机关建立信任感。[1]因为行政主体要保持中立，做到公正无私且不怀偏见。因此，回避程序是不可或缺的。与此同时，在行政法上的回避主要有公务员自行申请回避、当事人申请回避、行政机关决定回避等。

6. 禁止单方接触制度

这一制度原本也是司法上的一个原则，是一种司法裁判权。但是，行政行为与司法活动存在着类似的地方，都是以裁决或决定的形式作出，尤其是对存在争议的双方作出的裁决。基于此，就可以将这一原则适用于行政领域，但是在行政法上这一原则的重要性没有引起足够的重视，这不等于其就不重要了。与此相反，这一原则对于行政主体人员有着不可替代的作用。禁止单方接触原则，顾名思义就是说裁判人员不得与双方当事人中的任何一方私下接触。如果有必要会见当事人，应该在同一时间、同一场合与双方当事人接触。这一制度需要广大群众的参与，需要社会的监督，这样才能够起到防止行政主体人员偏心、不公正，甚至杜绝腐败、贿赂的作用。

（三）正当程序原则与法定程序的关系

我国《行政诉讼法》第70条规定了"违反法定程序"的法言法语；从现有判例来看，在我国无论是间接还是直接适用正当程序原则来撤销具体行政行为的裁判文书，多是引用《行政诉讼法》的"违反法定程序"条款，这就涉及正当程序原则与

---

〔1〕［美］马丁·P. 戈尔丁：《法律哲学》，齐海滨译，生活·读书·新知三联书店1987年版，第241页。

法定程序的关系问题。[1]

1. 行政诉讼法"违反法定程序"中"法"的外延

法定程序,学界的通说观点认为法定程序即是被法律规范化了的有关程序的行为步骤、方式以及时空要素,但对于该定义中的"法",即法定程序中"法"的外延的认定,学界的分歧比较大。有学者采"法定程序中的法只能是法律、法规和规章",即"违反法定程序是指具体行政行为违反了法律、法规对作出具体行政行为过程上的要求"。[2]亦有学者认为"法定程序中的法不包括规章以下的规范性文件"。有学者主张"法定程序中的法不仅包括法律、法规和规章,同时在特定条件下的正当程序原则和能够产生外部行政法律关系的有关程序规定的规范性法律文件也属于'法'的范畴",并提出理由如下:第一,从形式法源上来看,法定程序中的"法"应当限定为"法律、法规、自治条例和单行条例和规章",但是从实质意义上来看,实践中众多的规范性文件都在适用,并且其对行政相对人的程序权利产生实质影响;第二,行政法的渊源包含法的一般原则,特别是在行政法中,正当程序原则的地位至为重要。正当程序原则可在具体法律规范存在立法不足和漏洞之时,实现拾遗补阙的功能;第三,基于我国大陆目前立法较为粗疏、立法活动并非完备、社会生活变化剧烈的现状,通过法律原则的论证适用,能够在保障法的安定性的同时,进而为行政相对人的

---

[1] 2014年最高人民法院办公厅关于印发《行政审判办案指南(一)》的通知第24条对正当程序原则适用问题作出规定,"行政机关作出对利害关系人产生不利影响的行政决定前,未给予该利害关系人申辩机会的,不符合正当程序原则;由此可能损害利害关系人合法权益的,人民法院可以认定被诉行政行为违反法定程序。"

[2] 应松年主编:《行政诉讼法学》,中国政法大学出版社2007年版,第248页。

权利保障提供有力支持。当然这里的规范性法律文件不能够违反立法法中关于法的位阶及法的效力的规定。[1]

笔者认为，"法"的范围是否还可以在法律、法规和规章之外做拓展，在解释上似乎存在着较大的难题。[2]首先，由行政机关自己制定的行政规定（或称之为"其他规范性文件"）虽然也规定了许多"行政程序"，但依照《行政诉讼法》第 63 条规定，即使是规章在行政诉讼中也被置于"参照"地位，更何况是法律效力处于规章之下的行政规定。显然，行政规定在当时的立法原旨中并没有"法"的地位。其次，法律原则等所谓的"不成文法源"同样也不能解释为这里的"法"。长期以来，我们所持的正统观点是将法源限定于一切制定法，且有一定级别的国家机关制定的规范性文件，即把法源定位于"由何种国家机关制定或认可，具有何种表现形式或效力等级"的规范性文件。所以，基于规范层面，从法律原则中推导出的有关行政行为的程序规则，也难以归入这里的"法"的范围。

2. 正当程序原则与法定程序的关系

关于法定程序与正当程序原则的关系，可从以下几方面分析：①是否存在并列关系？法定程序与正当程序原则是否具有各自的概念？最高人民法院《关于办理申请人民法院强制执行国有土地上房屋征收补偿决定案件若干问题的规定》第 6 条第 5 款规定了"严重违反法定程序或者正当程序"，仅仅从该条文文义的规定来看，似乎是法定程序与正当程序的概念应呈现并列关系，即两者的概念是不相同的。②是否存在包含关系？法定

---

〔1〕 刘芳："行政诉讼正当程序原则的适用及其问题研究"，载《湖北函授大学学报》2018 年第 7 期。

〔2〕 章剑生："对违反法定程序的司法审查——以最高人民法院公布的典型案件（1985-2008）为例"，载《法学研究》2009 年第 2 期。

程序与正当程序原则是否具有包含关系可产生两种认识：其一，法定程序包含正当程序原则，即当行政行为违反正当程序原则时，构成违反法定程序。其二，正当程序原则包含法定程序，即将法定程序纳入正当程序原则的内容中。

从理论上来考察，两者的概念是存在差异的。正当程序原则中的程序是"正当化"的程序，而法定程序中的程序存在合正当化的程序和非正当化的程序两种情况。但在通常情况下，法定程序须符合正当程序要求，法定程序是正当程序原则的具体表现形式，但当法定程序存在非正当化的程序或者法定程序及正当程序原则存在立法不足之时，在无法短期将正当程序原则纳入法律的情况下，便需通过正当程序原则的法律解释尤其是目的解释来弥补法定程序的漏洞。因此，正当程序原则既在法定程序之中，法定程序是正当程序的具体体现，同时其又在法定程序之外，当法定程序违反正当程序，其对于程序的规定是"恶"的规定之时，正当程序原则对法定程序具有纠正的功用。正当程序与法定程序不是非此即彼的关系，二者是相互配合、相互融贯的。正当程序是检验和衡量法定程序是否"合法"的准据。[1]法定程序应当依据正当程序之要求进行设计，并根据实际需要提高对国家行使权力时的程序要求；与法定程序相比，正当程序一般是弥补法定程序制度供给不足的"候补"标准，当法定程序出现缺失或违反正当程序原则时，正当程序即应发挥补充该法律空隙的功能。正如"于艳茹诉北京大学撤销博士学位决定案"二审判决所阐述的那样："正当程序原则是裁决争端的基本原则及最低的公正标准……作为最基本的公正程序规则，只要成文法没有排除或另有特殊情形，行政机关都要

---

[1] 刘东亮："还原正当程序的本质——'正当过程'的程序观及其方法论意义"，载《浙江社会科学》2017年第4期。

遵守。即使法律中没有明确的程序规定，行政机关也不能认为自己不受程序限制，甚至连最基本的正当程序原则都可以不遵守。应该说，对于正当程序原则的适用，行政机关没有自由裁量权。"

在对正当程序原则的适用过程中，为了强化该原则与最终裁判结果的逻辑关系，法院一般在适用过程当中会通过运用多种法律解释方法，处理好"正当程序"与"法定程序"两种程序之间的界限。第一，如果我国制定的成文法中对正当程序原则中所要求的告知、回避、救济等程序权利已经有明确而详细的规定，法院原则上可以直接依据成文法中明确的条文规定，在行政审判过程当中进行适用。因为这些法定程序中的内容直接体现了正当程序原则，被诉行为如果违反了法定程序，那也就与正当程序原则的要求不符；被诉行为如果严格按照法定程序作出，那肯定也就遵循了正当程序原则。第二，如果我国制定的成文法中虽然有相关的程序性规定，但该规定过于简单或标准较低，没有达到正当程序的基本要求，在这种情况下，我国法院对法律没有审查权，对法规有时候可以依据上位法进行判断，在一定情况下法院还可以对规章、规范性文件进行审查，但最重要的还是通过正当程序对法定程序进行合理解释，使其符合正当程序原则，即法定程序也要符合正当程序的要求。第三，如果我国制定的成文法中没有对正当程序原则中所要求的告知、回避、救济等程序权利的规定，这时候就需要法院充分发挥其能动性，从保障当事人的基本人权出发，通过利益衡量，运用正当程序原则对涉案行为进行审查。

（四）对正当程序原则中正当性的理解

正当程序中的正当性如何界定？英国法中以"自然正义"进行判断，美国法则通过一系列判例来阐释行政法上的正当程序原则中正当性的含义，但均无法明确其具体的标准。多数论者认为，正当性的判断涉及两个问题：一是正当性的判断主体，即正当性由谁来判断；二是正当性的判断方法。

关于正当性的判断主体，历来存有争议。在美国，有立法决定论和司法决定论两种不同观点。立法决定论认为正当程序应由立法机关通过具体的法律来确定，法院在个案中仅能判断法定的程序是否得到忠实执行。司法决定论则认为法院对于立法者在具体法律中所规定的程序，既有权利也有义务加以判断，以确定该程序是否达到了宪法上对正当程序所要求的标准，从而决定该程序是否违宪。从美国的司法实践来看，司法决定论一直居于主导地位，这与法院在美国国家权力结构中的地位是分不开的。在我国，虽然法院在审判实践中存在以行政机关违反正当程序原则为由撤销行政行为的判决，但因为立法上无正当程序的规定，且法院不能进行违宪审查，故不能说司法决定论在我国也居于主导地位。

关于正当性的判断方法，更缺乏统一的认识。从美国联邦最高法院的判例来看，正当程序的判断标准常常奉行以下三种方法：

（1）历史判断方法。所谓历史判断方法，是指当法院面对要判断某一特定程序是否符合宪法所规定的正当程序时，应当以制宪者的原意作为程序正当性的判断基准。所谓制宪者的原意，主要是指继承自英国的普通法或成文法。历史判断方法的优点是明确，每当法院需要判断程序的正当性问题时，总可以回到宪法的原文中寻找制宪者的立法原意。但是，以冻结在法条中的含义作为解释法律的标准，其弊端是滞后和僵硬。所以，历史判断法作为最早出现的法解释方法论，是不具有绝对的可适用性的，它充其量只能作为某种参考。

（2）利益均衡方法。所谓利益均衡，是指程序正当与否的判断要同时均衡受到政府行为影响的三种利益：一是私人利益，即官方行为影响的私人利益的大小；二是风险利益，即剥夺利益时所适用的程序是否能避免作出错误决定，作出错误决定的风险有多大，如果附加替代性的其他程序，可能的价值有多大；三是政府利益，即政府履行职责、遵循相应的程序时，财政和行政负担有多大。在这三种利益中，如果私人利益与风险利益之和大于政府利益，目前所提供的程序保障就是不足的，只有采纳替代性的程序保障才能满足宪法正当程序的要求；如果私人利益与风险利益之和小于政府利益，则可认为现行的程序保障已经能够满足正当程序的要求。利益均衡方法可以使法院的推论具有客观性、透明性和可操作性，法院在决定某个程序是否具有正当性基础的时候，所根据的不是想当然的主观判断，而是客观的各种利益之间的衡量，同时也有利于法院合理地配置司法资源。该方法至今仍处于主导地位。

（3）最低限度的程序保障方法。最低限度的程序保障方法主张，政府行为不得无视个人尊严和价值，对于一些核心的价值，如自治、平等、个人隐私等必须予以尊重，这要求有一个最低限度的程序保障。最低限度的正当程序所要求的是，根据个案需要，对程序保障可以进行取舍，但是作为最低限度的公正因素无论如何也不能被均衡掉。最低限度的程序保障方法有利于保障公民宪法上的基本权利不被剥夺。[1]

作为一个移植而来的法律概念，要在国内法的语境下阐释正当性的含义并明确其标准恐怕更难。江必新认为，正当性是相对于合法性而言的，合法性与正当性在价值上具有互补性，

---

〔1〕　汤维建："论英美法上的正当法律程序"，载《东吴法学》苏州大学百年校庆、东吴大学法学院八十五周年院庆特刊专号，第142页。

并由此总结正当性与合法性在价值上互补的关系为：①合法性应当以正当性为基础。程序正当性不仅关注程序是否合理适当，更关注程序是否能够体现公平正义，公平正义观念是程序合法性的根本价值基础。②合法性应当充分体现正当性。合法性有形式合法性与实质合法性之分，程序合法性不仅是形式合法，更要体现实质合法。从一定意义上讲，正当性概念高于法定性，它试图从自然法或应然法的角度，不断形成某种社会所公认的核心价值体系，以此评价行政程序是否正当、合法、有效。因此，当对行政程序法上的有关规定存在疑问时，正当程序是正确解释法定程序的最好向导。③正当性是检验、衡量法定程序的重要标志。正当程序是一种"高级法"。在有的国家，当法定程序严重偏离正当性时，有权机关可以用正当性即社会所公认的程序价值去否认其适用效力。④正当性是弥补合法性不足的重要依据。当遇到法定程序本身有缺陷或规定不明确等情况时，可借助正当性这一分析工具解释行政程序中的自由裁量行为。⑤正当性是发展法定程序的重要"准星"。当法定程序偏离正当性的时候，立法者应当根据正当性的标准和要求对法定程序进行修改和完善。[1]因此，正当性区别于合法性，但是又与合法性紧密相连。

从语义的角度分析，正当性程序的正当性主要体现在两方面：一是该程序是公正的，符合正义标准的，并且适用该程序的目的也是为了促使公正裁决的作出；二是该程序是必须进行的、必不可少的，即必要的，它既能保证行政相对人的有效参与，又要保障行政效率不至于过分低下。

从公正性来说，一是该程序的设置本身是公正的，是符合

---

[1] 江必新："行政程序正当性的司法审查"，载《中国社会科学》2012年第7期。

正义的。对行政机关而言，该程序的设置除非是限制行政权力的滥用，否则不能加重其权力的负担；对于相对人而言，该程序的设置不能加重其负担。二是设置该程序的目的是为了维护公正，即设置该程序的目的必须要有利于保护行政相对人的合法权益，或者说，是为了保护其合法权益不被行政机关任意处置。三是该程序所保护的利益是符合公正的。这就需要适用利益衡量标准。所要保障的利益越大，则对于程序的需求量就越大，需遵循的程序也就越严格。

从必要性来看，一是有效参与。这主要是就行政相对人而言，该程序不是独立于相对人的，而是吸引相对人参与的，相对人参与该程序得到维护自己权益的机会。二是不可缺少。缺少该种程序，行政相对人的权益便得不到充分有效的保护，行政机关便存在滥用权力的可能。三是不加重负担，即设置该程序不会使行政机关和相对人负有超出其承受能力之外的负担。

第三章 行政主体法论

一、我国行政主体理论的审视与展望

从行政法学的视角研究行政主体，具有重要的理论价值和实践意义。尤其是在当今多元化时代，随着多元主体的介入，公共事务的参与者呈现多元化的趋势。行政任务不再由国家独自承担，社会中逐渐出现了多元主体承担行政任务，这些新的主体在国家的领导和监督下，与国家共同创造了多元、和谐的行政分权局面；与此同时，与多元社会和行政分权局面相适应，形式更加灵活的行政组织取代了传统的科层式行政机关，来完成各种行政任务。

（一）中外行政主体理论之分析

1. 我国的行政主体理论

行政主体的概念是舶来品，最早来自法国，并非我国之发明。在我国，行政主体最初作为一种法学概念和技术性概念被提出，始于20世纪80年代末，在此之前，我国行政法学主要是以"行政机关"或"行政组织"来指称有关行政管理的主体，并由此引申出行政行为、行政法律责任等相关的基本概念，这在当时的行政管理实践和行政法学发展阶段都是合理的。但随着行政管理实践的广泛展开及行政法学研究的深入，该"行政机关"或"行政组织"的概念凸显弊端。为了修正这些弊端，行政主体作为法学概念进入了我国行政法学研究领域。行政主体概念的引入主要是基于：一是行政机关概念在承载和传递"行政权力行使者"的使命上的不足；二是行政诉讼被告资格确认的需要；三是法国、日本行政法主体理论的外在影响。上述背景既决定了行政主体概念在我国行政法学上的特殊功能，同时也为限制行政主体理论自身进一步发展埋下了伏笔。行政主体概念过于功利、过于匆忙的引入必将导致概念理解上的不完全和欠周密，事实也证明在中国生根发芽的行政主体概念与域外的"源概念"有着巨大的不同。

行政主体作为法律概念是由 2014 年修订的《行政诉讼法》确立的。该法第 75 条首次使用了行政主体概念，即"行政行为有实施主体不具有行政主体资格或者没有依据等重大且明显违法情形，原告申请确认行政行为无效的，人民法院判决确认无效"。

早期的行政法学者认为，"行政主体是指能以自己的名义实施国家行政权，并对行为效果承担法律责任的组织"。现行法学教科书和通说均认为，行政主体是指依法享有行政职权，以自己名义行使行政职权，并能独立承担相应法律责任的组织。从这一定义中，可以发现行政主体的基本特征：第一，行政主体必须是一种组织，而不能是个人；第二，行政主体是享有行政职权的组织，这种行政职权要么是法定的，要么是授权的；第三，行政主体必须能以自己的名义独立行使行政职权，这在外部形式上表现为能在行政决定上署名；第四，行政主体应当能独立承担由其行政行为所引起的法律责任。其外延由两部分组成，即行政机关和法律、法规、规章授权的组织。[1]

---

〔1〕　2014 年修订的《行政诉讼法》把行政主体的外延扩展为法律、法规、规章授权的组织。该法第 2 条规定："公民、法人或者其他组织认为行政机关和行政机关工作人员的行政行为侵犯其合法权益，有权依照本法向人民法院提起诉讼。前款所称行政行为，包括法律、法规、规章授权的组织作出的行政行为。"

2. 域外的行政主体理论

法国是行政法的母国，是行政主体理论的发端地。在法国，行政主体是一个法律概念，是法律创设的主体，是指享有实施行政职务的权力，并负担由于实施行政职务而产生的权力、义务和责任的主体。法国法律承认的行政主体有三种，即国家、地方团体和公务法人。[1]前两类是以地域为基础而产生的行政主体，公务法人是以公务分权为基础的行政主体，即法律将某种需要一定独立性的行政职能，从国家或地方团体的一般行政职能中分离出来，由专门的公务机关实施并承担由此而产生的权利与义务。

在德国，行政主体被称作"公共行政的承担者"，指在行政法上享有权利，承担义务，具有统治权并可设置机关以便行使，借此实现行政任务的组织体。在德国，"是否为行政主体，判断依据并非在于组织，而在于作用；凡以自己名义行使权利、负担义务来执行公权力皆属之，而不论其是否为公法或私法组织。"[2]德国行政主体分为以下类型：①国家，由于德国实行联邦制，因而国家行政主体又分为联邦和州两类。②具有独立权利能力的公法团体（如社员团体、身份团体、地域团体、联合团体等）、公法设施（如邮政、银行、铁路、公路、水电事业、专卖等）和公法基金会（包括平准性基金、文化资产照顾基金、宗教文物照顾基金、残疾婴儿照顾基金、社会照顾基金等）。③具有部分权利能力的行政机构。④被授权的人或组织，或称为委托的行政承担者。⑤私法组织形式的行政主体。但人们对这种私法组织形式的行政主体还有争议。巴蒂斯认为，应将行

---

〔1〕 王名扬：《法国行政法》，中国政法大学出版社 1989 年版，第 39 页。
〔2〕 蔡震荣："公法人概念的探讨"，载翁岳生教授祝寿论文编辑委员会编辑：《当代公法理论》，月旦出版公司 1993 年版，第 68 页。

政主体的概念限定于具有公法权利能力，即可行使公权力的行政个体。权威学者毛雷尔认为，这实际上是一个对行政主体概念如何界定的问题。如果行政主体的概念限于依公法设立的组织和主体，则公企业当然不可以成为行政主体（除非其得到国家的授权，作为被授权人，以高权方式执行行政任务）；但如果将行政主体的概念扩展到一切具有行政职能、完成行政任务的组织，则私法组织的公企业亦可以称之为行政主体。毛雷尔似较倾向于后者，但毛雷尔亦指出，由于公法行政主体具有特殊规则，在任何情况下都应当对之进行明确区分，私法形式的行政主体只能作为特殊情况对待。[1]在德国出现了"私法组织形式的行政主体"，这促使大陆法系国家传统的行政主体观念发生变化，不再以是否具有公法人身份作为界定行政主体的标准，而是要结合组织形式、活动规则、权力与行为的性质等，来综合判断某一组织是否为行政主体。

　　在日本，行政主体一般是指在行政法律关系上具有权利，或具有能承担义务资格的法律主体中执行行政的一方。[2]日本行政主体理论最早来源于德国，他们认为行政主体是一个技术性的概念，是对行政法律关系中充当行政的团体的统称。而现代日本学者认为，行政主体是行政权的归属者。日本行政法学将行政主体分为如下类型：①国家。国家的行政事务需要各种行政机关去完成，承担国家行政职能的最重要的行政机关就是内阁，另外，国家也常会将行政事务委托给地方团体。②地方公共团体。日本《宪法》第 92 条至第 95 条确立了尊重地方自

---

　　〔1〕　［德］哈特穆特·毛雷尔：《行政法总论》，高家伟译，法律出版社 2000 年版，第 500~503 页。

　　〔2〕　［日］室井力主编：《日本现代行政法通论》，吴微译，中国政法大学出版社 1995 年版，第 271 页。

治的原则，设置与中央独立的地方公共团体，将行政权的一部分总括地交付地方公共团体，由地方公共团体自主地处理。地方行政分为普通地方公共团体和特别地方公共团体，前者包括都、道、府、县、市、町、村，是享有自治权，独立于国家的地域性统治团体；后者为《地方自治法》第2条所承认的，为合作实施某项公务而由普通地方公共团体组成的联合体，如特别区、地方公共团体的组合、财产区的地方开发事业团等。③特别行政主体，即"在将其规定为国家事务（行政事务）的基础上，为了推行该业务而由国家设立的法人"。具体包括：行政法人或营造物法人，即根据法律直接设立或根据法律以特别的设立行为而设立的，以企业经营方式实施行政的公共财团法人，如住宅都市整备公用、日本道路公用、国民金融公库。公共组合，即以实施某种行政为存在目的，由具有一定资格的成员构成的公共社团法人，如商工组合、农业共济组合、律师会等。"延伸了的公共之手"，是指采取株式会社等私法组织形态，但在实质上承担一定公共服务任务的团体，例如废弃物处理公社等。

纵观上述国外行政主体理论，可以发现：

（1）行政分权决定着行政主体的范围。行政权是国家统治权的一种，行政主体的多样化是国家同其他行政主体之间分担行政权的结果。行政分权具体可以包括两种形式：地方分权和公务分权。由地方分权而产生的地方自治是形成地方公共团体这一行政主体的前提。与地方分权相对应的另一种行政法上的分权——公务分权，即将特定的、相对独立的行政公务从国家和地方公共团体的一般行政职能中分离出来，交由特定的法律人格来行使，并由其独立承担法律责任。由此产生了另一种类型的行政主体，即法国的公务法人、日本的行政法人、德国的人事团体、公共设施等。

（2）行政主体具有行政法上的独立人格。各国的行政主体中无论是公法财团、公法社团还是经授权而行使行政权的自然人、私法人，都是依据行政分权制度享有行政权，并能独立承担法律责任的法律人格。这里所谓法律上的独立人格主要表现为：第一，这些主体可以独立地享有权力并独立承担责任；第二，这些主体可以依法享有独立的财产；第三，这些主体能够独立地承担赔偿责任；第四，这些主体在地位上平等，虽然权力来源以及权利能力的范围不同，但相互之间均不存在等级差异。

（3）行政主体呈现为分散性、多样性、整体性的特点。国家作为行政权的拥有者，是原始的行政主体。但伴随着行政执法地方化、专门化，致使行政主体出现了分散化，体现了行政管理的民主性。多样性是指行政主体组织形式的多样化，既有公法组织，又有私法组织；既有地域性组织，又有成员性、目的性组织。整体性是指任何行政主体都是一个完整、统一的有机整体，这种完整性不因其内部构造的复杂、庞大而受破坏。

（4）行政机关是行政主体行为能力实现的手段。行政主体同其行政机关之间的关系，犹如作为整体的人同耳、目、手、足的关系，人的行为必须借助于耳、目、手、足，但独耳、目、手、足不能为人。所以，行政机关的法律意义仅在于代表行政主体活动，其本身并不具有法律上的独立人格。[1]王名扬先生认为，"行政机关作为构成行政主体整体结构中的某些单位，它们在一定的范围之内，以行政主体的名义进行活动，法律效果归属

---

〔1〕　李昕："中外行政主体理论之比较分析"，载《行政法学研究》1999年第1期。

于行政主体。"〔1〕在法、德、日行政法中，行政机关不具有行政法上的独立法律人格，相应地也不能成为权利和责任的归属主体。

3. 中外行政主体理论的比较分析

薛刚凌教授在分析行政主体理论时指出，西方意义上的行政主体，其核心要素是"行政利益"。"行政利益是指社会利益共同体在公共行政方面所享有的权利和利益，包括一定范围内的自主管理权，如管理模式选择和创新、制定规则和公共政策、决定辖区内的重大事项、设定行政机关、确定编制规模、管理财产和公务员、与其他横向社会利益团体的平等竞争以及行政救济权等。"〔2〕因而西方的行政主体理论比较重视行政主体的内部诸要素，法律应保障它的各项权利。而我国则更倾向于从外部去观察行政主体，关注行政主体的具体的对外管理职权和活动，没有注重行政主体的内部的权力问题。因而，以这种观念理解的行政主体，也就只能是行政机关和被授权组织了。

从一定意义上说，西方的行政主体理论是"形而上"的，而我国的行政主体理论则是"形而下"的。西方的研究更具有抽象性，我国的研究更具有实体性。这一区别也导致了行政主体理论在中西两种不同的行政法学体系中地位的不同。由于法学包括行政法学主要是一门具体的、微观的学科，因而我国的行政主体理论在行政法学体系中占有十分重要的地位。行政主体理论在我国也担负着具体制度构建的重任，如我们需要以行政主体来判断行政诉讼的被告。而与此相反，行政主体理论在西方的行政法学体系中所占的比例一般不大，在相应的部分，

---

〔1〕 王名扬：《法国行政法》，中国政法大学出版社1988年版，第46页。

〔2〕 薛刚凌："多元化背景下行政主体之建构"，载《浙江学刊》2007年第2期。

他们研究的是行政组织法。"行政主体"这一概念在西方行政法学中所担负的主要任务是理论分析，而不是制度构建。

综上，中西方的行政主体理论的差别是相当巨大的。在完善我国的行政主体理论和制度的过程中，应当充分意识到这种差别。重构我国的行政主体理论和制度究竟是沿用中国传统的思路，还是回归西方的本义，标准并不是这种理论是"本义"还是被改造甚至"歪曲"了，只要它是具有现代法治精神和现实可行性的，并且采用它成本是最小的，那么我们就可以拿来使用。

（二）我国行政主体理论的缺陷

1. 与主体的组织构成相矛盾

行政机关以及其他行政公务组织作为一个组织体，在内部构成上还包括其内部的机构和人员，如果没有内部机构和具有生命体的工作人员，它也不可能作为一个实体而存在。应该说，不仅行政机关在法律上具有独立的人格，而且行政机关或其他组织中的工作人员甚至内部机构在某种程度上和范围内也具有法律人格。行政机关的内部机构和工作人员在对外行使职权时，不具有独立的法律人格；但是对于行政机关而言，内部机构和工作人员仍具有一定的权利和义务；行政机关的有效活动，也必须取决于其内部机构的合理设置及内部机构间的权限分工等，如各内部机构之间也不得互相越权。为了实现"依法行政"的目标，行政法律规范不仅要对行政机关本身的权利义务予以规范，而且还要对行政机关的内部机构及其工作人员的地位、权利义务作出规定。如《行政处罚法》，不仅对行政处罚的名义实施机关直接作出了规定，而且还对受委托组织甚至"执法人员""负责人"以及听证主持人等作出了规定。[1]如果不承认它们

---

〔1〕　参见《行政处罚法》第 34 条、第 38 条、第 42 条、第 47 条、第 48 条等关于程序的规定。

的法律人格，则法律不得对它们的权利义务作出规定。可见，将行政机关或被授权组织中的内部机构及其工作人员排除于行政主体之外，就会给内部机构和工作人员的法律人格、法律地位等问题留下法律空白。

2. 与行政行为的运行轨迹相背离

任何组织的行为，都必须要由两类主体来完成：一类是组织体，它是行为的名义归属者和集合体；另一类是行为个体，它是行为的实际完成者。如果没有自然人个体以其所属的组织名义实施的行为，也就没有组织的整体行为。[1]同样，行政机关或被授权组织所实施的行政行为也具有主体上的双重性：一方面，对处于被管理者地位的公民、法人或者其他组织而言，行政行为名义上是行政机关或被授权组织的整体行为；另一方面，行政行为在其内部关系中，必须要由其所属的工作人员来实际作出，又是个体实施的行为，但这种个体实施的行为不是工作人员个人的行为，而是以行政机关或者被授权组织名义实施的行为；如果是工作人员以自己个人名义作出的行为，则不属行政行为而是个人的私人行为。可见，行政行为是行政机关或被授权组织与工作人员相结合而构成的一种集合行为。"法律的任何表述最终总是指其行为由法律规范所调整的人（human being）的行为和不行为。"[2]行政法律规范既然要对这种集合行为进行规范与控制，也就必然要涉及组织主体及其工作人员个体。如果只承认行为的名义或组织主体，而不论实际行为的主体，就会使行为与行为主体不相一致，在实践中可能使实际

---

〔1〕 杨解君：《秩序·权力与法律控制——行政处罚法研究》，四川大学出版社 1995 年版，第 246~247 页。

〔2〕 ［奥］凯尔森：《法与国家的一般理论》，沈宗灵译，中国大百科全书出版社 1996 年版，第 108 页。

行为的主体及其行为不受法律调控。如此，法律对主体的约束就只涉及组织主体而没有触及工作人员个体，法律的控制功能仍有可能丧失。

3. 行政主体责任的形式化

尽管我国《行政诉讼法》规定行政机关可作为行政诉讼的被告，但成为行政诉讼被告，并不意味着其承担相应的法律责任。因为行政机关作为行政诉讼的被告只具有形式意义，而责任的真正承担者是国家。具体而言，一是国家承担行政诉讼成本。对被告来说，行政诉讼过程中的一切损耗，包括人力、物力、财力的开支均由国家承担。二是国家承担行政诉讼后果。如果行政机关在行政诉讼中败诉，则违法行政行为的负面社会影响或者重新行政行为的开支均由国家承担。此外，违法行政行为给行政相对人造成实际损害的，也应由国家承担相应的赔偿责任。尽管行政主体理论强调行政主体能够独立地承担责任，但实际承担责任的主体却是国家，这就使得行政主体虚构出一个并不存在的责任主体，有权必有其责，然而行政主体理论并未完成行政权力与行政责任的有机衔接，使权力主体与责任主体相一致，相反造成了两者的脱节，这对行政权的行使而言起不到应有的制约作用。从国外的情况看，行政诉讼被告制度的设计主要是为了便于当事人起诉和应诉，这不意味着谁成为被告，谁就应该承担相应的责任。

4. 行政主体与行政诉讼被告的对等

理论上认为，只有在行政行为中作为行政主体的组织才可能在行政诉讼中成为被告，[1]即不具备行政主体资格的组织也不具备行政诉讼主体资格。我国《行政诉讼法》也吸收了该观

---

〔1〕　张树义主编：《行政法学》，中国政法大学出版社 1995 年版，第 741 页。

点，规定行政机关、被授权组织和委托行政机关才可作为被告。但在实践中却面临下列问题：一是非行政主体的组织，如党组织、企事业单位等行使一定行政职权后，由于其不具有行政主体资格故不能作为行政诉讼的被告，从而使这类案件不能通过行政诉讼途径解决；二是受委托组织超越行政机关委托权限而作出行为的，由于受委托组织不能作为行政主体和行政诉讼的被告，也会出现无法确定行政诉讼被告的情况。此时行政相对人就不能通过行政诉讼途径维护其合法的权益，可见，我国现行的行政主体理论将行政主体简单等同于行政诉讼被告的做法，违背了二者之间真实的关系，即两者之间并不必然存在一一对应的关系，当行政相对人的合法权益无法通过诉讼途径维护时，其诉权无疑受到了公权力的侵害，这也是行政主体理论无法自圆其说的困境所在。这种缺陷被沈岿归纳为"行政主体范式的制度功能缺陷"。[1]

（三）行政主体理论的未来发展

现代行政权不仅应从行政权不应涉足的领域中退出，而且要进行行政权自身的分割，并确立现代行政权的良性运行机制。行政主体是行政权的行使者，随着现代行政权多元化与非专属性的加强，行政主体也必然实现由单一化向多元化的转变。新兴的行政权不具有强制力、命令力，使得对行使这类行政权的主体没有特定要求，如不需要享有国家强制力，也不需要种种强制手段和条件，行政权已不再专属于行政机关所有，其他的非行政组织完全有能力也更加适宜行使这种弱权力性的行政权。政府机构改革的过程就是主体分化的过程，特别是现代的行政分权的兴起与发展，引起了行政主体内涵与外延的相应变化，

---

〔1〕　沈岿："重构行政主体范式的尝试"，载《法律科学（西北政法大学学报）》2000 年第 6 期。

一改政府作为行政主体的单一局面而呈现多元化趋势。[1]行政主体的外延处在不断的发展变化之中。行政主体的社会化是必然的趋势，因而如何界定行政主体，哪些组织是行政法适用空间不断扩张后的行政主体，成为行政法律制度必须正视的一个问题。

1. 重新界定行政主体概念的内涵与外延

我国现有行政主体概念的内涵和外延太狭窄，可以在借鉴法、德、日等国家行政主体概念的基础上，构建符合我国国情的行政主体理论。鉴于此，我国行政主体可以设置三类：

（1）国家。属于国家权限范围的公共事务，中央政府可以直接组织和管理，属于其他行政主体权限范围内的事务，原则上由其他行政主体自行管理，国家不直接干预，但可以间接影响和通过法律控制。

（2）地方政府。鉴于我国地方政府的双重性，地方政府既是国家在地方的分支，又是地方利益的代表，它们履行两种职能：一方面作为独立的行政主体，管理自己的事务，就其行为后果对组成该主体的民众负责，接受民众的监督和控制；另一方面，地方政府可以接受国家的委托，管理本属于国家的公共事物，这种管理行为需对国家负责，接受国家的监督，由国家承担法律责任。

（3）非政府组织。我国正面临着行政体制改革的艰巨任务，政府职能正在积极寻求转变，一部分行政权逐渐转移给非政府组织行使，作为政府与公民中间的非政府组织在社会公共事务的管理中发挥着越来越重要的作用。在改革后的体制中，管理社会公共事务的权力应由多元的支配者相互控制和限制，并自

---

〔1〕　黎军：《行业组织的行政法问题研究》，北京大学出版社 2002 年版，第 67 页。

行负责，而政府不过是其中的一元而已。〔1〕

2. 重新定位行政主体资格和行政诉讼被告之间的关系

"行政主体概念的关键在于权利能力。要使行政接受法律的调整和约束，不仅需要为行政设定权利义务的法律规范，而且需要进一步明确承担这些权利义务的主体。"〔2〕因此，行政主体理论的主要价值并不在于确定哪些主体可以成为行政诉讼被告，而是为了确定哪些主体实际上享有并实施行政权，以便对其进行规范。完善行政主体理论的关键在于重新定位行政主体资格和行政诉讼被告之间的关系，行政主体可以成为行政诉讼被告，但行政诉讼被告则不一定是行政主体。只要行为具有可诉性且没有超过诉讼期限，行政行为的相对人就可以直接将行为主体作为被告提起行政诉讼，无论其是否具有行政主体资格。此外，在修改《行政诉讼法》的同时，应把行使公共事务职能的社会组织纳入行政诉讼领域。

3. 将国家行政权分配给不同的行政主体

在当今中国发展进程中，必须改变过去那种行政高度集权的模式，将权力适度分散、适度下放，形成行政主体的多元化模式。这种分权模式主要体现为三方分权：国家将行政权力在不同的行政机关之间进行的分权，即横向上的分权；行政机关上下级之间的适度分权，中央和地方的合理分权，即纵向上的分权；此外，还包括国家将权力向社会进行适度分权，即向社会的分权。分权的结果是促使主体之间的相互制约和积极行使权力。同时，分权的实现将会实现各种行政主体的分化。从目

---

〔1〕 沈岿："扩张之中的行政法适用空间及其界限问题"，载罗豪才主编：《行政法论丛》（第3卷），法律出版社2000年版，第419页。

〔2〕 ［德］哈特穆特·毛雷尔：《行政法学总论》，高家伟译，法律出版社2000年版，第498页。

前来看，我国的改革在主体的分化方面已经逐步实现了从政企不分到政府与企业分开形成不同的主体的飞跃。然而这离实现行政体制改革的目标还有一段距离，那就是不仅要实现政企分开、政事分开、政群分开，而且在行政组织系统内部，还要实现中央与地方的分权，上级与下级的适度分权，甚至是不同事项的分权。主体的分化能够帮助摆脱体制的僵硬，建成灵活而又有活力的行政体制。[1]也就是说，没有成熟的分权制度就不可能有完整的行政主体理论。因此，我国应当在此基础上逐步建立并且完善以行政分权为核心的行政主体制度，将国家行政权合理分配给不同的行政主体行使，有利于提高行政效率，实现真正意义上的自负其责。在合理配置权力的同时，应加强对不同行政主体行使行政权力的有效监控，保证国家行政的统一协调，防止行政权力分散。这样更能体现民主。恰当处理中央与地方的关系，既能保证中央政府对地方的调控，又能发挥地方的积极性和创造性。

4. 理顺行政主体、行政机关、行政机关组成人员之间的关系

行政主体应当是行政权的归属者，是行政法律关系中同行政相对人对应的另一方主体，是具有行政法上的权利能力，并能独立承担法律后果的法律人格。行政机关只是行政主体的内部组成部分，是行政主体实施行政管理的手段和工具，其行为后果最终归属于行政主体。行政机关在行政管理中的地位是行政主体，在民事活动中的地位则是民事主体，行政机关的双重法律地位由此得到合理解释。同时，行政机关本身作为一个抽象的概念，也不能自为一定的行为，而有赖于行政机关构成人员完成。理顺三者之间关系的法律意义在于明确它们各自的法

---

〔1〕　张树义："论行政主体"，载《政法论坛》2000 年第 4 期。

律地位以及行为的法律后果。

二、行政委托行为

(一) 行政委托概念的重构

诚如拉丁法谚"被授予的权力不得再委任"所指,当某一组织被赋予行政职权以后,它有权也应当亲自行使该行政职权。但当其受条件限制无法亲自行使职权而行政事务必须处理时,则需要他人代行其职。由此行政委托便应运而生。

早在 19 世纪末期,德国行政法学家奥托·迈耶就在其著作《德国行政法》中用特定名词"受委托企业"来整理他观察到的部分社会现象,他定义经营"受委托企业"的"受委托人"为被赋予以自己的名义执行部分公共行政的法律上的权力的私人。20 世纪 50 年代至 70 年代,更有公法学者在其著作中使用特定词语来描述他们所观察到的此类社会生活现象,并使之制度化,例如沃尔夫的"受委托人"、蒙特纳赫的"受委托的私人"、胡贝尔的"受委托的团体"等。[1]

与行政法学理论中研究行政委托密切相关的是,在世界不少国家和地区的立法中也能找到行政委托,甚至在一些国家和地区的行政法典中也有关于行政委托的规定,比如,荷兰《基本行政法典》第 10 章第 1 节的第一部分即是关于行政委托的规定,共计 12 条。

随着民营化浪潮席卷全球,"合同外包"(contracting out)成为当前民营化的主要特色,此时,民营化已从单纯的经济领域扩展到给付行政乃至干预行政领域。公权力事项的签约外包已然成为行政委托在新时期的表现形式,如美国监狱矫正的民

---

[1] 杨云骅:"行政委托制度之研究",台北大学 1993 年硕士学位论文,第 3~5 页。

营化；日本"政府业务民营化"以及"行政服务外包"改革中的"外部委托"或"民间委托"。

我国从20世纪80年代开始，已有多部法律、法规或规章中出现"委托"二字，[1]如1982年的中共中央、国务院《关于严禁进口、复制、销售、播放反动黄色下流录音录像制品的规定》第八项前半段规定："录音录像制品的出版与发行工作，国家委托中央广播事业局归口管理。"1986年的《治安管理处罚条例》（已失效）第33条第2款规定："警告、五十元以下罚款，可以由公安派出所裁决；在农村，没有公安派出所的地方，可以由公安机关委托乡（镇）人民政府裁决。"至1989年《行政诉讼法》颁布，开始对行政委托的法律地位加以界定，该法第25条第4款规定，由行政机关委托的组织所作的具体行政行为，委托的行政机关是被告。与此同时，行政委托作为一项崭新的课题，也逐渐引起学界的日益关注。

在我国，行政委托被定义为，"行政主体将其职权的一部分，依法委托给其他组织的法律行为"，也有的界定为，"行政委托是指行政机关委托行政机关系统以外的社会公权力组织或私权利组织，以该行政机关的名义行使某种行政职能、办理某种行政事务，并由该行政机关承担相应法律责任的制度"。[2]检视行政委托相关文献，可以发现尽管学者们的表述各不相同，但大都是以主体和内容为观察面来定义行政委托，也有少数学者加入了效果归属的内容。可能是由于《行政诉讼法》的"一锤定音"，学界对行政委托的效果归属多有共识——归属于委托

〔1〕　胡建淼主编：《中国现行行政法律制度》，中国法制出版社2011年版，第36页。

〔2〕　姜明安主编：《行政法与行政诉讼法》（第2版），北京大学出版社、高等教育出版社2005年版，第145页。

人，但对于其他方面，则有着不少分歧，表现为：

（1）委托主体是否仅限于行政机关？一种观点认为行政委托的主体不应当限定为行政机关，还应包括法律、法规、规章授权的组织。另一种观点则认为行政委托的主体不能是法律、法规、规章授权的组织，只限于行政机关。依我国行政法理论通说，行政主体既包括行政机关，又包括其他行政主体。"其他行政主体主要是指法律、法规授权的组织和其他社会公权力组织。可见，其他行政主体主要有两大类别：一类为法律、法规授权的组织；另一类为其他社会公权力组织。"[1]其他社会公权力组织是指在法律、法规、规章并未授权行使公权力情况下行使公权力的社会组织，具体包括行业协会、基层群众性自治组织、工会、青联及妇女协会等社会团体。行政机关可以成为委托主体应该是没有任何争议的，但是法律、法规、规章授权的组织以及其他社会公权力组织是否可以呢？答案是否定的。这主要是因为：一是行为能力上的不足，如果再允许这些组织将职权委托给能力更差的受托人行使，行政目的能否实现更值得怀疑；二是为了行政管理的需要，法律、法规、规章授权的组织才授予这些组织行使特定的行政职权，因为这些组织具有相关的特殊条件，如果再允许这些授权组织将该职权委托出去，那么法律、法规、规章的授权就完全没有必要了。故此，行政机关成为委托机关是毫无疑问的，但是法律、法规、规章授权组织和其他社会公权力组织则应该予以排除。

（2）委托的内容是否只限于公权力？对此，同样存在两种对立观点：部分学者认为行政委托内容不仅包括行政职权，还包括不含权力因素的行政事项。与此相反，有学者认为行政委

---

[1] 姜明安主编：《行政法与行政诉讼法》（第2版），北京大学出版社、高等教育出版社2005年版，第137页。

托应仅限于行政主体部分职权的委托。从社会发展实践及国外先进经验来看，行政委托的内容应既包括行政职权，又包括行政事项。理由如下：一是尽管行政委托与民事委托存在着一致性，但是行政委托作为一种特殊的委托方式，有着特殊的使命。受托方如果并不拥有行政职权，那么行政事务的完成、行政管理目标的实现便缺少了支撑。二是在行政委托中，受托人不是不承担法律责任，只是这种责任是一种内部责任，这种责任可能由法律规定，也可能由双方的委托协议注明。三是行政委托作为一种行政法上的权利义务关系，必然要受到行政法的调整和规制。

（3）受委托主体的类型是否限于行政系统以外的组织？有学者认为受委托的主体应当包括行政机关，但也有学者认为行政机关应当被排除在受委托方之外。还有部分学者对个人能否成为受委托主体持有不同意见。笔者认为，尽管行政立法和执法上普遍存在着行政协助（也有人称之为职务协助或者事项委托），行政机关仍然可以成为受委托方。行政机关作为受委托主体时，虽然它本身是行政主体，但它从事受托事务、行使受托权力时（它本身并不具有受委托行使的权力），它并不是行政主体，而只是和其他受委托组织一样，是一个受委托组织，其行为后果由委托主体承担。因此，法理并不排斥行政机关可以成为受委托组织。《行政许可法》第 24 条第 1 款规定，行政机关在其法定职权范围内，依照法律、法规、规章的规定，可以委托其他行政机关实施行政许可。依据该规定，受托方可以是行政机关。此外，域外先进国家和地区的行政委托制度也将行政机关纳入受托方的范围之内。《西班牙公共行政机关法律制度及共同的行政程序法》（1999 年）第 13 条规定：各类公共行政机关的部门可以将自身职能委托给本行政机关的其他部门去行使，即使这些其他部门不是其下级部门；也可委托给与其有关或者独立的公法实体。[1]该法律的规定实际包括了两个部分，即委托给行政机关的下级部门与委托给其他公法实体。德国的行政委托既包括行政机关之间的委托，也包括行政机关对社会组织的委托，而日本的权限委托仅限于行政厅之间的委托。

个人是否可以成为受托方可以说是我国行政法学界对行政委托受托方争议的焦点。有人认为行政委托的受托方不包括个人。理由在于"个人作为被委托人在执法能力、法律责任追究等等方面都要弱于组织，具有很大的不确定性"。[2]"受托主体虽然不是正式的行政主体，但它毕竟行使的是国家行政权，而国家行政权涉及公民的切身利益，且具有极强的国家意志性、执行性、法律性和强制性。我们很难要求个人行为的严格规范。"[3]事实上，个人是可以成为受托方的。因为行政委托与行政授权不同，行政授权的效果是创设行政主体，而行政主体只能是组织，不能是个人。但行政委托的效果则是创设行为主体，而不是行政主体，行为主体可以是组织，也可以是个人。行政委托的目的是实现行政管理的目标，如果委托个人行使某一特定的行政职权可以更经济、更有效地达到这一目标，那么只要个人具备相应的条件，就可以成为受委托人。我国立法中也不乏个人作为受委托人的例子，如《国家赔偿法》第7条第4款规定，"受行政机关委托的组织或者个人在行使受委托的行政权力时侵犯公民、法人和其他组织的合法权益造成损害的，委托的行政机关为赔偿义务机关"。

---

〔1〕 应松年主编：《外国行政程序法汇编》，中国法制出版社2004年版，第306页。

〔2〕 王青斌、游浩寰："浅析行政委托"，载《广西大学学报（哲学社会科学版）》2003年第1期。

〔3〕 王晨："行政委托内涵之重构"，载《行政与法》2008年第11期。

综上，所谓行政委托，是指基于行政管理必要性考量，行政机关依据法律、法规或规章将其法定职权范围内的部分职权委托给符合条件的组织和个人行使，并以委托行政机关的名义行使行政职权，相应法律后果由委托行政机关承担的行政法律制度。

（二）行政委托的性质

1. 关于行政委托性质的不同观点

关于行政委托的性质，学者们并未达成一致，大体存在以下几种观点：

（1）行政委托是一种行政行为。持该观点的学者认为，行政委托是行政行为由以下因素决定：委托方是行政机关，行政委托处分的是行政职权，行政相对人与行政委托之间是间接的法律关系，行政委托出于行政管理的需要，以实现行政管理为目标。还有学者更进一步指出，行政行为包括内部行政行为和外部行政行为，行政委托从本质上说是内部行政行为。持此观点的学者认为："行政委托关系形成于行政管理系统内部，并不对公共行政管理对象产生直接的权利义务影响，并且在法律责任的承担与分配上，委托协议的内容不能成为对抗行政相对人的行政救济请求权，所以行政委托是一种内部行政行为。"[1]

（2）行政委托是一种行政事实行为。该观点"最早源于德国行政法上单纯公权力行政之学说"，[2]认为行政委托符合行政事实行为的典型特征，即行政性和追求行政法律效果的主观意图性。

---

[1]　江国华、谭观秀："行政授权和行政委托之论纲"，载《常德师范学院学报（社会科学版）》2000 年第 2 期。

[2]　陈新民：《中国行政法学原理》，中国政法大学出版社 2002 年版，第 232 页。

（3）行政委托是一种行政契约，以合意性为基础。与此相近的还有行政委托关系实际上是契约关系，行政契约最大的特点是行政主体与行政相对人意思表示的一致性，行政委托关系同样是行政主体与受托方之间的一种合意。[1]

上述关于行政委托性质的认识，无论是将行政委托认作是一种具体行政行为、内部行政行为、行政事实行为抑或行政契约行为，均是相对于某一特定场合而言的，是基于不同场合或层面对行政委托性质的把握，并非同一场合或层面上的非此即彼的关系。也正是这些关于行政委托性质的认识分歧，展示出在不同场合、层面下对行政委托性质的不同认识，为我们勾勒出深化行政委托性质认识的线路图。

2. 行政委托的性质定位

（1）行政委托是行政行为，受行政法拘束。依照我国行政法学界的通说，对于行政行为的界定采全部公法行为说，亦即认为行政行为是行政主体运用行政权所作的具有直接或间接行政法意义或效果的行为。[2]行政委托是行政机关为了实现行政目标，依法将其部分行政职权委托给符合条件的组织和个人的行为，当然是行政主体运用行政权的行为。而且通过行政委托，行政机关将其部分行政职权委托给受托人，受托人由此取得了可以行使所授职权的权力，可见行政委托是一种行政主体运用行政权为特定的相对人（受托人）设定权利、义务的行政行为。正是该本质特征决定了行政委托与民事委托或经济委托的区别：行政委托涉及国家行政权的运用，目的并非出于维护委托人的

---

〔1〕　关保英：《行政法教科书之总论行政法》，中国政法大学出版社 2009 年版，第 227 页。

〔2〕　姜明安主编：《行政法与行政诉讼法》（第 5 版），北京大学出版社、高等教育出版社 2011 年版，第 151 页。

利益，而是为了更好地实现公共利益，追求的是公法效果。

（2）行政委托是一种内部行政行为。在行政委托中，受托方虽然是行政系统内外的公民、法人或组织（包括行政机关），但由于其内容表现为行政机关对其取得的行政职权的再次分配，并不对公共行政管理对象产生直接的权利义务影响，因而行政委托关系形成于行政管理系统内部，是一种内部行政行为。当然，随着大陆法系行政法理论的发展，内部行政关系，甚至特别权力关系中，仍然存在着行政处分。在德国，一开始是根据乌勒所提出的基础关系与营运关系区分的理论来辨识特别权力关系中的行政处分的，据此，涉及基础关系，也就是特别权力关系的成立、变更与结束的行政措施，承认是行政处分，反之只涉及营运关系，即特别权力关系秩序的维持与管理，则属机关内指示。但是由于基础关系与营运关系的区分往往不容易，目前德国通说因而改为，只要行政措施涉及相对人个人的法律地位，特别是其基本权利者，即属行政处分；反之，内容只关系职务的执行，而不涉及相对人个人地位的，则为机关内指示。行政委托作为行政管理方系统内部的职权再次分配行为，尽管其使得本来没有行使公权力资格的受托方通过委托行为取得了行使所受委托的行政职权的资格，涉及受托方的法律地位的改变，但是行政委托本质上仍是内部行政行为。

（3）行政委托是双方意思表示一致的行为。从委托的发生方式看，协议委托就是基于行政机关与受托人协商一致缔结行政委托合同而发生的，明显属于行政契约行为，双方意思表示一致形成合意是此类行为的显著特点；指定委托虽然是以行政机关的单方决定为其表现形式的，但此种行政决定的作成要么以受托人的申请为起因，要么以受托方的同意为附款，实质上体现了只有受托方与行政机关的意思表示一致时，行政委托始得成立的特点。在德国的行政法理论中可以证实这一点：通说都承认行政委托得由行政处分而成立，但该行政处分的作成必须是在得到相对人享有某种程度的参与权情况下方可被赞同。换言之，这种行政处分的作成必须得到相对人的协力。至于此种行政处分是否属于"须得相对人同意之行政处分"，视相对人的参与权被认为属"法律行为附条件"或"法律行为起因（申请）"而定。[1]但是不论这种参与权属哪种性质，在实际案例中如果欠缺相对人的参与，则基于行政处分而成立的行政委托至少在法律效力上是悬而未决的。[2]

（三）域外行政委托制度之考察

1. 大陆法系国家的行政委托制度

（1）德国的"委托的行政承担者"和"机构委托"。在德国，与"行政委托"相近似的主要有两个概念：一是"委托的行政承担者"，二是"机构委托"。"委托的行政承担者"是指"国家将行政任务或高权性权力有条件地委托给私法自然人或法人完成"，细化到构成要件来说，该制度的委托主体是公法行政承担者，受托主体是私法自然人或法人，委托的事项则是行政任务或者高权性的权力。当然，委托也有前提即应当有法律依据或者委托契约的存在。与我国行政委托最大的区别是最后的法律责任归属于受托主体，而非委托主体。而"机构委托"是指"一个机构在执行所属行政主体的任务之外，还执行另一个行政主体的任务，并且在此范围之内作为该行政主体的机构活动"。[3]该概念细化到构成要件来说，委托主体是行政主体，受

---

〔1〕 吴庚：《行政法之理论与实用》（增订 8 版），中国人民大学出版社 2005 年版，第 225 页。

〔2〕 杨云骅："行政委托制度之研究"，台北大学 1993 年硕士学位论文，第 154 页。

〔3〕 黄娟：《行政委托制度研究》，北京大学出版社 2017 年版，第 48 页。

托方为行政机构而不同于"委托的行政承担者"中的私法自然人或者法人。而委托事项的范围少于前者，仅为行政任务。在行为决定和活动归属上则属于委托方，因此受托方应当接受委托主体的命令，制约程度更高。

（2）法国之"公务特许"。在法国行政法学中，行政委托被称为公务特许，主要是指行政主体与受托主体根据意思自治达成合意之后签订契约，受托方在承担出资的同时也获得权益即由受托方管理公共事务。法国的"公务特许"制度的委托人要求是行政机关，受托人可以是私主体，[1]也可以是公务法人或者是公私合营的企业，范围相对较为宽泛。而委托的事项包括公共权力和获得行政主体协助权等。与我国行政委托的效果一致，其最终的行政责任仍然归属于行政机关。其本质仍然契合"委托-代理"理论，故仅是一种管理权限的转移，而非责任的转移。

（3）日本之"权限委托"。日本在其宪法中并未明确表示仅有行政机关可以行使行政职权，换言之，并未禁止行政委托这一制度。但是又基于"国家垄断公权力"原则之考量，对受托主体作出限制。[2]在日本行政法学中，行政委托被表述为权限委托。[3]所谓"权限委托"重点在于"限"，除了受托主体有所限制，委托事项也有所限制——通常为辅助性的或者附属性的行政事务，紧急情形除外。并且，委托之前提是基于法律依据和合理理由。此外，日本该制度值得借鉴的便是对民间部门范围职责的明确和细化。因为职权范围的确定为法律责任的

---

〔1〕　王名扬：《法国行政法》，北京大学出版社 2007 年版，第 406 页。

〔2〕　［日］米丸恒治：《私人行政——法的统制的比较研究》，洪英、王丹红、凌维慈译，中国人民大学出版社 2010 年版，第 128 页。

〔3〕　［日］南博方：《日本行政法》，杨建顺译，中国人民大学出版社 1988 年版，第 16 页。

归属提供精确的可能性。

2. 英美法系国家的行政委托制度

（1）英国之"委托"。基于"卡尔多纳原则"的考量，英国确认了委托制度，即依据宪法及法律，公务员的职务行为可以代表部长本人之职务行为。从构成要件上来分析，英国的委托主体是拥有行政权力的某个组织或者个人，而受托主体则为其他公务人员，并且受委托的公务人员的资历和经验是其受托的重要考核标准。此外，并非是所有的事务均可以委托，因为根据某些法律条文明示之规定必须由部长亲历为之。[1]

（2）美国之"委外"。基于公共选择和新公共管理理论对行政改革的影响，认为"'没有任何理由和逻辑证明公共服务必须由政府官僚机构来提供'，摆脱困境的最好出路是打破政府的垄断地位，建立公私机构之间的竞争"。[2]民营化作为对垄断竞争的一种政府激励的形式，其中的委托授权是民营化较为常见的存在方式。据学者划分，民营化又被划分为"实质民营化"和"功能民营化"，功能民营化又被称之为"委外"，即指国家在执行某项任务时，在职能地位不变和责任归属不变的情况下，将任务的完成交由私人力量达成。从构成要件来看，国家作为委托主体，将公权力的行使委托给民营部门或个人的受托主体。当然，责任归属仍不发生变化。

综上所述，通过大陆法系之德、法、日三国和英美法系之英国和美国的行政委托比较可得，各国的委托大多建立在"委托-代理"理论之上，尽管存在多样表现形式，但也符合各自的

---

〔1〕 英国政府法制局编：《法官在你肩上：英国政府官员依法行政指南》，叶逗逗、何海波译，法律出版社 2005 年版，第 21 页。

〔2〕 ［美］E. S. 萨瓦斯：《民营化与公司部门的伙伴关系》，周志忍等译，中国人民大学出版社 2002 年版，第 14 页。

实际情况。与我国行政委托的最大区别是在受托主体和责任归属上，有的国家倾向将权力委托给私人力量去完成，而我国尽管也有将私主体纳入的情况，但更多是无关紧要的非权力性事项。在责任归属上，如德国的"委托行政承担者"将责任归属于受托主体。

（四）我国行政委托制度的重构

1. 行政委托制度的实体重构

（1）模式选择：集中单独立法和分散立法。在我国当前的委托立法中，对于禁止委托事项的规定采用的是一事一议、一事一立的分散模式，如《行政强制法》第17条第1款的规定，"行政强制措施由法律、法规规定的行政机关在法定职权范围内实施。行政强制措施权不得委托"。该法明确禁止行政强制措施权的委托问题。荷兰、西班牙等国的做法则是在某一行政基本法中作出单独的规定，以适于一切行政领域，而不在具体领域再行规定。应该说，关于行政委托事项的上述两种立法模式各有利弊：分散模式明确、具体，但难以穷尽；集中模式覆盖广泛，但存在着引起适用分歧的可能。从我国当前的行政委托实践和立法进程看，适当借鉴国外的立法经验，通过基本立法明示行政委托的范围，即采用集中模式立法更为有效、可行。具体而言，通过统一的行政程序法典设计相关的行政委托条款来完成对行政委托中委托事项的规定：首先，分散立法模式只能规范某一领域的某种行政权，而在行政的其他领域，即使与被规范的行政权类似也无约束作用；其次，我国的多元主体立法，在上位法没有规定的情形下，下位法往往率先授权实施委托，造成规范不一的结果，影响法制的整体统一；再次，从我国立法进程看，我国正处于行政程序法典化的准备阶段，如果在法典制定过程中列入对行政委托的规范，较之单独立法成本更低，而且在行政法领域，由于其调整对象的广泛和多变，像刑法、民法那样制定行政法典比较困难，可以通过行政程序法典明确禁止委托的事项；最后，由于行政委托涉及公权力的分配及对人民权益的影响，而且涉及行政的多个领域，确实有必要对行政委托通过统一立法作出规范。

（2）委托内容的确定标准：重要性阶层理论。我国学者许宗力论及国会保留范畴时，提出"重要性的阶层理论"，认为可在"不重要""重要""更重要"间作更进一步的区分，以决定哪些事务属行政固有权限，无须法律授权，行政权即得自行以命令决定（不重要者）；哪些事务虽不属行政固有权限，但亦准许在有法律授权的前提下委由行政权以命令决定（重要，适用法律保留者）；以及哪些事务属不可移转的、专属的国会权限，无论如何均要求须由立法者亲自以法律决定（更重要，适用国会保留者）。[1]何为重要？许宗力认为：重要性标准应包含两个关联点：一是基本权利重要性；二是公共事务重要性。前者意味着凡事务，无论适用哪一种基本权利理论标准，只要对基本权利的实现具"重要意义"；后者，同样是程度的判断问题，基本上视受规范人范围的大小、影响作用的长短、财政影响的大小、公共争议的强弱以及对现状改革幅度的大小等而定，凡程度上可认定属大、久或强一级者，即为对公共事务具有重要意义。这一理论可以用来解决行政委托事项范围。

行政委托事项的重要性标准应包括：一是主权标准，即考察行政事务，是否对国家主权的行使、实现有重要意义。因为在现代国家，主权是国家构成的基本要素，而且"主权不可割裂"早已成为共识；二是基本权利标准，以是否对基本权的实

[1] 翁岳生编：《行政法》，中国法制出版社2009年版，第197页。

现有重要意义为考察标准。基于民主原则，行政权存在的正当性基础在于保障人民权利，对基本权利的实现有重要意义的职能，当属重要；三是公共事务标准，公共事务的影响力往往决定着对多数人利益的影响程度，影响程度大的公共事务需要行政机关慎重为之，也不适宜委于私人。具体而言：

第一，国家主权事项。主要有三类：一是涉及国家安全或秩序的事务，如国土防卫事务、警察业务、刑罚等不能委托；二是经济性主权事务，主要包括货币职能、财政职能和税务职能等，皆应由行政机关保留；三是外交等对外的主权活动，因为涉及全体国民的利益，需要作出政治判断，也不应委由私人。

第二，与行政主体存续直接相关的事务。包括组织管理、人事制度等国家自我组织事项直接关系行政主体的存续，关系着国家职能能否得以履行，因此，此类事务是国家最核心的、不可转让的事项。

第三，需主动、积极、弹性地面对可能发生的情况的事项。如行政规则的制定、行政计划的管理等需要政府裁量或依据政策判断的事项，因此类公共事务的影响力较大，也不宜委托。

第四，行政机关具体职能中的核心事务。如户籍管理机关有关出生、死亡、命名、改名、户籍等。此等事务是户籍管理机关存在的核心事务，将其委托出去，户籍管理机关就失去存在的基础，因此，不能委托。

第五，涉及强制力行使的事项。这是"国家独占物理强制力原则"的体现，强制力包括物理力的行政强制与警械使用，此类行为因为对公民的基本权利产生重大影响，也不应委于私人。

第六，其他在性质上不宜由私人行使的事项。

2. 行政委托制度的程序重构

（1）明确行政实施权的暂时性变更期限。行政委托仅是转移了行政实施权，没有转移相关的法律责任，在权力变更的程序上也与归属权不同，后者以法律、法规、规章为变更形式，属于行政立法的范畴。前者主要以行政契约为形式（现实中还存在以大量的行政规定为形式），主要属于内部行政行为的范畴。行政委托是行政实施权的暂时性变更，权力实施的期限与永久性变更不同。界定为暂时性变更：一是因为根据宪法，立法者通过法律在不同行政机关中对国家行政权进行初次分配。虽然在当下行政委托的各种协议或行政规定中，委托期限的条款若隐若现，但倘若是公权力的第二次永久性变更，应当严守法律保留原则，以行政立法而不是双方合意的委托协议和行政规定予以规定。二是我国行政授权与委托的界限比较清晰，行政委托如果不是权力的暂时性变更，实质上已经转变成学理上的行政机关将自己所拥有的职权委任给行政机关或者组织的行政授权。[1]

（2）完善行政委托合同。行政合同是行政委托的重要程序要件，应成为行政程序法的重要立法构成。第一，行政规定难以统一规制。国务院及其以下行政机关仍然无法严格规范"红头文件"。而对于行政实施权而言，不是以简单的要式行为赋予形式即可，而是需要以精确的内容规定权力内容、委托期限、实施程序来约束双方当事人的行政裁量权。第二，行政委托属于双方合意的法律行为，应当以契约的形式授权，体现的是双方当事人的意思自治，而不是行为机关单方意思表示所产生的法律效果。所以，应当重视行政合同在行政委托方面的重要性。第三，现代行政法对达到行政目的，使用的行政手段强制力程度越来越低，多用以柔性执法、行政指导、行政规划、行政合

---

[1] 胡建淼：《行政法学》（第3版），法律出版社2010年版，第47页。

同等非强制行政手段，[1] 以达到双方当事人对行政行为的认可程度，以利于社会秩序的良性发展。因此，应当顺应趋势，选择非强制性的双方法律行为而非强制性的单方法律行为。

三、非政府组织的行政主体地位

（一）非政府组织的概念及类型

1. 非政府组织的概念

"非政府组织"一词是个舶来品，其英文为 Non-governmental Organization，缩写为 NGO，是相对于政府组织而言的。从词源学角度看，"非政府组织"是一个由否定判断构成的词组，这种排除法的词义表达，使得非政府组织就像尼斯湖水怪——人们可以肯定地说它"不是什么"，但很难说它"是什么"。尽管目前人们对非政府组织关注的社会公共性或人类共通性的问题已基本达成共识，但学术界对于非政府组织的概念仍众说纷纭，莫衷一是。

对丁我国非政府组织的发展来说，"非政府组织"的概念界定相当重要。只有界定了我国非政府组织的概念，才能明确我国非政府组织的发展方向，才能明确非政府组织的范围，提高非政府组织的队伍认同、方向认同和治理认同，从而促进政府制定合理的非政府组织发展的法律框架，促进非政府组织的发展。与很多概念的界定一样，学者们依据各自设定的标准对非政府组织作出不同的界定。概括起来，主要有两种：一种是"正面界定法"，包括从法律上加以界定、根据组织资金的来源加以界定、根据组织的目的或功能加以界定、"结构-动作型"界定等；另外一种是"剩余界定法"，包括非政府的界定、非市

---

〔1〕　余凌云：《行政法讲义》，清华大学出版社 2010 年版，第 246 页。

场的界定、非营利的界定等。总的来说，都很难给非政府组织形成一个单独的、清晰的定义。

必须指出的是，我国非政府组织的范围与国外有所不同。但是在对我国非政府组织进行界定时，不能只注重中国的特殊性，还应考虑到与国际接轨的问题，毕竟非政府组织的发展有着其内在的规律性，即非政府组织独立于政府控制，其建立是为了促进社会整体或者社会中的某个特殊群体的利益，因此，必须处理好一般性与特殊性的关系。对于我国的非政府组织研究来说，西方的非政府组织概念可以提供参考，但并不能作为一个有效的分析工具完全照搬。从实际情况来看，我国的非政府组织往往具有"多样性"，所涵盖的范围要远比目前法律上界定的范围广泛得多。基于此，可以将非政府组织界定为：在一定范围和区域内，为促进社会发展，追求社会成员共同利益和社会公共利益，而自发组成的为社会成员提供公共管理和服务，并不以营利、政治等为目的的社会组织。

2. 非政府组织的特征

无论对非政府组织如何定义，国内外的非政府组织都有一些共同的特征，主要表现为非政府性、非营利性、自治性和自愿性。

（1）非政府性。从非政府组织的定义可知，非政府组织处于公共权力体系之外，在组织上独立于国家政府和政府间的国际组织，是民间组织或机构，具有高度的自主性。非政府组织不隶属于政府部门，工作人员不属于国家公务员系列，非政府组织活动的目的、方式和内容在遵守法律的前提下自主决定，一般不受政府的控制，当然这并不意味着它不能接受政府的援助和捐款，但其主要经费来源一般不是国家财政拨款，而是由其组织自己进行筹集。从组织发挥社会功能而言，非政府组织不具有政府的行政权力，也不能依靠行政手段发挥作用，而是基于理念，通过志愿参与的机制，形成公民自我管理、自我调节的治理模式。

（2）非营利性。如果说"非政府性"是非政府组织区别于政府组织的本质特征，那么非营利性就是其区别于市场、区别于营利法人的显著之处。美国《非营利法人示范法》（修订版）没有对"非营利"予以界定，理由是实在找不到令人满意的定义，但联邦最高法院在一个判决中指出，"按照通常的理解，非营利实体与营利法人的区别在于，非营利实体不能向任何控制它的自然人，包括成员、管理人员、董事或托管人分配净收益"。非政府组织的"非营利"是从最终意义上来讲的，是对非政府组织的根本定性，其宗旨是为了实现某种公益或者一定范围内的公益，而非谋求自身的发展壮大，但这并不意味着非政府组织不得从事以获取利益为目的的商事活动，"非营利性"并非意味着禁止赚取利润，而是意味着对所赚取利润的分配限制，即"禁止分配"。同时，非政府组织的非营利性还意味着非政府组织不得将其资产以任何形式转变为私人财产，不能仿效企业在股东之间做剩余分配。

（3）自治性。作为社会自治组织，非政府组织具有自治功能，自治性是非政府组织内部实行自主管理的原则。与政府部门的机制不同，非政府组织在维护市场秩序、提供社会服务、满足社会需求等方面发挥的积极作用是通过自律、志愿服务等机制实现的，自我管理、自我行动、自我约束，反映了一种社会自治机制。以社会团体为例，社会团体通过内部自律机制的运行以及规章制定权、纪律处分权、资格审查权等自治性权力，规范其成员的行为，实现其团体内的秩序，并使其团体内的秩序与法律秩序相协调、相补充。当然，由于我国社会团体的

"官民二重性"，社会团体对政府组织相当程度的依赖或依附性，在一定程度上削弱了其独立自治的品格。

（4）自愿性。非政府组织不是在国家的行政命令下建立并运作的，也不是应法律的要求而组成的，其基础是公民自愿的联合，与政府组织相比，不但参与非政府组织的人员是自愿的，而且接受非政府组织服务的公众也是自愿的，不存在由非政府组织向公众强制推行某项公共物品或服务的行为，公众完全根据自己的价值偏好、生活境遇选择非政府提供的各种服务或者捐献一定程度的时间或金钱，即这些机构接受一定程度的时间和资金的资源捐赠。而且，非政府组织的活动也是在自愿的原则下按自己的章程展开的，政府部门不得对非政府组织正常的活动进行干预。

3. 非政府组织的类型

非政府组织包含了五花八门、形形色色的组织。一般认为，非政府组织内部的差别比政府部门和营利部门内部的差别要大得多，对非政府组织的分类也比对政府部门、营利部门的分类复杂得多。

（1）职业组织。职业组织是非政府组织中最为常见的一类，它是由同一个类型的职业中的个体和与职业相关的单位共同组成的一类社会自治组织，比如律师协会、会计师协会、物业协会等。随着职业分工的不断细化和专业化，这样的职业组织还在不断增加。可以说，越是专业化程度高的职业，对于内部职业组织的需求越大。职业组织能够对行业内部进行协调，并为成员提供职业培训和法律权益保护，对于从事该职业的群体有很大好处。

（2）学术组织。学术组织是以各种研究机构和研究协会为代表的学术界的组织，它有利于组织内部成员彼此进行学术交流，从而推动学科发展，满足政府和社会的研究需求。学术组织的成员一般为同一个研究方向的专家学者和相关组织，参与该学术组织的成员能够在学术组织内部享受到知识和资料的共享，参与到内部讨论中，并能够从学术组织中获得一些机会承接相关科研项目和学术活动等。

（3）社区。社区是在一定区域内的居民自发组织起来的一种社会组织。我国目前在社区自治组织中最为典型的代表，是城市中的居民委员会和农村的村民委员会。两者都是一定区域内的民众自我管理和自我服务的基层群众自治组织。它体现的特点是：地域性比较强，通常是一定聚居区；成员固定，是聚居区内生活的民众；不完全开放，其管理和提供服务的内容都是针对内部成员，不对外开放；实行民主选举和民主决策，并且处理的内容主要是和本社区生产生活直接相关的事务。

（4）综合类自治组织。综合类自治组织是从事不同职业或行业的相关组织和个体在一定条件下成立的社会自治组织。在我国，这类自治组织有：全国工商联、各地工商联、各地科技协会等。其成员并非来自于单一的一个行业，而是来自于各行各业，既包括个体，也包括组织。现阶段，虽然这些组织具有一定的行政色彩，但是在形式和运作上其实仍旧是社会自治组织的特色，其接受政府的管理和主导，并且组织经费很多时候也有赖于政府。这是这一类型的组织在现阶段需要积极改善的方面。

（二）非政府组织行政主体地位的公权基础

非政府组织的非营利性和公益性的特征，决定了其是区别于以追求利益最大化为目的的企业的另一类组织，因而其行使权力的行为，也从本质上区别于企业以营利为目的的私法上的自治行为。虽然非政府组织行使的这种公共管理的权力，在程度和范围上都远远不及政府所代表的公共权力，然而本质上二者都属于公权力。我国非政府组织的权力来源大致可以分为三类。

（1）通过法律授权或者通过行政机关委托而取得。现实中，存在政府把权力转由非政府性质的公共组织来承担的情形。法律、法规、规章以明文规定的形式对非政府组织进行授权，使其具有了一定的公权力，从而可以在被授权的范围之内，以自己独立的名义来行使行政职权。基于其本质上与政府本身行权没有区别，我国现行立法也明确将这一类型的公权力行为纳入到行政诉讼的受案范围之内。亦即，受法律、法规、规章授权行使公权力的非政府组织，是现行法律所明确肯定的行政主体，其具备行政主体资格系由法定。此外，行政机关还可能会委托非政府组织来行使部分行政职权。无论哪种情形，此时，非政府组织公权力行为与普通行政机关的职权行为具有一致性，是行政机关行政行为的延伸，在本质上仍然是国家权力，属于国家行政的范围。[1]

（2）通过法律确权而取得。被法律确认的权力本来应当属于非政府组织的自治范围，而不是国家权力。但"由于行使公权力均有法律的明确依据，因此学界和实践中也不会引起太多争议"。[2]

（3）非政府组织内部章程所授予的权力。非政府组织在成立运行中，必然会形成成员所共同遵守的内部章程、公约、规章制度等。在该些内部章程中，为使非政府组织有效而顺利地

〔1〕宋仕平、陈文："非政府组织研究：现状、主题及共识"，载《三峡大学学报（人文社会科学版）》2012年第6期。
〔2〕孙柏瑛："当代政府治理变革中的制度设计与选择"，载《中国行政管理》2002年第2期。

运行,自然会对非政府组织各层级机构和主管人员进行授权。这应是非政府组织权力的重要来源之一,体现为非政府组织内部的自治权。有人将之称为"通过契约形成的权力"。自治权是非政府公共组织构建和运作的基础,尽管其内容大部分来源于成员自愿让渡自己固有的一些权利和自由,带有契约性和自律性,但必然具有单方性、强制性,包括对其成员发号施令、奖惩或提交有关行政部门处理。[1]否则,非政府组织无法运行,更实现不了功能与目标。

在上述权力来源中,第一类和第二类由于有法律、法规、规章的明确授权、确认或者行政机关的委托,其公权力属性自不待言。基于此,在行使两类权力时,除行政委托外,非政府组织能够成为行政主体,承担相应的责任和义务。第三类权源,虽然并非借助国家强制力来实现,与国家公权力没有直接关系,但只要国家在制度层面承认非政府组织,并认可和鼓励其发挥作用,且非政府组织自身的规章并不违反法律的强制性规定,那么,则可以将其视为国家对其公权力属性的默认或广义上的衍生。

(三)非政府组织行政主体地位的必要性

1. 控制与规范公权力

非政府组织在公共行政中行使的是一种公权力,应属定论。任何权力"不受监督必然滥用",非政府组织亦无法例外,其与政府行使公权力一样,存在而且必然存在滥用而侵犯公民合法权利的可能性。因此,对非政府组织的权力进行控制和规范,其必要性就不言而喻,必须通过制度安排,使其在行使权力的同时,遵循相应的程序,承担相应的法律责任,进而促使其

---

[1] 沈岿:"扩张之中的行政法适用空间及其界限问题",载罗豪才主编:《行政法论丛》(第3卷),法律出版社2000年版。

"规规矩矩"。正如有学者指出：在政府权力逐渐分散的今天，公共权力正大量从政府转移到非政府组织手中，只因为非政府组织在诸多社会领域起着不可代替的作用，享有并行使着许多的行政权。所以，当其中夹杂着各自利益冲突时，非政府组织难免成为利益的当事人或代言人，"基于利益最大化的本能，非政府组织必然会滥用行政权"。[1]同时，行使行政权的非政府组织，必然与被管理者形成一种不对等的关系。如果单纯以民事规范来调整这类以实现公共利益为目的的公共管理关系，则不仅管理目标无法实现，被管理者权利无法保障，而且对非政府组织本身也无从有效监督。因此，一方面，要保障非政府组织基于公共职能而产生的行政权，另一方面，又必须对其行政权予以有效的规制和控制。而有效控权的方式之一，是引入司法审查机制，让后者承担平衡利益、监督权力的角色。如此，必须赋予非政府组织以行政主体资格。但由于非政府组织的固有特征，有别于公权体制内的行政主体即典型的行政主体，因此，在理论上应当确立非政府组织的行政主体地位，以适应控制与规范非政府组织的需要。

2. 保障行政相对人权益

非政府组织实施公共管理、提供公共服务时，必然在一定范围内对社会成员行使带有一定管理性质行为的权力，相对应的，必须负有合法行使权力、不得侵犯社会成员权益的义务。无疑，这种管理和被管理的关系，不同于民事行为的平等关系，因此，需要以民事法律之外的行政法来加以调整，在社会成员因非政府公共组织行使公权力的行为而受到侵犯时，依托"行政法为其提供必要的救济途径"。或者说，只有将非政府组织纳

---

〔1〕 杨解君："行政主体及其类型的理论界定与探索"，载《法学评论》1999年第5期。

入行政主体的范畴，才意味着非政府组织可以名正言顺地成为行政诉讼的被告，进而在制度安排层面接受司法权的常态审查与监督，从而更好地维护与保障相对人的合法权益。

事实上，近年来实践中出现的一系列对非政府组织提起的行政诉讼，也说明了维护相对人权益，正迫切需要此项制度安排。尽管我国非政府组织成员一般情况下都是以自愿方式加入或者在理论上是"自愿"形式的，在权益受损时，在"理论上"也可以自愿退出组织，以行使私力自助权，来对抗非政府组织。但在许多行业组织中，比如律师协会、足协、会计师协会、执业医师协会等，其实是强制会员入会的，不存在退会之说，即一旦出现权益可能遭受损害的情形，成员无法通过退出组织的方式来避免损害结果发生。[1]如此，再加上二者在资源拥有、信息掌握、财力保障方面，存在固有或天然的优劣差异，如仅以调整平等主体的民事法律来规制、评判他们之间的行为，让相对人按自力救济规则通过自己举证维护自己权益，无疑是"以卵击石"的结局。此时，如果不允许组织成员对非政府组织提起行政诉讼，通过行政法律来规制和评判该些组织的行为，那无疑是对组织成员权利的公开漠视。

当前，法院在受理环节审查以非政府组织为被告的行政诉讼案件时，其实是遵循过去"行政诉讼的被告就是行政机关"的理论，来确定非政府组织在行政诉讼中的被告资格：首先以"非政府组织本身不是行政机关"为由，很自然地排除了非政府组织的行政机关资格，然后以其行为是否存在法律、法规、规

---

〔1〕　当然，许多非政府组织由于获得法律法规规章的授权，已经具备行政主体资格。如《最高人民法院关于适用〈中华人民共和国行政诉讼法〉的解释》第24条第3款规定，当事人对高等学校等事业单位以及律师协会、注册会计师协会等行业协会依据法律、法规、规章的授权实施的行政行为不服提起诉讼的，以该事业单位、行业协会为被告。

章的授权或受行政机关委托的标准，来认定其是不是某一行政诉讼的被告。如果没有，非政府组织就不能被认定为行政主体，不能作为行政诉讼的适格被告，相对人在程序上，就无法启动行政诉讼程序，其权益自然也无法通过行政诉讼的方式来得以维护。此种做法，在方法上，权宜性色彩很浓，等于以实体上的审理结论来决定程序上受理与否，也就是说，非政府组织行政主体资格的取得，仅是实务层面基于具体个案中的实体法上的某项明确规定，而不是基于制度层面赋予非政府组织以行政主体资格的常态性安排来确定。显然，这种"以实体标准来解决程序问题"的行政主体资格判断方式，有违起码逻辑，在实务层面，系一种治标不治本的做法，于法理角度，无法找到理论支撑依据。在我国现行立法的背景下，在行政诉讼被告只能是行政主体的前提下，只有赋予非政府组织以常态性固有的行政主体资格之特质，才意味着非政府组织作为行政诉讼被告不是基于个案的判断或选择，而是通过预设性制度安排，来实现对相对人权益的维护与保障。因此，要真正实现对相对人利益的维护与保障，必须有合理而常态的救济渠道，而只有将非政府组织确立为非典型的行政主体，使之成为行政主体的一部分，行政诉讼才能成为相对人实现权利救济的常规选择。

尽管非政府组织与典型的行政主体之间存在差异，但不能据此而将其排斥在行政主体之外，相反，完全可以将其定位为非典型形态的行政主体，将其纳入行政主体理论体系中。由此既让非政府组织与国家公权机构作出明晰的区分，防止其披上"官"的色彩，自觉不自觉地将自己"划入"官方序列，又不排除其作为行政诉讼被告的固有资格，以维护行政相对人的合法权益。

3. 促进行政主体的多元化

传统行政法中，行政主体的概念是基于国家主权理论而存在的。在社会发展的初级阶段,国家几乎对各类社会管理事务大包大揽,行政权也主要是由传统典型行政主体即政府机关来行使。时至今日,随着社会的进步和发展,国家职能日益增多,社会管理事务愈发复杂,仅靠政府部门来进行社会资源配置,推动社会事务管理,已经显得有心无力。在行政管理体制改革的背景下,有限政府的理论受到追捧,政府也逐步改变了以往大包大揽的作风,将权力让渡出一部分,这给了非政府组织以发展的空间和机会。在社会经济文化发展多元化、社会职能多元化的背景下,除了国家机关这一典型的行政主体,自然也出现了大量非政府组织来行使公共权力、履行社会管理事务。它们因此也成为现代行政活动中不可或缺的一部分。行政机关可以被视作典型的行政主体,而非政府组织则可以被视作非典型的行政主体。从典型到非典型,行政主体的范畴在不断扩大,客观上正契合了现代行政主体多元化的趋势,丰富了行政主体理论。诚如有学者指出,"行政主体应该被视为多元化公共行政下的秩序体"。[1]

4. 自身发展和规范的需要

当前,我国的非政府组织发展还有待提高,存在主体资格不明,尤其是在"非官非民""二政府"状态中"打转"的问题。这些问题,客观上使非政府组织行使公共权力的空间和方式受到不当限制,无法发挥应有的社会功能。究其原因,一方面是政府的过多控制与干预;另一方面是其自身主体法律地位不明导致其发展出现无序与混乱。为了规范非政府组织发展,充分发挥其在社会公共管理中的作用,客观上有必要将其确立为一种与典型行政主体有所区分的另一种形态的主体角色,以

---

〔1〕 薛刚凌主编:《行政主体的理论与实践——以公共行政改革为视角》,中国方正出版社 2009 年版,第 15 页。

保障和监督其行使公共行政权力。通过赋予非政府组织非典型的行政主体资格，一方面为其摆脱政府机关不当的制约与束缚，提供制度保障，使其借助于行政主体资格来更加独立地行使公共行政权力，进而实现非政府组织固有的独立性，或者说使其独立性得以名正言顺；另一方面，从法律层面明确非政府组织的法律地位，改变非政府组织进行各项活动时"师出无名"的尴尬局面，可以更好地保障非政府组织行使公共权力。这对于实现非政府组织稳定与长远发展无疑是有利的。

此外，非政府组织行政主体地位的确定，将使其能够常态性接受司法等公权力的监督，这必将大大提升其发展的法治化程度。当前，非政府组织运营中的行政化、营利化倾向日趋严重，导致其运行中民主程度低，决策透明度差，暗箱操作等各种腐败现象丛生，权力滥用和权力缺位较为严重，这些都直接影响了非政府组织的公信力，进而出现各类纠纷和矛盾。显然，提高非政府组织运行的法治化程度，离不开完善的自律机制，将其纳入行政主体范畴，在制度层面赋予其非典型的行政主体资格，是督促其自我完善，健全自律机制，消除上述现象的制度保证，也是督促非政府组织健康发育发展的有效途径。

（四）非政府组织行使公共权力的法律监督

1. 完善非政府组织的立法

形成一个以非政府组织基本法为核心规范，以其他具体的非政府组织立法和相关法律为主要规范，以法规和规章为配套规范的有机统一且多元分层的非政府组织法律体系。首先，要制定统揽整个非政府组织领域的非政府组织基本法。在我国，既有的单行法律形式尽管在规范非政府组织公共权力运行方面具有内容精细、规范密度较高和可操作性较强等优势，但从长远上看，这种立法形式不仅易于造成规范重复现象的出现，而且也不利于人们对非政府组织之法律特性的整体把握。而统一立法可以有效避免上述问题的发生。统一立法要求制定一部《非政府组织法》，以作为各类非政府组织的基本法。由此，非政府组织法则成为非政府组织领域内一部能够涵盖社会团体、行业组织、民办非企业单位等各类具体非政府组织，并从整体上统揽非政府组织全局的法律。其次，构建和完善非政府组织基本法之下的具体非政府组织法律平台，这主要包括调整特定类型的非政府组织的法律，如工会法、红十字会法等，以及对有关非政府组织作出原则性规定的法律，如律师法、注册会计师法等。最后，通过行政法规、地方性法规、规章等规范性法律文件贯彻、实施上位法或者作出补充规定。

2. 改革非政府组织的管理体制

我国目前对非政府组织的行政管理普遍实行的是一种双重管理的模式，即目的事业管理与统一综合管理相互交叉、管理职能相互重叠或缺位。具体表现在：在登记管理方面，非政府组织的成立申请首先要由相关业务主管单位作出是否批准成立的决定，其后再向民政部门申请设立登记；在业务管理方面，实践中一般则由登记管理机关和业务主管机关对非政府组织进行双重管理。从目前的情况看，这种弊端最典型的表现就是：政出多门和相互推脱造成了非政府组织及其内部成员的无所适从。因此，非政府组织的行政管理体制应当由目前的双重管理转变为登记管理部门的专门管理。也就是说，登记管理部门作为统一综合管理部门，其既负责非政府组织的设立登记，也承担对非政府组织公务活动的监督职责。但需要说明的是，实行统一综合管理并不意味着要完全取消政府其他部门对非政府组织所应承担的相关管理职责，而是说，政府各个部门应当在各自的职权范围内对非政府组织的公务活动进行必要的管理。在统一综合管理体制的理念指引下，法律应当赋予非政府组织的登记管理部门更大的职权，具体可包括登记管理公益认证、非政府组织负责人的解聘、组织章程的变更、对非政府组织的调查和质询等，从而以此为基础推动统一的非政府组织行政管理部门的建立。

推行分类管理，加强政府对非政府组织的实际控制。这里的分类管理不仅要区分国内非政府组织和国外非政府组织，而且还要依据相关标准对国内非政府组织做进一步区分。尤其是对于国内非政府组织可以考虑以行为的性质为标准进行分类。这种分类管理的意义在于对那些具有公共事务职能的非政府组织要进行相对严格的法律监管，而对于那些不具有公共事务职能的非政府组织则应主要以鼓励、支持和引导为主。分类管理建立在政府对非政府组织发展的总体态势可预知的前提下，因而这种管理制度能让非政府组织暴露在政府的行政管理范围之内，从而在根本上强化政府对非政府组织的实际控制。

3. 构筑有效的司法审查机制

行政诉讼的司法审查方式应当将非政府组织行使公共权力的行为纳入受案范围，主张非政府组织纠纷的解决应当在穷尽内部救济程序之后方可提起行政诉讼，这既确保了对非政府组织自治性和独立性的足够尊重，也实现了非诉与诉讼的有效衔接。

第一，关于司法审查的原则。对非政府组织公共权力的司法审查仍需在恪守社会公共利益之价值理念的基础上，实行以形式审查为主、实质审查为辅，以合法性审查为主、合理性审查为辅的基本原则。原因在于，无论何种非政府组织的公务行为在受到法院的司法审查后，都应遵循司法审查有限原则，即只有在相关主体之间有关法律利益的争讼必须通过法律判断才能加以解决的情况下，司法审查方可介入。否则，其势必导致对非政府组织之自主性和独立性的侵犯，同时也影响到非政府组织司法监督制度之有效性的发挥。以形式审查和合法性审查为主的司法审查原则意味着，对于具有法律授权或行政委托的非政府组织，主要是审查其行使公共行政权力的行为是否符合法律法规授权或行政机关委托的范围和内容，而对于自治型非政府组织的公务行为除了审查其是否有违一些内部性规则以外，应主要依赖于具体的司法裁量。[1]

　　第二，关于司法审查的范围。对此，发达国家已有一些通行的做法，如德国法院首先就把依据法典的规定所发布的自治规章列入了司法审查范围。[2]就我国而言，司法实践中对非政府组织章程特别是自主性章程的审查还是空白，尽管有些案例已经显现出行政诉讼的司法监督方式对于处理有关合法性案件所具有的重要作用，但事实上对于非政府组织章程的内容是否可能侵犯到最基本的不可让渡的公民私权，或者明显与宪法和法律法规相冲突，目前仍没有一个直接的提请司法审查的机制。这应当是今后的非政府组织法治建设应予解决的首要问题，但就目前司法监督的可实现性来说，现实的做法则是在审查具体的非政府组织公务行为时，对其内部章程一并提起司法审查的请求。

　　第三，关于司法审查的标准。依据德国的司法判例，"可支持性审查"容许法院在进行明显性审查即形式审查的同时就非政府组织公共行政权力的行使作进一步的实质审查，从而以明确其是否具有合理并可支持的判断；一般只要能够证明该公权力的行使具有合乎事理且可以支持的理由，那么即可认定其具

---

〔1〕　方洁：《社团处罚研究》，法律出版社 2009 年版，第 239 页。
〔2〕　于安编著：《德国行政法》，清华大学出版社 1999 年版，第 92 页。

有合宪性、合法性。由此可见，"可支持性审查"充分体现了对非政府组织自治权的适度尊重，是一种中度的审查标准，可以有效地平衡和协调国家行政权力与社会行政权力的冲突。在这种审查标准下，只有非政府组织章程或具体的公务行为涉嫌严重违法时，司法方可介入，并且在介入的程度和深度上保持足够的谨慎。这一审查标准既符合维护团体秩序、尊重非政府组织自治的立场，也对政府与非政府组织之间合作关系的维系有益。

4. 健全非政府组织的自律管理

一般认为，"最低层次的自律是法律约束和权威监督的结果；第二层次的自律是舆论监督与道德规范约束的结果；最高层次的自律则已成为行为主体的人格，超越一切的监督而达到自为的境界"。[1]从这个角度上说，我国非政府组织的健康发展不仅需要有健全的立法、执法和司法环境，而且也需要有规范的自律管理制度。

第一，加强非政府组织内部制度建设，形成一种有效的自我管理、自我约束和自我发展的内部自律机制。一是非政府组织可以通过制定和执行章程规约等自律行为准则来规范和约束组织本身及其内部成员的行为，尤其是可以通过在这些自律性规范中设置激励机制和惩罚机制的方法来对非政府组织成员行为产生有效的约束力，从而最终使道德化的自律机制和制度化的自律机制这两者相互结合来共同发挥作用。二是进一步健全非政府组织的内部机构。这些内部机构主要包括作为权力机构的会员大会或会员代表大会、作为决策机构的理事会或董事会、作为执行机构的执行官及高管人员以及作为办事机构的秘书处、

---

〔1〕 周志忍、陈庆云主编：《自律与他律——第三部门监督机制个案研究》，浙江人民出版社1999年版，第271页。

办公室等。同时，在理事会或董事会之外建立监察机构。三是非政府组织还要通过在组织内部建立监督体系来进一步明确监督主体、监督对象、监督内容等，实现对组织内部成员进行有效的制约，以充分保障非政府组织公共行政目标和价值理念的实现。

第二，完善信息披露和财务报告制度。非政府组织应当以现行法律法规的具体规定为依据，并在遵循特定程序的基础上及时、准确地向社会公众公布非政府组织的管理活动以及与之相关的包括财务、审计、公益支出、资产管理与运作、盈余分配等内容在内的各种持续性信息，使社会公众充分了解非政府组织的管理服务和项目、管理活动的具体运作以及资金使用和管理状况等，从而切实保障公众知情权的实现和非政府组织自身公信力的提升。

第四章 行政自由裁量权论

一、行政自由裁量权的多维透视

行政自由裁量权作为行政管理的"活血"与"灵魂"，是现代行政发展的突出特征和重要趋势。研究行政自由裁量权，必须从其概念入手，概念是分析问题的前提与基础。但是，正如行政自由裁量权在其行使中很难把握其度一样，行政自由裁量权是一个难以界定的概念，许多研究者惮于对这个词语的理解，甚至建议不要使用这一术语。[1]行政自由裁量难以给出一个统一明确的界定，一方面说明行政自由裁量权的内涵极为丰富，很难用一个单一的概念囊括行政自由裁量权的所有内容；另一方面也说明从不同角度和学科对行政自由裁量权进行更为深入和全面分析研究的必要性。

当前，我国学术界对行政自由裁量权的研究更多局限于行政法学领域，忽视了行政自由裁量权在其他学科，尤其是政治学、行政伦理学中的应有地位，表现在行政自由裁量权的界定方面，存在着"单点注入"的特点。实际上，行政自由裁量权不仅仅是一个法律问题，也不仅仅是行政法学的"专利"，它同时还是一个政治问题、伦理问题。因此，对于行政自由裁量权的界定应采取更为广阔的视角，一方面适应行政自由裁量权内

---

〔1〕 Isaacs, *The Limits of Judicial Discretion*, Yale L. J. 1922（32），p.339.

容丰富性、多样性的需要，另一方面增加我们关于行政自由裁量权的知识存量，为行政自由裁量权的实践提供更多的理论与知识储备。我们认为，行政自由裁量权的概念至少可以从行政法学、政治学、行政伦理学的角度进行深入的考察。

（一）行政法学领域中的行政自由裁量权

行政自由裁量权是行政法学研究的核心课题之一。正如美国行政法学家施瓦茨所言："自由裁量权是行政权的核心。行政法如果不是控制自由裁量权的法，那它是什么呢?"〔1〕我国行政法专家袁曙宏则认为："一部行政法的历史，就是围绕强化自由裁量权与控制自由裁量权两种因素此消彼长或互相结合的历史。"〔2〕

基于上述认识，行政自由裁量权成为各国行政法与行政法学的通用术语，行政法学者对行政自由裁量权的概念进行了深入的探讨与研究。〔3〕归纳起来，大致可以区分出广义与狭义两种。

---

〔1〕 ［美］伯纳德·施瓦茨：《行政法》，徐炳译、群众出版社1986年版，第366页。

〔2〕 袁曙宏：《行政处罚的创设、实施和救济》，中国法制出版社1994年版，第71页。

〔3〕 在我国学术界，对行政自由裁量权的称谓也有不同的意见，即这种权力到底是"行政自由裁量权"还是"行政裁量权"。有学者认为，"相对于'裁量'，'自由裁量'是一个很容易让人望文生义的词汇。在法治国家，如同自由心证并非完全自由、不受约束一样，事实也不存在完全不受约束的'自由裁量'。"（参见刘福宇："'自由裁量'还是'裁量'"，载《政治与法律》2004年第4期）还有学者认为，在行政裁量权前面添加"自由"，根本无法揭示"行政裁量权"的丰富涵义。行政法学上的"自由裁量"和"自由裁量权"的提法是不适当的，因为虽然行政裁量意味着行政主体具有选择的权力，但行政主体并不因为裁量而获得"自由"，并且自由只能为公民享有，而不可能也不应当为国家机关所享有，裁量并非行政的自由或任意，没有所谓的"自由裁量"。（参见周佑勇：《行政法基本原则研究》，武汉大学出版社2005年版，第201~202页；高家伟："论德国行政法的基本观念"，载《比较法研究》1997年第3期。）有的学者甚至指出，正是"由于对'行政裁量权'和'行政自由裁量权'的混同"，才导致有人主张"在任何时候、任何情况下均不

英美法系国家多数采用广义的概念，认为行政自由裁量权是指行政机关及其工作人员作出行政行为时具有一定的选择余地，既包括法律设定框架内的行为选择，也包括关于紧急情况、公共利益等不确定法律概念的解释。英美法系国家学者在分析行政自由裁量权概念时，鲜有对行政自由裁量的明确界定，而是更多侧重对其的描述。如美国《布莱克法律词典》把自由裁量权解释为在特定情况下依照职权以适当与公正的方式作出具体行为的权力。[1]美国学者戴维斯说："只要对行政人员的有效限制允许他有自由在行为或不行为的可能进程中作出选择，行政人员就拥有裁量权。"[2]美国学者迪默克认为，对行政管理者而言，自由裁量权就是自由进行选择或者根据自己的最佳判断而采取行动。[3]英国学者伽利根则认为，自由裁量作为描述某种

（接上页）可把处理例外事件的自由裁量权授予直接操作的人员，否则会酿成大乱"。（参见杨建顺："应以'行政裁量'取代'行政自由裁量'"，载《北京日报》2007年8月6日。）于是，行政自由裁量权中的"自由"似乎成为行政自由裁量权滥用的罪魁祸首。因此，这些学者都主张使用"行政裁量权"一词，反对使用"行政自由裁量权"一词，认为不存在所谓的"行政自由裁量权"。这实际上是对自由裁量权概念中"自由"的误读，并进一步阻碍了对行政自由裁量权这一问题的深入研究。实际上，"自由"是行政自由裁量权的基本内核。行政自由裁量权的独特性就在于"自由"二字，其魅力也正是在于"自由"二字。从字面上看，"自由"的表述肯定了行政机关的主动性、能动性与创造性，为权力带来了灵活性的色彩，给行政行为注入了活力；从内容上看，理解了"自由"，行政主体才能提高行政效率，实现个案公正，克服法律局限，行政自由裁量权也才有存在和发展的可能性。（参见王学栋、王舒娜："论行政自由裁量权的价值定位"，载《中国行政管理》2007年第6期。）"自由"不仅体现了行政自由裁量权的价值所在，同时也提醒我们要时刻注意行政自由裁量权被滥用的可能性。

〔1〕 Hery Campbell Blak, *Black's Law Dictionary*. St. Paul: Minn. West Publishing Co. 1979, p. 419.

〔2〕 Kenneth Culp Davis, *Discretionary Justice: A Preliminary Inquiry*. Baton Rouge: Louisiana State University Press, 1969, p. 4.

〔3〕 Marshall E. Dimork. *Law and Dynamic Administration*. New York. : Praeger Publishers, 1980, p. 131.

行为过程中存在的权力形态方式，从根本上说，是指在职权体系中授予官员某些整体性权力，在这些权力中存在着某些重要的、能够确定该权力赖以行使的理由和标准的空间，以及运用其作出某些决定的余地。[1]

　　而大陆法系国家一般采用狭义的观点，认为行政自由裁量权是指行政机关及其工作人员作出具体行政行为时如何选择行为的权力。在德国，行政自由裁量是指行政机关经由法律的授权，在法律规定的构成要件具备时，可以决定是否发生法律效果，或者选择发生何种法律效果。[2]尽管德国行政法中运用了不确定法律概念，但这并不意味着其授予行政机关裁量权，因为德国法认为行政机关在解释与适用法律时没有裁量权。德国学者认为，不确定法律概念的实质内容、内涵并不十分确定，行政机关在适用时"也需要判断性解释，……这种解释性或判断性的活动范围在实践中可能会和裁量自由很相似，但仍必须在法律上与裁量区分"。[3]因此，德国学者首先区分行政自由裁量和不确定法律概念，然后再对自由裁量权的内涵进行界定。德国法院也持类似的观点，"德国法院除例外情况外，只承认在明确授予时，即只有在法律明确规定行政机关'可以'采取一定行为或使用起到相同效果的用语的情况下，行政机关才享有行政裁量权。如果法律没有使用这样的用语，通行的原则是作为一般规则，不论该法律概念可能是何等的不精确或怎样的

---

　　[1]　余凌云："对行政自由裁量概念的再思考"，载《法制与社会发展》2002年第4期。

　　[2]　[德]哈特穆特·毛雷尔：《行政法学总论》，高家伟译，法律出版社2000年版，第124页。

　　[3]　[德]平特纳：《德国普通行政法》，朱林译，中国政法大学出版社1999年版，第57页。

'不确定'，相关的问题则只有唯一正确的答案"。[1]该观点尽管是德国主流观点，但该观点并没有对不确定法律概念与行政裁量的区别进行解释，另外也有一些学者对区分二者的必要性提出了怀疑。在欧洲不少国家则承认行政机关在适用不确定法律概念时享有自由裁量权，不仅承认在法律明确规定的情况下行政机关享有自由裁量权，而且在某些通则和模糊规则存有争议，其适用或要求专业知识或需要对复杂事实作出评估或要求对未来发展进行预测时，也认定行政机关享有自由裁量权。

　　我国学术界关于行政自由裁量权的界定也有广义和狭义之分。中华人民共和国成立后，我国关于行政自由裁量权的最早论述出现于第一部行政法学教材《行政法概要》中，该书认为，"凡法律没有详细规定，行政机关在处理具体事件时，可以依照自己的判断采取适当的方法的，是自由裁量的行政措施"。[2]姜明安也认为，行政自由裁量权是法律、法规赋予行政机关在行政管理中依据立法目的和公正合理的原则自行判断行为条件、自行选择行为方式与自由作出行政决定的权力。[3]而罗豪才认为，行政自由裁量权是指在法律规定的条件下，行政机关依据其合理的判断，决定作为或不作为，以及如何作为的权力。余凌云也认为，所谓行政自由裁量权是指在法律许可的情况下，对作为与不作为，以及如何作为进行选择的权力。[4]很显然上

　　〔1〕　Georg Nolte, General Principles of German and European Administrative Law— A Comparison in Historical Perspective. *The Modern Law Review*, 1994（2），pp. 191~205.

　　〔2〕　《行政法概要》编写组：《行政法概要》，法律出版社 1983 年版，第 113 页。

　　〔3〕　姜明安："论行政自由裁量权及其法律控制"，载《法学研究》1993 年第 1 期。

　　〔4〕　余凌云："对行政自由裁量概念的再思考"，载《法制与社会发展》2002 年第 4 期。

述四个概念中，前两个属于广义的定义，后两个属于狭义的定义。

　　通过对行政自由裁量权概念的分析，可以发现，国内外行政法学界对行政自由裁量权的理解存在很大的区别，如对行政自由裁量权的界定方式、行政自由裁量权的行使条件等。但是最大分歧则在于行政自由裁量权的范围。持广义界定的学者认为，行政自由裁量权不仅包括效果裁量，而且也包括要件裁量；而持狭义界定的学者认为，行政自由裁量权只应包括效果裁量，而不应包括要件裁量。之所以有这种区别主要是基于对行政自由裁量权实施司法审查的不同需要。因为"行政行为中的裁量，是指法院在审查行政行为时，能够在何种程度上进行审查的问题，即法院在何种程度上必须以作出行政行为的行政厅的判断为前提来审理的问题。从另外的角度来看这个问题的话，就是是否存在法律作为行政权的判断专属事项委任的领域乃至其范围的问题，裁量实际上成为问题的，是以法院对行政行为的审查范围的形式出现的"。[1]传统观点认为，行政自由裁量权是行政机关专有的、司法机关无权干预的天然权力。如果行政自由裁量行为发生问题，属于合理性或适当性问题，不属于合法性问题，不应当通过司法机关进行审查，而应该通过行政机关自身或其上级机关来纠正。也就是说，那些想缩小行政自由裁量权审查范围的学者，一般会使用广义的概念，而那些想扩大行政自由裁量权司法审查范围的学者，往往会使用狭义的概念。例如，在德国，之所以不承认行政机关享有对不确定法律概念的解释和适用的裁量权，主要是因为在德国法背景下，行政机关如果享有裁量权则意味着其享有一定的裁量空间，这就使法院的司法审查受到很大的限制，即其仅能进行合法性审查而不

---

〔1〕　〔日〕盐野宏:《行政法》，杨建顺译，法律出版社 1999 年版，第 99 页。

能进行合理性审查；而行政机关对不确定法律概念的解释原则
上要接受法院的全面审查，只有在少数专业领域才例外地承认
存在仅受法院有限度审查的"判断余地"。[1]但是，传统的对
行政自由裁量权进行司法审查的理论已逐渐被各国行政法所抛
弃，且广义的行政自由裁量权的概念也适应了学科交叉与多学
科研究的需要。因此，广义的自由裁量权概念应成为行政法学
界的一种新趋势。

　　尽管国内外关于行政自由裁量权的界定有诸多不同之处，
但其中也不乏相同因素：①行政自由裁量权是一种行政权，是
由行政机关及其工作人员在行政管理活动中行使的一种行政权；
②行政自由裁量权是一种选择权，行政机关及其工作人员有权
根据自己的判断，在不同方案中进行选择；③行政自由裁量权
是一种法定权，由法律以明示或默许的形式授予；④行政自由
裁量权是一种"自由权"，行政机关及其行政人员在法律范围内
具有是否作为、如何作为的自由。因此，可以将行政法学意义
上的行政自由裁量权简单描述为在法律范围内对于是否作为、
如何作为进行选择的权力。显然，在行政法学范围内，行政自
由裁量权是与规则相联系的一种权力，这种规则有时是明确的，
可以直接为行政自由裁量权的行使提供规范；有时是隐晦的，
暗含在行政自由裁量权行使者的职权之中。

　　行政法学领域中的行政自由裁量权是一种形式上的界定，
属于浅层次的行政自由裁量权概念，没能深刻揭示行政自由裁
量权的本质内涵，但无论如何，它都为从法律角度规范行政自
由裁量权行使提供了基本的理论依据。

----

　　[1] 翁岳生："论'不确定法律概念'与行政裁量之关系"，载于所主编：《行
政法与现代法治国家》，台湾大学法学丛书编辑委员会1989年版，第37页。

（二）政治学领域中的行政自由裁量权

在政治学中，"行政行为作为一种政治进程可以最好地被理解"。[1]这就为我们理解行政自由裁量权提供了一种新的视角，即可以把行政自由裁量权作为一个政治过程来分析和理解，尽管这种政治未必是政党竞争意义上的"政治"。

在政治学或行政学界，对于行政自由裁量权的政治性特征更多是从政治与行政二分法的角度来认识的。[2]根据政治与行政二分法，政治是国家意志的表达，行政是国家意志的执行。如威尔逊认为，政治官员的职责是制定政策，行政官员的职责是执行政策。古德诺则明确指出："政治与指导和影响政府的政策相关，而行政则与这一政策的执行相关。"[3]在政治与行政二分法中，行政机关作为政策的执行工具，是不可能具备行政自由裁量权的主体资格的。尼格罗认为，政治与行政并没有明显的分界线，"行使自由处置权，进行价值选择，这是行政管理者和官僚的特有的、日益增强的职能，因此，他们处在重要位置上从事政治"。[4]他进一步解释说，行政管理者参与公共政策的制定实际上意味着参与政治；行政管理者作出的执行某项法律的政策决定或法规建议，实际上也是一种政治活动。舒马文等也认为，行政自由裁量权本身就是政治生活的重要内容，行政机关根据具体情况作出的相应决策本身也是国家意志的体现。"从

---

〔1〕 ［美］格林斯坦、波尔斯比编：《政治学手册精选》（下卷），竺乾威等译，商务印书馆1996年版，第86页。

〔2〕 王学栋："政治与行政二分法视野中的行政自由裁量权"，载《行政论坛》2008年第1期。

〔3〕 ［美］F.J.古德诺：《政治与行政》，王元译，华夏出版社1987年版，第12~15页。

〔4〕 ［美］菲利克斯·A.尼格罗、劳埃德·G.尼格罗：《公共行政学简明教程》，郭晓来等译，中共中央党校出版社1997年版，第9页。

本质上讲，实施行政自由裁量权是一种政治行为。"[1]因此，如果认可行政机关能够成为行政自由裁量权的主体，则必须承认行政的政治性或行政与政治的不可分离性；如果否认了行政的政治性，也就否认了行政自由裁量权的存在。

随着行政理论的发展，行政自由裁量权的政治性特征也为多元主义政治理论所认同。该理论认为，行政人员在行使自由裁量权时，可以基于自己的判断选择不同内容的政策，这实际上是对受行政决策影响的各种主体之间相互冲突的利益进行权衡与协调的过程，即是一个立法过程或政治过程。因为，"宽泛的立法指令，很少能够直接处理具体的情形。更为经常的是，适用这样的立法指令，要求行政机关在若干受影响之特定利益星云密布般充斥其间的某个特定事实情形中，必须重新衡量和协调隐藏在立法指令背后的模糊不清的或彼此冲突的政策。必要的政策平衡就其内在本性而言就是自由裁量的过程，归根结底就是政治过程。"[2]因此，行政机关作出决定时，应允许受此行为影响的各利益相关主体参与其中。作为公共利益代表的行政机关不能拒绝利益相关主体的参与，也不能随心所欲地自由决定政策。在美国，这种观点由政治学者最早提出，后来得到很多立法者、法官、律师和法学家的认同。

在国外，还有一些学者也把行政自由裁量权作为政治性问题来对待。如华莱士·塞尔曾指出，"从终极意义上讲，公共行政是政治理论中的一个问题：民主社会中（行政）的基本问题即是对大众控制的责任；行政机关的回应力以及官僚对民选的

---

[1] Douglas H. Shumavon and H. Kenneth Hibbeln, *Administrative Discretion and Public Policy Implementation*, New York: Praeger Publishers, 1986, p. 4.

[2] ［美］理查德·B. 斯图尔特：《美国行政法的重构》，沈岿译，商务印书馆 2002 年版，第 21~22 页。

责任；在行政机构的自由裁量之运用越来越广泛的今天，这些问题是政府运作的重中之重。"〔1〕罗尔也曾指出："由政府所处理的问题越来越复杂和具有专业技术性，这使得立法者倾向于将大量的权力委托给那些被认为在特定的政治领域具有专业知识的行政人员。这样，法律的执行实际上就变成了行使决策的实体权力。许多经公开讨论并由民选官员同意通过的法律中充斥着大量的行政决策，而这些决策几乎都是暗箱操作且难以监控的。所有这一切都十分有助于政治性交往与相互作用的产生。"因此，他认为，"公共行政人员拥有的自由裁量权增加了从事政治性行为出现的可能性"。〔2〕

在政治学领域，既然众多学者把行政自由裁量权作为政治性问题来对待，肯定行政自由裁量权的政治性特征，那么这实际上就确认了行政自由裁量权的实施过程本质上是一种政治决策的过程，是各种权力、价值、利益的交换与分配过程。〔3〕这就要求行政机关在行使行政自由裁量权时，应允许利益相关主体的参与，综合考虑各种利益因素，促使各种利益的最大化。

综上，政治学领域中的行政自由裁量权突出行政自由裁量权的政治性特征，认为行政自由裁量权的过程实际上是一种政治过程或立法过程，强调利益、价值的协调与衡量问题，这就为从政治上控制行政自由裁量权提供了基本的理论依据。

（三）行政伦理学领域中的行政自由裁量权

对行政人员而言，行政伦理的确立意味着伦理责任的担当。

---

〔1〕 ［美］戴维·H. 罗森布鲁姆、罗伯特·S. 克拉夫丘克：《公共行政学：管理、政治和法律的途径》，张成福等校译，中国人民大学出版社 2002 年版，第 30 页。

〔2〕 ［美］特里·L. 库珀：《行政伦理学：实现行政责任的途径》，张秀琴译，中国人民大学出版社 2001 年版，第 43 页。

〔3〕 王学栋："论行政自由裁量权的政治控制"，载《行政论坛》2009 年第 5 期。

而从道德哲学的视角来看，主体伦理责任的担当是以行为主体的意志自由与自由选择为前提的，即责任只能因为自由的缘故而被正当地追究和承担。因此，只有在承认行政人员拥有自由裁量权的前提下，才有行政人员承担行政伦理责任的可能。行政人员作为行政管理的主体，绝不是没有意志与行为自由的工具，它们能够运用自己的理性价值对公共事务作出自己的价值判断和行为抉择。行政人员具有进行价值判断和行为抉择的意志自由，意味着它们必须承担相应的伦理责任，这是行政自由裁量权的应有之义。因此，行政自由裁量权为行政伦理的确立提供了基本依据。

实际上，对于行政伦理问题自觉地、有意识地重视与研究，是基于对行政自由裁量权的确认与考察。[1]李春成博士根据对美国行政伦理学历史的考察，提出行政伦理学的基本立场问题是承认并肯定行政人员的行为自主性，并把是否承认行政人员的行为自主性作为判断某种理论是否是行政伦理学理论的试金石。[2]因为行政伦理学探讨的核心问题是行政行为在价值选择上的合伦理性，而行政人员是否具有意志和行动的自由是讨论此种行为合伦理性的关键所在。如果行政人员完全被动地遵照上级的命令行事，那他是无需为其行为承担道德责任的。传统的行政学理论之所以闭口不谈行政人员的道德自主性，完全是出于对行政自主性的恐惧。行政伦理学领域下的行政人员不是政治与行政二分法中机械执行公务的工具，而是具有道德自主性的行政人。行政伦理学不仅确认了行政自由裁量权的存在，

---

〔1〕 王学栋："行政伦理视野中的行政自由裁量权"，载《教学与研究》2007年第6期。

〔2〕 李春成："行政伦理学研究的旨趣"，载《南京社会科学》2002年第4期。

而且探讨了行政自由裁量权存在的原因，认为行政职业的自主化倾向是行政自由裁量权产生的重要原因。而行政自由裁量权的存在恰是行政人员可以进行行为选择进而承担伦理责任的依据。因此，行政自由裁量权是行政伦理学的核心概念，否认行政自由裁量权的存在，也就否认了行政伦理的研究价值。

从字面上看，行政自由裁量权是一种"自由"的权力，但是这种"自由"并非没有边界，而是一种具有法律边界的权力，行政自由裁量权的存在与行使都必须在法律允许的范围内。但法律不是万能的，行政自由裁量权的存在，恰恰说明法律的无奈，意味着在具体法律规范不到的地方，行政人员享有某种程度的自由选择空间。因此，行政自由裁量权的通常含义是"制度约束之外"。[1]龙兴海也认为，行政自由裁量权实质上是一种非制度化的具体事务处置权，即行政主体在制度规范不到位、不明确的模糊"地带"乃至制度之外的空白地带作出事务性行政决定或裁决的权力。[2]

肯定了行政自由裁量权是一种非制度化的行政权力，实际上也就确认了行政自由裁量权的伦理特征与本质。在行政伦理学中，行政自由裁量权主要是作为一个伦理问题而看待的。既然行政自由裁量权是一种伦理性的权力，那么行政自由裁量权的良性运行，就不能仅靠法律规范的约束与引导。因为法律规范只能覆盖部分社会领域，即使在法律的覆盖范围内，法律提供的更多是一些原则性框架，不可能提供事无巨细的规定，这个框架中的具体规定应更多让位于道德规范。实际上，行政自由裁量领域应是一个法律作用式微而伦理道德充分发挥重要作

---

〔1〕 李春成："制度、裁量权与德性——关于行政伦理建设的一点思考"，载《江西行政学院学报》2001年第3期。

〔2〕 龙兴海："确立行政伦理的依据"，载《道德与文明》2004年第5期。

用的领域，行政人员的伦理道德状况应成为决定行政自由裁量权效果的关键性因素。

二、行政自由裁量权的产生前提

从宽泛的意义上讲，正如"行政的历史与国家同步一样"，行政自由裁量权的历史是与行政管理的历史同样久远的。但是，笔者认为，在奴隶社会与封建社会中，统治阶级所享有的"行政自由裁量权"本质上是一种任意决定权或专断权，不是现代意义上的行政自由裁量权。尽管古希腊时期就有关于行政自由裁量权的论述，但现代意义上的行政自由裁量权是在近代资产阶级法治一度终结了绝对自由裁量权之后，应社会发展对行政职能的扩展要求而产生并逐次增长的，行政自由裁量权是一个历史范畴。具体讲，现代意义的自由裁量权是伴随着行政权力的分化与依法行政原则的确立而出现的。[1]

（一）行政权力的分化

行政自由裁量权作为行政权力的重要组成部分，它的产生是以行政权的自主性为前提的。而行政权的自主性正是行政权力分化的必然结果。因此，没有行政权的分化绝没有行政自由裁量权的存在。而权力分化的历程是以近代社会的开端为起点的，这一时期的权力分化是人类社会总的分化进程的继续，在权力分化的过程中产生了不同性质的权力、不同形式的权力，造成了权力主体的多元化。[2]行政权力的分化，包括外部分化与内部分化两个方面。

---

〔1〕 王学栋："论行政自由裁量权产生的历史前提"，载《中国石油大学学报（社会科学版）》2008年第4期。

〔2〕 张康之：《公共行政中的哲学与伦理》，中国人民大学出版社2004年版，第82~83页。

　　1. 行政权力的外部分化

　　从历史的发展看，行政权力萌芽于原始社会的管理权。作为国家权力的重要组成部分，它是随着国家的产生而出现的。正如学者所言，"行政权的历史却要长得多，它是任何政府形式的必要构成部分。只要有政府，就必然有行政权"。[1]

　　但是，在前资本主义社会中，这种行政权力不是一种具有自主性的权力，而是与其他权力混合在一起。也就是说，前资本主义社会的权力是一种一体化和整体性的权力，国家的统治职能与管理职能处于混沌的统一状态，不存在立法权、行政权与司法权的划分，垂直的、单线的权力结构使权力仅仅接受来自某一个特定方向的约束。如在早期希腊的城邦中，不允许有单个政府首脑统一领导下的完整行政权力；执政官任期不一，它们由公民大会或其他相应机构选出并向其负责；公民大会也要处理许多具体行政事务，议事会也是一个掌握行政权力的机构。在东方专制国家中，皇帝集全国行政、立法、司法权力于一身。从中央到地方，一切事物的最高决定权都集中在皇帝手中，即所谓的"普天之下，莫非王土；率土之滨，莫非王臣"。对于这一时期的权力，我们可以把其特点概括为整体性与唯一性。[2]它的唯一性意味着，整个社会制度的设计都为这种权力的唯一性存在提供保证，不允许在这种权力之外存在其他权力，即使存在着所谓族权力、宗教权力等，也是从属于这个权力体系和这种权力同质的，不仅在权力体系之外不允许异质权力的存在，而且在权力体系内部也不允许异质因素的存在。正是这

---

　　[1]　周汉华：《现实主义法律运动与中国法制改革》，山东人民出版社 2002 年版，第 129 页。

　　[2]　张康之：《公共行政中的哲学与伦理》，中国人民大学出版社 2004 年版，第 82 页。

种唯一性决定了权力的整体性，决定了权力与权力主体命运的一致性，决定了权力作为一种社会统治、压迫和治理的工具，其作用力方向的稳定性，即指向一切不掌握权力的阶级、阶层和社会成员，而权力主体不受制约。因此，在这种权力体系中，行政权力是没有什么自主性可言的。

要使行政权力获得某种自主性，必须把行政权力从混沌的权力体系中分离出来，实现行政权力的外部分化。而封建专制制度的解体，以及经济上的商品制、政治上的民主制和文化上的多元制，出现了权力职能的分工，从而出现了立法、司法和行政权，才使得这种分化成为现实。行政权力的外部分化，受到资产阶级思想家提出的分权理论的重大影响。尽管我们现在公认分权理论体系的倡导者是资产阶级的思想家，但我们不应该忘却亚里士多德和波里比阿的分权理论与古希腊和古罗马的分权实践。

亚里士多德的分权理论，一方面师承了柏拉图的哲学理论，在柏拉图的思想体系中，他不仅把分工原理看作是国家存在的基础，而且提出了国家应当有治国、护国和生产的三个阶级；另一方面，古希腊几百个城邦国家的分权实践，成为亚里士多德提出分权理论的社会基础。亚里士多德认为，一切政体都由三个要素构成，即由议事机能（部分）、行政机能（部分）、审判（司法）机能构成。[1]这是我们所看到的关于权力分化思想的最早表述。这一分权理论后为古罗马史学家波里比阿所继承，并在其名著《罗马史》中做了进一步的阐述。波里比阿将国家权力分为人民大会、元老院和执政官三部分。其中，执政官是日常政治与军事事务的执行机关，行使执行权、提案权、外事

---

〔1〕〔古希腊〕亚里士多德：《政治学》，吴寿彭译，商务印书馆1965年版，第215页。

权、召集会议权和军事权。

1688 年，英国"光荣革命"确立了资产阶级君主立宪政体。1689 年和 1690 年英国著名思想家约翰·洛克接连发表了《政府论》上、下两篇，提出了立法权、行政权和联盟权的三权分立思想。1784 年，法国著名思想家孟德斯鸠发表了《论法的精神》，将国家权力划分为立法权、行政权和司法权，并论述了这三种权力的关系。这一分权理论成为以后资产阶级国家建立政治制度的基本指导思想和理论依据。自此，在国家权力关系中，行政权力开始独立于其他国家权力，在国家政治、经济、文化领域中发挥其应有的作用。

行政权力的外部分化不仅使行政权力从整个权力体系中分离出来，而且行政权力也开始同宗教权力、宗法权力和迷信权力相互分离，其与经济权力的直接关系也被打破。行政权力的独立性为行政自由裁量权的产生提供了基本前提。

2. 行政权力的内部分化

在行政权力分化的进程中，仅仅有行政权与立法权、司法权等的外部分化还是不够的，行政权力的外部分化仅仅是一种表面的、形式化的分化，行政权力还必须在其内部发生进一步的权力分化，即抽象行政权力与具体行政权力的分化。这是因为，由基于三权分立理论的行政权力外部分化而来的立法权、行政权和司法权都是一种抽象的权力，它们都忽视了具体权力主体的存在。"三权学说关于立法、司法和行政的这些权力体系构成要素的设定是实实在在的，但这些权力规定中看不到权力主体而使这些权力变成了纯粹的抽象，与实际运行中的权力相去甚远，以至于根据这些理论而作出的实践方案的设计总是无法满足权力制约的要求。"实际上，立法权、司法权与行政权三种权力"都是不能脱离权力主体而存在的，它们都是与权力主体联系在一起的，是由具体的权力主体来加以行使的权力"。[1]
因此，我们一旦把权力与权力主体联系起来，关于权力的理论
认识就会获得一个全新的视角，我们在权力体系中看到的就不
仅仅是立法权、行政权和司法权这三大构成要素，而是抽象权
力与具体权力这两种形态。这种对一般权力的分析同样适用于
行政权力，也就是说，行政权力也可以分化成抽象行政权力与
具体行政权力，并且这种分化是一种行政权力内部的深层次
分化。

抽象行政权力与具体行政权力是近代社会以来共同成长起
来的两种权力形态，同处于一个行政权力体系之中。[2]抽象行
政权力是指行政体系中的那些法律制度化的权力，是一种规范
的、有着充分的法律制度保证的权力，也是一种理念性权力。
具体行政权力是指行政体系中的那些存在于法律制度化框架下
的由个人或个性化的机构或部门所执掌的、用来处理一切具体
事物的权力。从理论上讲，行政权力的外部分化是行政权力内
部分化的前提，但是在实践中，行政权力的外部分化与行政权
力内部分化是同时进行的，共同发生于权力分化的历史进程之
中。行政权力作为一种整体性的权力，体现了抽象行政权力与
具体行政权力的统一。

就政治的和社会生活的公共领域而言，抽象行政权力的主
体主要是抽象意义上的政府，而具体权力的主体一般来说则应
理解为行政人员或人格化、个性化的行政机构。抽象行政权力
是通过法律固定下来的，合法化、合理化、普遍化甚至神圣化

---

〔1〕 张康之：《公共行政中的哲学与伦理》，中国人民大学出版社2004年版，
第69页。

〔2〕 张康之：《公共行政中的哲学与伦理》，中国人民大学出版社2004年版，
第72~73页。

的权力，这种权力提供的是基本的社会利益格局和权力主体与权力客体之间基本的权力关系框架，也是基本的组织规范力量。因此，法律制度对于抽象行政权力的存在与运行有着直接的决定意义，而对于具体行政权力的存在与运行所产生的影响往往是间接的，甚至在许多情况下是无效的。

抽象行政权力与具体行政权力之间存在着相互转化的关系，存在着不断从抽象行政权力向具体行政权力转化的过程。在抽象行政权力与具体行政权力之间，存在着这样一种关系，即抽象行政权力是具体行政权力的形式，决定着具体行政权力的性质；具体行政权力是抽象行政权力的内容，是抽象行政权力发挥作用的现实途径；抽象行政权力代表某种原则，而具体行政权力则使这些原则付诸实施。当然，抽象行政权力也能够单独地发挥作用，这时，其表现为一种制度化的力量，是通过制度的形式来展示这种力量的，但这种发挥作用的途径的客观性其实也是具体行政权力与各种客观因素之间相互作用的形式化。也就是说，抽象行政权力必须通过具体权力才能实现自己的宗旨与目标，具体行政权力只有以抽象行政权力为依托，才能成为社会共同体的力量。"抽象行政权力作为一种控制力量只是理论上的设定，是以制度的形式存在的控制力量，它是以程序化的方式发挥作用的。一旦权力为具体的人所执掌，在处理具体问题上发挥着特殊的作用时，它已成为一种具体行政权力。"[1]因此，抽象行政权力总是或隐或显地通过具体行政权力而成为一种现实的权力，抽象行政权力演化为具体行政权力是权力发挥作用的必要形式。

由抽象行政权力转化为具体行政权力，不仅是一种理论上

---

〔1〕　张康之等编著：《公共行政学》，经济科学出版社 2002 年版，第159页。

的推演，更重要的是一种客观的历史进程。在行政权力形成与发展的历史过程中，抽象行政权力与具体行政权力的出现是近代以来的事情。在前资本主义社会中，不存在独立意义的行政权力，当然也不存在抽象行政权力与具体行政权力的分化。实际上，在前资本主义社会中，一切形式的权力都是一种整体性的权力。在这一混沌的权力体系中，权力等级具有从属性，较低层次的权力完全受制于较高层级上的权力，权力与权力的执掌者具有一体性，在很多情况下，权力的执掌者即是权力的所有者，权力结构体系中每一个关节点上的权力与其作用范围和作用力的大小是一致的。只是到了近代社会，与整个权力的分化相一致，随着行政权的外部分化以及独立的行政权力的出现，行政权力的内部分化即抽象行政权力与具体行政权力的分化开始形成。行政权力的内部分化是职业分工复杂化的必然结果。在这种分化的过程中，严格的行政权力等级被打破，行政权力的所有者与执掌者在理论上也被明确地区分开来，行政权力的执掌者行使着权力，但这种权力却被明确规定为不为其所有。这样，一方面，行政权力表现为非常规范的情形，行政权力的存在与运行有着明确的法律依据；但是，另一方面，这种规范化的权力必须通过具体的人或机构来实施，从而使行政权力表现出一定的随意性特征。这一过程，实际上就是抽象行政权力向具体行政权力转化的过程。

当行政权力由抽象权力变为现实的具体权力，即变成行政机构及其工作人员执掌的权力的时候，它就不可避免地具有了主观性。因为当处于不同层级的行政机构及其工作人员掌握并支配这些权力时，源于权力主人意志的制度规约已变为外在因素，而权力执掌者的价值观、伦理观、权力观等则成为其内在影响力，并对权力的行使发挥重大的作用。权力的具体化与主观性意味着权力执掌者具有自主甚至随意的支配和运用这种权力的"自由"，意味着行政自由裁量权的存在。因此，行政权力分化为抽象权力与具体权力，是行政自由裁量权产生的重要前提。

（二）依法行政原则的确立

行政自由裁量权是与规则相对应的一种权力，没有规则就没有自由裁量权。基于这种认识，有学者认为："自由裁量权的产生是以规则的产生为前提的，在人类行政权产生以后，当它的运行需要接受规则的约束时，由于规则本身的特性决定了行政自由裁量权必然伴随着规则的出现而出现。"〔1〕按照这种观点，行政自由裁量权产生于奴隶社会与封建社会，因为在奴隶社会与封建社会中，也有法律或规则的存在。这种认识实际上是把法制与法治混淆起来了。法制，简单地说，就是法律制度。从法律文明与国家的发展来看，大凡存在国家与政府的地方，都有法律制度。但是一个国家有法律制度，并不意味着这个国家就是法治国家。因为，"法治"一词所意味着的不只是法律的存在，它指的是一种法律的和政治的愿望，即创造"一种法律的统治而非人的统治"。在这个意义上说，法治诞生于法律机构取得足够独立的权威以对政府权力的行使进行规范约束的时候。〔2〕质言之，法治是与专制、特权、任性相对立的。行政自由裁量权的产生必须建立在法治或依法行政的基础之上。

1. 依法行政原则的产生

依法行政不仅是现代法治国家所普遍遵循的一项法治原则，而且是各国据此原则所建立的一整套行政法律制度；不仅是现

---

〔1〕　陈迎："论行政自由裁量权"，苏州大学 2001 年硕士学位论文，第 10 页。

〔2〕　［美］诺内特、塞尔兹尼克：《转变中的法律与社会》，张志铭译，中国政法大学出版社 1994 年版，第 59 页。

代政府管理方式的一项重大变革，更是现代政府管理模式的一场深刻革命。依法行政是特定历史时期的产物，是随着资产阶级革命成功而逐步发展起来的，即它提出于新兴的资产阶级反对封建君主制的斗争之初，形成于资产阶级全面控制国家权力之后，发展于资本主义由自由资本主义过渡到垄断资本主义之时并延续至今，前后历经三百余年。

依法行政是资产阶级法治主义的重要组成部分，其理论基础构成有三：一是资产阶级在反对封建斗争中提出的自然法理论和契约论等构成其原理性的思想源流；二是资产阶级的权力分立和制衡学说及其实践构成其直接的法治基础；三是资产阶级的经济原理和市场经济规则构成其广泛的社会基础。因此，从根本上说，依法行政的理论与实践是由资本主义的生产力及与之相适应的生产关系所决定的。[1]

依法行政首先在西方资产阶级国家付诸实践。1776年《美国独立宣言》阐述了资产阶级的自然权和人民主权的思想。美国1780年马萨诸塞州《宪法》规定实行三权分立，"旨在实现法治政府而非人治政府"。美国独立战争胜利后制定的第一部宪法（即《1787年宪法》）规定建立联邦制和总统制共和政体，实行三权分立，依法行政最先在美国得到推行。法国资产阶级1789年制定的《人权宣言》宣称实行"天赋人权""主权在民"和资产阶级法治原则，革命胜利后其制定的宪法也宣布实行三权分立原则，规定行政权力只能依据法律治理国家，并且只有依据法律才得要求服从。随后西方各资产阶级民主制国家纷纷推行依法行政。在我国，依法行政也是历史发展到一定阶段的产物，它是随着我国民主与法制建设的发展逐步提出的。

---

〔1〕 张国庆主编：《行政管理学概论》（第2版），北京大学出版社2000年版，第465~476页。

2. 依法行政的内涵

各国由于政治体制及法律制度的差异，理论学说及实践对依法行政往往有不同的诠释，对依法行政的称谓有较大差异，如英国称为"法治"或"依法行政"，法国称为"行政法治"，德国称为"依法行政"，日本称为"依据法律行政"或"法治行政"，我国则一般称为"依法行政"或"行政法治"。提法的相异实际上也表明各国在依法行政的观念和具体实践上也有所差别。

在英国，依法行政原则被认为是英国行政法的精髓。根据韦德的概括，依法行政的基本要求是：①政府行使权力的所有行为，即所有影响他人法律权利、义务和自由的行为都必须说明其严格的法律依据，受到影响的人都可以诉诸法院；②政府必须根据公认的、限制自由裁量权的一整套规则和原则办事；③对政府行为是否合法的争议应当由完全独立于行政之外的法官裁决；④法律必须平等地对待政府和公民，政府不应当在普通法律上享有不必要的特权和豁免权。[1]

在法国，行政法治原则又称为行政合法主义原则，在近代以及现代法国都受到高度重视，被认为是行政法的基本原则。行政法治包含了三层含义：①行政行为必须根据法律；②行政行为必须符合法律，无论是羁束权限行为还是自由裁量权限行为；③行政机关必须采取行动保证法律规范的实施。[2]

在德国，行政法学大师奥托·迈耶就认为，依法行政即指"法律支配"，其概念包含三个要素：①法律的法规创造力，即

---

〔1〕　[英]威廉·韦德：《行政法》，徐炳等译，中国大百科全书出版社1997年版，第23~28页。

〔2〕　王名扬：《法国行政法》，中国政法大学出版社1988年版，第196~198页。

凡规定有关人民自由、财产权之法规，应受法律之支配；②法律优位，即法律对于行政权的优越地位，以法律指导行政，行政行为与法律相抵触者应不生效；③法律保留，即一切行政行为虽非必须全部服从法律，但有关基本权力的限制非由法律制定不可。从德国的法制实践来看，依法行政原则主要包括法律优先原则和法律保留原则。[1]

在日本，依法行政原则在具体制度形式上体现为三项要求：①建立议院内阁制、议会制的民主主义，通过国会对行政进行政治限制；②在这一前提下，在行政立法、行政处分和行政程序中，存在着立法优先的要求或立法的统制问题；③通过法院对行政进行司法方面的事后救济，而不限于行政监察之类的行政内部监督。[2]

在我国，姜明安教授认为，依法行政的基本含义是指政府的一切行政行为应依法而为，受法之拘束。它包括三项原则：①法律创制原则，即法律对行政权的运作、产生具有绝对有效的拘束力，行政权不可逾越法律而行为；②法律优越原则，即法律位阶高于行政法规、行政规章和行政命令，一切行政法规、行政规章和行政命令皆不得与法律相抵触；③法律保留原则，即宪法关于人民基本权利的限制等专属立法事项，必须由立法机关通过法律规定，行政机关不得代为规定，行政机关实施任何行政行为皆必须有法律授权，否则其合法性将受到质疑。[3]

张成福教授则认为，所谓行政法治，是指在公共行政领域发展、存在的这样一种治理状态，在此状态中，存在着法的普遍

---

〔1〕 城仲模：《行政法之基础理论》，三民书局1983年版，第5页。

〔2〕 ［日］和田英夫：《现代行政法》，倪建民、潘世圣译，中国广播电视出版社1993年版，第27~28页。

〔3〕 姜明安主编：《行政法与行政诉讼法》，北京大学出版社、高等教育出版社1999年版，第40页。

性和有效适用性，法之于政府权力具有优越性或者说政府应由法律规制并服从法律，最终公民的自由权利和利益得到维护、保障并扩大。行政法治的具体内容包括以下几个方面：①行政法治崇尚秩序并反对无政府状态；②行政法治要求法律具有普遍性；③行政法治要求体现实质正义；④行政法治的核心在于政府受法律的拘束与控制；⑤行政法治要求司法审查与司法独立。[1]

综上可知，国内外学者对于依法行政的内涵在具体内容、表述、侧重点等方面各不相同。但其基本内涵是共同的，那就是依法行政的核心在于政府的权力必须受到法律的约束与控制，即"治国者必须首先受治于法"。

众所周知，法律的基本作用之一在于约束与限制权力，"法律在本质上就是对专断权力行使的一种限制，它同无政府状态与专制政治都是对立的。法律制度最重要的意义之一，就是它可以被视为是一种限制与约束人们的权力欲的一个工具。"[2] 如果不对公共行政在为追求其目的而采取任何被政府官员认为是便利的手段方面的权力加以限制，那么这是同法律背道而驰的，必将沦为纯粹的权力统治或专制；这种权力也必将成为世界上最具动力的、最肆无忌惮的力量之一。这是因为，一个被授予权力的人，总是面临着滥用权力的诱惑，面临着逾越正义和道德界线的诱惑。当权力意志在社会上表现出来时，它总是会同一个在重要性和力量上与其相当甚或超过它的组织原则——法律意志——相碰撞并受到这种原则的反击和限制。权力意志根植于支配他人并使他人受到其影响和控制的欲望之中，而法律

---

〔1〕 张成福："行政法治主义研究"，中国人民大学 1999 年博士学位论文，第 3~5 页。

〔2〕 〔美〕E. 博登海默：《法理学：法律哲学与法律方法》，邓正来译，中国政法大学出版社 1999 年版，第 363 页。

意志则源于人类反对权力冲动的倾向之中，即要求摆脱他人专断统治的欲望。因此，必须通过法律对政府的权力加以限制与约束。而依法行政的重点与本质就是要通过法律规范约束政府权力。

3. 依法行政是行政自由裁量权产生的基本前提

行政自由裁量权产生的标志，本质上不在于有无法律或者法律之疏与密，而在于专制制度的死亡与依法行政的确立。在奴隶社会和封建社会，皇帝或国王集立法、司法和行政等一切权力于一身，皇权或王权凌驾于法律之上，法律可以任其意而颁行。包括行政管理在内的各种执法行为自然是随其意，有法或该法合其意时，则以法断案；无法或法不合其意时，他可以"言出法随""监事制刑"而处置，有法和无法对于皇权或王权并无不同之处，至多法律充当专制、暴政与特权的工具。在这种专制权力结构中，国民无法期望统治者的行为同一般性命令相一致，因为这些命令并不拘束其制定者，而且严格遵守先前发布的一般性指令，则有可能在此后引起统治者的恼恨与报复欲望。每个人都必须意识到统治者瞬时即变的怪念头，并力图使自己的行为与之相适应，因此导致国民的精神状况总是忧虑不安。正如博登海默所言："纯粹的专制君主是根据其自由的无限制的意志及其偶然兴致或一时的情绪颁布命令与禁令的……这种纯粹的专制君主的行为是不可预见的，因为这些行为并不遵循理性模式，而且不受明文规定的规则或政策的调整。""实际上同授予专断权力并无区别的那种自由裁量权，也可以在法律的外衣下授予某个行政机构。从社会学的角度来看，把愈来愈多的、模糊的、极为弹性的、过于宽泛的和不准确的规定引入法律制度之中，无异于对法律的否定和对某种形式的专制统治的肯定。这种状况必定会增加人们的危险感与不安全感。"〔1〕因此，仅仅有法律还是不够的，法律的存在为行政自由裁量权的产生提供了一种可能，而不是必然；要使这种可能变为现实，必须使法律上升为法治，在行政管理领域就是要求依法行政。行政自由裁量权的产生必须建立在依法行政的基础之上。

　　行政自由裁量权是一种相对性的权力。在依法行政产生之前，是无所谓行政自由裁量权的。在这一时期，行政自由裁量权的前身往往被称之为"无限自由裁量权"或"绝对自由裁量权"。从历史的角度看，两种"行政自由裁量权"之间并无内在的必然的联系。尽管二者皆为"自由"，但行政自由裁量权来自于法律并受法律限制，因而是有限的自由；绝对行政自由裁量权来自不受法律约束的行政权本身，是处于法律之上的无限制的自由。因此从本质上讲，无限自由裁量权绝不是真正意义上的自由裁量权，毋宁说它是一种专断权、专制权、特权或任意决定权。正如有学者所言，"绝对自由裁量权所到之处，人们总是蒙受苦难……绝对自由裁量权是个暴君，对于自由，它比人类任何其他创造都更具破坏性。"〔2〕"无限自由裁量权是残酷的统治，它比其他人为的统治手段对自由更具破坏性。"〔3〕因此，只有在依法行政产生以后，行政权受到法律严格限制的情况下，行政自由裁量权才有产生的可能；否则，所谓的"行政自由裁量权"只能是一种专断权。但是，我们必须注意到，两种"行政自由裁量权"在逻辑上关系密切，行政自由裁量权在其运行

---

　　〔1〕　[美] E. 博登海默：《法理学：法律哲学与法律方法》，邓正来译，中国政法大学出版社 1999 年版，第 231~232 页。

　　〔2〕　[以] 巴伦·巴拉克："司法自由裁量权"，林长远译，载信春鹰编：《公法》（第 3 卷），法律出版社 2003 年版，第 467 页。

　　〔3〕　[美] 伯纳德·施瓦茨：《行政法》，徐炳译，群众出版社 1986 年版，第 567 页。

过程中极有演化为绝对行政自由裁量权的可能性。

当然，必须指出的是，行政权力的分化与依法行政原则的确立，是密切联系在一起的，它们是人类社会发展历史统一进程中的重要组成部分。行政权的分化是依法行政原则确立的重要前提，而依法行政又是行政权力分化的重要保障，二者统一于行政自由裁量权产生的具体历史进程之中。

三、行政自由裁量权的历史演进

行政自由裁量权是一种与规则相联系的权力，因此，考察行政自由裁量权的历史演进过程也可以从行政自由裁量权与规则的关系中寻找答案。在不同的历史时期，行政自由裁量权与规则的关系是不一样的，相应地，行政自由裁量权也经历了不同的发展阶段。大致来说，随着人类法律文明的演进，行政自由裁量权已经经历了绝对自由裁量权、严格规则主义到严格规则与自由裁量相结合的发展阶段，并展示出新的发展趋势。[1]

（一）无限行政自由裁量权阶段

所谓无限自由裁量权，又称绝对自由裁量权，是指行政人员在实施行政管理时完全按照其意志或者基本上按照其意志裁量。[2]无论是东方还是西方，在古代的奴隶社会抑或是封建社会，在成文法出现之前的社会发展阶段抑或是习惯法与制定法同时适用的古代社会中晚期，都实行过无限制的自由裁量主义。

---

〔1〕 王学栋、宋红燕："论行政自由裁量权的历史演进"，载《中国石油大学学报（社会科学版）》2011年第5期。

〔2〕 必须指出的是，正如后面将要论证的那样，无限自由裁量权并不是一种真正意义上的自由裁量权，无限自由裁量权在本质上是一种专断权、专制权。我们之所以称之为无限自由裁量权只是基于研究的需要，来探讨行政自由裁量权产生前的状况，因此，更准确的称谓是"前行政自由裁量权"。

人们一般在两种意义上理解无限自由裁量权。[1]

一是指专制君主基于最高行政权所产生的任意裁量。在古代奴隶社会与封建社会，一般来说，实行的是集权化的专制统治，君权、神权高于一切，君王言出法随使得权力人格化、任意化。"普天之下，莫非王土；率土之滨，莫非王臣"就是对这一历史时期统治的写照。专制君主是一个国家的最高行政长官，同时也是最高司法长官，口含天宪，出口即为法律。虽然这一时期也有法律，但是专制国家的法律必须以符合君主意志为必要，法律与君主意志相比，君主意志具有至上性，效力高于法律，此时的法仅作为一种辅助统治的工具而存在，没有自身的独立性。因此，有人认为专制社会与民主法治社会相比，并不是没有法律，而是专制社会的法律意志要远低于君主的自由裁量意志。从这个意义上理解无限裁量权，无论是成文法产生之前还是之后，君主的自由裁量权都是绝对的、无限制的。

二是指国家产生之初，成文法产生之前，由于法律处于极为不完备的状态，行政官员处理案件时多是处于一种无法可依的行政状态。在人类社会的早期，无论是东方还是西方都经历了一个依照习惯法调节社会冲突的时期。那些由人们长期交往中形成的习惯，规范着原始人的生产、生活，调节着社会的各种冲突。国家产生之初，统治者继承原始人的某些习惯，形成了最初的习惯法。习惯法是不成文的、观念性的，不确定性、可伸缩性是其显著特征。这时的行政可以说是无法行政，行政人员具有绝对的自由裁量权。

在中国古代社会，成文法出现之前，根本不存在严格意义上的立法、行政、司法的划分，预先不设法度，而是临事议制，

---

[1]　董进宇："刑事自由裁量权研究"，吉林大学 2001 年博士学位论文，第 25~34 页。

一事一制，实行所谓的"刑不可知，则威不可测"的威吓主义。在这种情况下，自由裁量权的绝对化是不可避免的现象。在西方成文法产生之前，社会上基本实行的是习惯法。人们生产、生活等相互关系的调整及交往中冲突的解决都依据习惯法，但是习惯法是不成文的，只是一种观念性的存在，有时习惯法还是秘密的，贵族势力常常依靠任意解释习惯法来迫害平民。所以，习惯法的不确定性使行政官员的执法行为处于一种完全无限制的绝对自由裁量状态。正如英国法学家梅因所指出的："可以断言，在人类初生时代，不可能想象会有任何种类的立法机关，甚至一个明确的立法者。法律还没有达到习惯的程度，它只是一种惯行。用一种法国语，它还只是一种'气氛'，在这种情况下，对于是或非唯一有权威性的说明是根据事实作出的司法判决，并不是由于违反了预先假定的一条法律。"[1] 从法律发生的历史看，初生的法律活动实质上就是一种执法者的绝对自由裁量权的活动，如果就现在的价值观念分析，这种执法活动当然是应该摒弃的，但是，对于当时的历史环境，这种选择是必然的，同时也是必须的。因此，在完善的成文法出现之前，基于经验而进行的自由裁量在执法活动中占据中心的地位。

在成文法出现之后，至少从形式上看，无限行政自由裁量权有了一定的限制。在中国古代，公元前770年，周平王东迁新都洛邑，标志着镐京西周政权的结束，东周政权的开始。在这一历史时期，经历了一次巨大的改革变法运动，最后奴隶主制度被封建制度所取代，这个过渡时期被称为"春秋"。春秋时期的法制发生了巨大的变化，由礼、法之争最终导致礼、刑的分离。成文法的公布标志着以习惯法为基础的执法无限自由裁

---

〔1〕 ［英］梅因：《古代法》，沈景一译，商务印书馆1959年版，第5页。

量时代的终结。据《史记·太史公自序》中记载："春秋之中，弑君三十六，亡国五十二，诸侯奔走不得保其社稷者，不可胜数。"实际上进入东周以后，各个原被分封的诸侯并不听从周天子的命令，多有叛乱发生，各个诸侯国内，奴隶起义也时常发生。各诸侯国原来都适用习惯法，但新兴的地主阶级在争取政治权力的同时，相继提出了一系列关于自身利益的要求，积极地促进成文法的公布，主张在法律上应实行"不别亲疏，不殊贵贱，一断于法"的法制原则。这种主张与当时广大奴隶与平民的要求形成了某种合力，与赞同习惯法的奴隶主贵族的势力相互抗争，其中还包括礼与法的争论。礼法之争，其实质就是国家应不应该制定成文法，为此，奴隶主阶级与新兴地主阶级展开了旷日持久、针锋相对的斗争。奴隶主阶级主张礼治，认为"刑不可知，则威不可测"，反对制定成文法，更不能公布成文法。而新兴的地主阶级则主张制定成文法，认为应以法作为辨是非、定曲直的标准，治理国家必须依法进行。新兴的地主阶级经过长期的斗争，相继制定与公布了一些成文法。早期制定的成文法主要包括：齐国的《轨里连乡法》、晋国的《被庐之法》和《常法》、宋国的《刑器》、楚国的《仆区之法》、郑国的铸刑鼎等。其中，郑国的铸刑鼎是中国历史上第一部正式公布的成文法，标志着被奴隶主垄断的法律秘密状态被打破了。

在西方，氏族贵族常常依靠任意解释和运用习惯法来庇护贵族、迫害平民，雅典的广大平民纷纷要求制定成文法，以对付氏族贵族的武断专横。氏族贵族被迫让步，遂有执政官德拉古的立法改革和成文法的诞生。[1]古罗马成文法之公布经过也大致如此。

---

〔1〕　陈盛清主编：《外国法制史》（修订本），北京大学出版社 1987 年版，第43~45 页。

古代成文法的公布，标志着官员的无限自由裁量权受到了某种形式上的限制，但是这种限制并没有完善的制度保障。在成文法出现后的整个封建时代，成文法的规定从某种意义上来讲，已经达到相当完备的程度；但是，尽管有法律的详尽规定，官员在实际执法实践中的随意性仍然很大，也就是说，官员的自由裁量权仍然很大。这主要表现在两个方面：一是封建皇帝是最高等级的行政官员，皇帝本人口含天宪、出口为律，它可以随时按照自己的自由意志以命令的形式发布法律，然后再根据自己发布的法律裁判案件，无论是公布法律，还是裁判案件，皇帝基本上不受任何的限制；二是除皇帝以外的各级官吏，既可以依据判例代替法律，也可以依据习惯法断案，还可以伦理道德作为定案的准绳，因此在执法过程中，官员的个人情绪和好恶就没有办法得到规制。也就是说，在古代社会，即使成文法出现以后，虽然公开的无限自由裁量权受到了某种形式上的限制，但是实质意义上的无限自由裁量权仍然广泛地存在。

正如有学者针对古代社会司法的任意性所指出的那样："无论是习惯法时期抑或是成文法出现以后，无论是成文法粗疏的时期抑或是成文法详备的时期，在古代社会——奴隶制时代——封建制时代的司法中，裁判者对刑事案件的裁判自由都是绝对的。法之有无疏密对古代社会的统治者来说是无足轻重的，有法也好，无法也罢，统治者有凌驾于法律之上的特权，他们不受法律的拘束；法律是统治者个人用以治人的工具，既然是工具，它当然可以用鞭子，也可以使棍子，任由其方便。凌驾于法律之上集立法、行政管理、司法三者于一身的皇帝，对其行为选择有完全自由。"[1]这从总体上反映了古代行政的特

---

〔1〕 陈兴良主编：《刑事司法研究——情节·判例·解释·裁量》，中国方正出版社1996年版，第430~431页。

征。法国伟大的思想家孟德斯鸠曾指出："专制国家是无所谓法律的。法官本身就是法律。"[1]在封建专制的社会，实际上没有法律，只有君主反复无常的意志，因此，"绝对自由裁量权所到之处，人们总是蒙受苦难……绝对自由裁量权是个暴君，对于自由，它比人类任何其他创造都更具破坏性"。[2]"无限自由裁量权是残酷的统治，它比其他人为的统治手段对自由更具破坏性。"[3]因此，无限自由裁量权绝不是真正意义上的自由裁量权，毋宁说它是一种专断权、专制权、特权或任意决定权。因为行政自由裁量权只有在行政权力的分化与依法行政原则确立的大背景下才有存在的可能。

绝对自由裁量权已成为过去，但其对人的因素在自由裁量行为中的承认有其合理的成分。执法者可以根据社会发展和统治者的需要灵活地适用法律，法律的灵活性价值得到充分体现。只是这种人的因素无限制地发挥，完全牺牲法律的安全价值则是应该摒弃的。

（二）严格规则主义阶段

严格规则主义是一种力图在行政活动中排除自由裁量的观念，它曾是自由资本主义时期西方国家居于主导地位的行政执法观念与法治模式。进入近代资本主义社会，鉴于数千年专制统治的惨痛教训，新兴的资产阶级政治家、思想家和法学家对行政机关有着强烈的戒备和防范心理，提出个人主义和自由主义的口号，防止政府滥用统治权侵犯个人自由。于是在政治上

---

〔1〕　[法]孟德斯鸠：《论法的精神》，张雁深译，商务印书馆 1978 年版，第 76 页。

〔2〕　[以]巴伦·巴拉克："司法自由裁量权"，林长远译，载信春鹰编：《公法》（第 3 卷），法律出版社 2003 年版，第 467 页。

〔3〕　[美]伯纳德·施瓦茨：《行政法》，徐炳译，群众出版社 1986 年版，第 567 页。

建立了"三权分立"的政治体制，在思想上塑造了"人民主权"的民主精神，在法制上确立了"依法行政"的法治原则，并提出了"政府最好，管事最少"的消极行政的思想。

严格规则主义主张通过事先制定并明确公布的法律规则对政府权力进行控制，确信法律就是按照一定的逻辑组合形成的规则体系，它通常细致而完善，能为执法者和被管理者的行为提供完全的指导。它主张"无法律即无行政"，行政机关是规则构成的法律的服从者、执法的机器，公务人员只需严格按照规则行事，不需任何自由裁量的权能，就可以实现法律的正义，且认为行政自由裁量权的存在必然"最终导致自由的下降和暴政的上升"。[1]

在严格规则主义盛行时期，行政权的范围受到了非常严格的限制。[2]传统上，英国是奉行议会至上的国家，英国政府从1689年起，不再拥有执行立法过程中制定规章的普遍权力。结果，发布规定和命令的权力，根据政府的每项具体功能而分别授予，这导致了司法机关对部门规定和命令的严格审查。也就是说，政府不能自主地行使立法性质的权力，每一项权力的取得都必须有议会的授权，政府在被授予的权力范围内的行为，不得带有任何形式的自由裁量权。在具体的案件中，司法还要对这些行政行为进行严格的审查，防止超越界限。基于当时的社会发展现实，行政权被仅仅局限于外交、税收、治安、军事等有限的范围，在作为政府对社会施加限制的标志——《谷物法》被最终取消之后（1846年），这种对政府权力范围的限制达到了高潮。

---

〔1〕 Kenneth F. Warren, *Administrative Law in the Political System*, New Jersey: Prentice Hall, 1996, p. 402.

〔2〕 李娟：《行政法控权理论研究》，北京大学出版社2000年版，第48页。

美国早期行政法的发展深受英国影响。从 1789 年建立联邦政府，到 1886 年州际贸易委员会成立，"这个时期美国行政法的特点是：市场加法院，或者立法加法院，行政机关的作用不占主导地位"。[1]限制行政权力范围同样是美国行政法的主题。博登海默曾说："19 世纪，美国政府的工作重点几乎全集中在那些旨在严格限制行政范围的法律约束之上。行政中的自由裁量范围也不可避免地被缩小到了一种无可奈何的地步。"[2]罗斯科·庞德也指出："法律使行政陷于瘫痪的情况，在当时是屡见不鲜的。几乎每一项有关治安或行政的重要措施都被法律所禁止……别的国家在行动前提交行政、检查和监督机构的事情，在美国却交给了法院，人们宁可用一般性法律来告知个人所应负担的义务，宁可让他依自己的判断自由行事，并宁可在他的自由行动违反了法律时再对他进行起诉和施以预定的刑罚，将行政限于无以复加的最小限度，在当时被认为是我们这个政体的根本原则。换言之，当其他一些国家走向一个极端并接受官僚支配时，我们却走向了另一个极端并接受着法律的支配。"[3]

法国大革命前的欧洲是封建专制制度的后期，政治腐朽，行政、司法黑暗，法国是当时欧洲黑暗的典型。出于对封建专制统治的憎恶与防范，法国资产阶级夺取政权后，特别是拿破仑时期，开展了一系列的立法活动，形成了一个完整的成文法体系。"拿破仑的立法活动，成为欧洲大陆各国建立自己的资产阶级法律制度的先声。从此，在欧洲大陆各国掀起了法典编撰运

---

[1]　王名扬：《美国行政法》，中国法制出版社 1995 年版，第 49 页。

[2]　[美] E. 博登海默：《法理学：法律哲学与法律方法》，邓正来译，中国政法大学出版社 1999 年版，第 368 页。

[3]　[美] E. 博登海默：《法理学：法律哲学与法律方法》，邓正来译，中国政法大学出版社 1999 年版，第 368~369 页。

动。"〔1〕在资产阶级分权原则的前提下进行的法律编撰，其重要目的之一就是限制行政人员的自由裁量权，使行政人员在实施行政管理时，只能按既定的规则进行。

严格规则主义是与自由资本主义时期相适应的一种法治模式，是特定历史条件的一种产物，基本上适应了当时资本主义政治、经济、文化等领域的基本要求。但是，即使在这一时期，行政自由裁量权也是一种客观存在，只是其范围较小，没有引起人们足够的重视。随着资本主义的发展，尤其是行政国家和福利国家的到来，行政自由裁量权的扩张已成为一种广泛的事实。在这种情势下，行政自由裁量权广泛存在的事实与严格规则主义形成极为强烈的对照。质言之，严格规则主义对规则的崇拜并不能消除自由裁量权与规则共存的事实，面对行政自由裁量权的扩张，严格规则主义已逐渐成为明日黄花。

实际上，严格规则主义作为一种法治模式与执法理念，并没有完全付诸行政管理实践，其致命点便是脱离实际，完全排斥人的因素，视执法者为一个工匠或机器。因为严格规则主义若想在现实中实现的话，必须满足如下前提：①立法者具有完全的理性和超强的预见能力，能够制定出逻辑严密、完美无缺的法律；②法律的正义性问题在立法程序中迅速而全部地解决，官员在执法过程中无需为正义操心；③社会生活是静止的，法律不会因社会的发展而与现实脱节。若前提不能满足，结果的失败自然是题中应有之义。正如庞德指出的那样："19世纪的法学家曾试图从司法中排除人的因素，他们努力排除法律适用中所有的个体化因素。他们相信按严谨的逻辑机械地建立和实施封闭的法规体系，在他们看来，在这一封闭的法规体系的起源

---

〔1〕 林榕年：《外国法律制度史》，中国人民公安大学出版社1992年版，第259页。

与适用中承认人的创造性因素，在组构和确立这一封闭的法规体系的制度中承认人的创造性因素，是极不恰当的。"[1]基于此，他得出结论："没有一个法制体系能够做到仅仅通过规则而不依靠自由裁量来实现正义，不论该法制体系的规则系统如何严密、如何具体。所有的实施正义的过程都涉及规则和自由裁量两方面。"[2]

莫尔蒂默和卡底什则把严格规则主义斥责为"条文主义""教条主义"，把坚持严格规则主义的理论斥责为"机械法学"，拥护自由裁量并为之论证。莫尔蒂默和卡底什指出："传统的法治模式要求行使行政权力的人应严格遵守规则。规则的解释者是法院，而法院在普通法推理和原则之严格范围内履行义务。立法机关，且唯有立法机关可以改变那些规则……在法治之下，确定个人权利和责任的程序排除官员个人的判断。正如狄骥所评述的，'任何国家机关所作出的特定决定都不得与事先公布的一般法律规则相抵触。'行使行政权力的人必须永远以完全遵守规则的方式而活动。他是机器的一个轮子，永不可以是机器的灵魂。"[3]这种模式实际上是机械法学的模式，是不符合实际的空想。莫尔蒂默和卡底什引用戴维斯的话说："在世界史上没有任何一个法律制度没有自由裁量权。为了实现个体的正义，为了实现创设行政正义，为了实现还无人知道去制定规则的新纲领，以及为了实现其某些方面不能够变为规则的老纲领，自由裁量都是不可缺少的。取消自由裁量权会危害政治秩序，抑制个体正义。在我看来，那些禁止非以事先宣布的规则为基础的

---

〔1〕　[美] 庞德：《法律史解释》，曹玉堂、杨知译，华夏出版社 1989 年版，第 123 页。

〔2〕　R. Pound, *Jurisprudence*, Harvard University Press, 1959, p. 355.

〔3〕　Mortimer and Kadish, *Discretion to Disobey: Study of Lawful Departure from Legal Rules*, Stanford University Press, 1973, pp. 41~42.

政治强制的人们误解了法律与政治的原理。"因此，当代的问题不是自由裁量权政治的存在，而是如何"去限定、构造和监督"它的行使。[1]

严格规则主义产生于绝对自由裁量权所造成的社会恶果的反思之中，人为地将规则与自由裁量相对立，并在此基础上"天真地"相信通过规则就可以消灭自由裁量存在的空间，走向了另一个极端。实际上，正如戴维斯反复强调的那样，在历史上任何一个法制体系中，法律规则与自由裁量都是共生共存的。但是，严格规则主义作为法治发展的一个重要历史阶段则功不可没。在逻辑上，没有严格规则主义法治的熏陶，就等于缺乏进入现代法治的必要文化准备。正如将严格规则主义法治称为自治型法的诺内特·塞尔兹尼克所言："对法律中心目的的关注根源于自治型法的发展。恰恰在一种以规则为中心的法律秩序中，为减少对条文解释的恣意，或者制止官员越权行事——即超越授权范围行事，推论必须经常要离开规则而求助于目的。自治型法变得越富于经验，它就越要在详尽阐述规则时注意目的。回应型法建立在这种经验的基础之上，这里实际上不存在根本的断裂，因为人为的理性包含着调节自身的种子。"[2]

(三) 严格规则与自由裁量相结合阶段

尽管历史上许多严格规则主义的代表人物都坚持"绝对的法律至上或法律统治，而排除恣意的权力或政府所拥有的广泛的自由裁量权"，但人类社会法治发展的历程一再表明，在任何一个法制体系中，法律规则和自由裁量权都是共生共存、相辅

---

〔1〕 Mortimer and Kadish, *Discretion to Disobey: Study of Lawful Departure from Legal Rules*, Stanford University Press, 1973, p. 43.

〔2〕 〔美〕诺内特、塞尔兹尼克：《转变中的法律与社会》，张志铭译，中国政法大学出版社1994年版，第89页。

相成的。严格规则主义的终结，意味着行政自由裁量权新阶段的到来。

在 20 世纪初，西方国家进入垄断资本主义时期以后，政治经济形势发生了巨大的变化。尤其是 20 世纪 30 年代以来，国家主动干预社会经济生活，政府管理社会经济事务的职能不断扩大；相应地，行政行为的技术性、专业性大大增强，行政活动的多样性、复杂性更加明显。在这种形势下，被传统行政法冻结的行政自由裁量权成为行政权行使的重要方式。正如韦德所言，传统的广泛自由裁量权的存在与法治不相容的观念已经被否定，取而代之的是"法治所要求的并不是消除广泛的自由裁量权，而是法律应当能够控制它的行使。现代统治要求尽可能多且尽可能广泛的自由裁量权"。[1] 行政自由裁量权已成为行政权的核心与灵魂。

面对行政自由裁量权的扩张，人们表现出一种"既爱又恨"的心境：行政自由裁量权是一种客观的、必要的权力，有利于克服法律之局限、实现个体之正义和提高行政之效率；但是行政自由裁量权又是一种"自由"的权力，存在滥用的可能性。因此，"对于有效地实现某个重要的社会目的来讲，为自由裁量权留出相应的余地也许是至关重要的。但是另一方面，通过法规或行政规则而预先规定实施行政目的的方式方法，将该机构的典型运作方式公之于众，在许多情形中也都是有可能的。再者，不论赋予该机构的非限制性的自由裁量权有多大，一般来讲，一旦这种自由裁量权被肆意滥用，受这种行为侵害的个人就应当具有某种方式以求助于公正的法庭。我们不能把治理效率本身视为一个终极目的，而应当把实现保护人权的适当措施

---

〔1〕〔英〕威廉·韦德：《行政法》，徐炳等译，中国大百科全书出版社 1997 年版，第 55 页。

视为是开明进步的行政司法的一个基本条件。"〔1〕质言之，对于行政自由裁量权，既要肯定其存在的正当性、合理性，同时又必须予以严格的法律控制。因此，这一阶段可被称为严格规则与自由裁量权相结合阶段。

这一时期对行政自由裁量权的法律控制，除了传统的控制方式，还增加了多种多样的控权方式，不仅通过制定详细的实体规则以及强化司法审查来控制自由裁量权，而且还从行政行为的过程着眼，设计严格的行政程序来控制行政自由裁量权。如《美国联邦行政程序法》从一定程度上就是基于控制行政自由裁量权的需要而制定的。对此，李娟明确指出，这一时期对行政自由裁量权的控制，"不仅强调立法在授予自由裁量权时细化其行为标准，并且制定有关行政程序的法律法规，同时还强调司法运用严格的审查标准，审查公务人员行使权力的行为是否合乎'合理性原则'，此外还动员社会力量介入权力的行使过程，监督权力的合法行使"。〔2〕

严格规则与自由裁量相结合的法治模式适应了 20 世纪以来资本主义社会发展的现实需要，但是，这一阶段对行政自由裁量权的接受同严格规则主义一样，都是建立在对行政自由裁量权不信任的基础之上，都是把行政自由裁量权视为一种无恶不作的洪水猛兽。因此，在对行政自由裁量权广泛存在的事实予以接受的同时，强调对行政自由裁量权的严格控制与监督，并把法律视为行政自由裁量权的异己力量。正如威廉·韦德所指出的："三个多世纪以来，人们接受授予公共当局的自由裁量权不是绝对无限的，即使在它显而易见的范围内，也要受到一般

---

〔1〕　[美] E. 博登海默：《法理学：法律哲学与法律方法》，邓正来译，中国政法大学出版社 1999 年版，第 370 页。

〔2〕　李娟：《行政法控权理论研究》，北京大学出版社 2000 年版，第 55 页。

法律的限制，这一点已被人们所公认。这些限制以各种不同的方式表示出来，比如说自由裁量权必须是合理的，必须善意地行使，只应就相关因素作出分析，不能存在各种贪污、受贿行为，决定不应是独断的、变化无常的，所有这些均可以概括为自由裁量权必须以授权法所指出的方式来行使。"[1]

因此，严格规则与自由裁量相结合与严格规则主义相比，虽然具体的内容发生了变化（主要是控制自由裁量权的方式不同，表现为通过严格的程序来控制自由裁量权），但这种侧重点的转变，"并没有改变其法治保护个人免受政府专断权力压制的宗旨，以及权力必须有法律根源的最基本的内涵。如果把戴雪对法治的传统认识，放入一个更广泛的空间，会发现他与现在的学者一样表达了上述的法治宗旨和内涵，在坚持法律具有高于权力的权威问题上，现代法治理想一定程度地秉承了传统规则主义的法治理想，而且使不同时代对行政自由裁量权的不信任态度找到了统一的基点。20世纪的学者承认并容许自由裁量权的广泛存在，已经不再是典型的规则主义立场，但是，在此基础上试图以各种方式要求行政自由裁量权对法律负责的努力，却是规则主义在现时代的演变"。[2]

因此，严格规则与自由裁量权相结合的模式是西方国家妥协于现实中行政自由裁量权不断扩张的一种表现，仅仅是行政自由裁量权发展的一个过渡阶段，不可能真正解决行政自由裁量权不断扩张的问题。但是，这种模式毕竟确认了行政管理领域中自由裁量权普遍存在的事实以及法律在行政自由裁量权行使中的作用，其错误就在于把行政自由裁量权作为一种"必要

---

〔1〕［英］威廉·韦德：《行政法》，徐炳等译，中国大百科全书出版社1997年版，第62页。

〔2〕 李娟：《行政法控权理论研究》，北京大学出版社2000年版，第65页。

的邪恶",并把法律作为行政自由裁量权的异己力量,而不是行政自由裁量权的支撑与保障因素。随着后工业社会的来临,社会公共事务的复杂性与不确定性程度的提高,以及服务型政府的实现,行政自由裁量权的进一步扩张将是人类社会发展的重要趋势。在这一背景下,法律与行政自由裁量权仍然共存,行政自由裁量权仍然离不开法律这一框架,只不过此时的法律不是作为行政自由裁量权的一种对立物,而是作为行政自由裁量权的重要支撑与保障因素而存在。正如张康之所言:"公共行政的法律制度等因素,应当成为行政人员行政行为的支撑物,而不是专门用来限制和控制行政人员的工具。行政人员依赖于公共行政的法律制度而变得更加强大,更能有效地为社会提供公共产品。这就会获得法律制度与行政人员的主观活动相协调的情况,行政人员就不会处处感到法律制度与他的对立,而处处感到法律制度对他的支持。"[1]

四、行政自由裁量权的控制途径

(一) 行政自由裁量权的政治控制

一般而言,对行政自由裁量权的政治控制分为两种,一是事前控制机制,二是事后控制机制。前者代表立法机关在官僚决策的事前,就提出清楚的决策范围、设计适当的程序限制与提出可靠的法律纠正机制,而后者代表在官僚体系的执行过程中,设计适时的听证与审议机制、畅通的利益团体回馈机制与适当的法律补救与赏罚机制,即所谓的"火警"机制(fire a-larm)。具体说来,对于行政自由裁量权的政治控制主要依靠下列途径:

---

[1] 张康之:《寻找公共行政的伦理视角》,中国人民大学出版社2002年版,第74页。

（1）一般立法控制（general legislative oversight）。主要是指立法部门的成员（议员）、议员的幕僚人员，以及其他具有立法职能的机构对行政机关及其工作人员的控制。这种控制是提升行政人员回应性与责任性的强力手段。美国国会对行政机关及其工作人员控制的严密程度，超过其他任何西方国家对行政的控制。这种控制方式主要通过立法、行使质询权、调查权、弹劾权、不信任表决权、否决权等实现。

（2）预算控制（budgetary control）。从历史的经验看，财政约束通常被认为是制衡行政机关的重要工具。在美国，国会议员虽有预算控制权，但是监督政府财政开支常用的方法，包括运用像依赖首席财务官报告进行监督的总审计局，举行听证会等方式。有时也可能直接涉入机构决策的过程中，进行所谓的"微观管理"。

（3）职位轮换（rotation in office）。公共行政的政治性非常注重对行政人员在机关内部不同岗位之间，或者在政府内外之间进行轮换的必要性，这是预防行政人员在同一机构或职务中任职过久可能形成的对公共利益的误解。在美国，19 世纪 40 年代至 50 年代时期的政党分赃制便是主张职位轮换的一种，一旦行政人员不再受政党领导者的青睐，随时都会被撤离其职位；然而现代的文官制度则有不同的方式。以美国 1978 年联邦文官改革为例，其中一项重要措施就是设立高级文官职位（SES），使位居高层的常任文官能够在部门与部门之间相互调动，其目的就是希望这些高级文官能够持续地以更宽阔的视野看待公共利益。

（4）公民参与（public participation）。公共行政的政治性，要求公共行政应为公众提供参与公共行政的途径。它认为公民参与有助于强化公共行政理解公民并回应公民需要的能力，公民参与被视为公民完全融合于行政治理之中的一个途径。它特别强调公民参与的重要性，认为：①在现代政府治理中，缺乏公民参与会降低政治体系的代表能力和回应能力；②缺乏参与将会侵蚀民主国家的公民精神，因为它削弱了公民参与政府治理的道德意识与政治义务。③公民参与有助于促进公民对政府的理解；④政府缺乏公民参与的有效途径，会导致民众的疏离和"主人翁"意识与责任感的缺失；⑤公民参与助长了政治社群意识和政治整合意识；⑥公民参与有助于加强政府的合法性，促进公民对其决策的认同。[1]

（5）公开化（going public）。公共行政的政治性认为，行政人员及时向公众及其代表（如议员）公开政府组织中对公共利益的违反或对民众行为的误导是适当的和合乎公务伦理的要求的。也就是说，行政人员被期待用其声音来对抗那些被视为是不合法、不道德的行政事务，基于此，引咎辞职与"检举揭发"行为被视为是合适且具有高度道德的行为。除此之外，美国联邦政府还设置了一条"欺诈、浪费、滥用职权"热线，通过它，不管是行政人员还是普通群众，均可向总会计局揭发政府的任何不良行为，以便其进一步调查。

（6）阳光措施（sunshine）。公共行政的政治性认为，促进政府行政公开，让公众获得更多的政府行政资料是确保行政责任实现与维系行政伦理水平的重要途径。在美国，有多种方式使政府处于"阳光之下"。这包括面向公众的听证及会议制度，以及赋予公众获取联邦政府文件权利的《信息自由法案》。目前，美国联邦政府已将信息公开以及听证会公开的规定列入基本的行政法（即行政程序法）之中。

---

［1］［美］戴维·H. 罗森布鲁姆、罗伯特·S. 克拉夫丘克：《公共行政学：管理、政治和法律的途径》，张成福等校译，中国人民大学出版社 2002 年版，第 502~503 页。

（二）行政自由裁量权的行政控制

行政自由裁量权的行政控制主要是指行政自由裁量权的自我控制。在当前的行政实践中，行政机关通过设定一种规则化的裁量基准来实现对自由裁量权的自我控制，已日益成为一种普遍的行政自制现象和创新的行政法制度，并引起了中国行政法学理论界和实务界的共同关注。裁量基准之制定，对于确保依法行政原则之推展，限制行政的恣意擅断，保证平等与公正，进而保障人民权益，提高行政效能，增进人民对于行政之信赖，乃至现代法治政府的建立与完善，均具有重要的现实意义。

1. 裁量基准制度的内涵

所谓"裁量基准"是指行政机关根据授权法的旨意，对法定授权范围内的裁量权予以情节的细化和效果的格化而事先以规则的形式设定的一种具体化的判断选择标准，其目的在于对裁量权的正当行使形成一种法定的自我约束。[1]这一界定包含如下要素：

（1）裁量基准针对的对象是法定授权范围内的裁量权。行政机关在行使法律赋予的裁量权时，拥有根据具体情况自行作出判断选择的权力，但是这种判断选择必须按照某种标准进行。由于立法者不可能对任何问题都通过详细的规则来为裁量权的行使提供明确的标准，或者即使是规定了一定的标准，也往往具有较大的灵活性，因此在这个时候就需要行政机关来提供裁量的标准。也就是说，在立法没有为裁量权行使提供明确的法定标准时，行政机关就应当根据授权法的旨意为裁量权的行使设定一种具体的判断选择标准即"裁量基准"。从表面上看，行政机关设定这种标准只是为裁量权的行使提供一种判断标准，

---

[1] 周佑勇："裁量基准的制度定位——以行政自制为视角"，载《法学家》2011年第4期。

但是如果欠缺这种标准，就可能导致裁量权的滥用或不当，因此设定裁量基准的内在目的在于保证裁量权的正当行使，或者说是对裁量权的正当行使形成一种自我约束。

（2）裁量基准设定的主体是拥有裁量权的行政机关。"任何行政官员只要拥有裁量权，就必定拥有公开说明如何行使相关裁量的权力，而不管立法机关是否单独赋予该官员制定规则的权力"，因此，设定裁量基准的权力源于立法授予行政机关的裁量权，它与裁量权的授予相伴而无需单独授予。但是，裁量基准一旦制定出来，它的实施则依赖于行政机关上下级之间的一种层级指挥监督权。正是基于这种内部层级指挥监督权，裁量基准具有一种对内的拘束力，以保证其在行政系统内部得以贯彻执行，并成为一种自我拘束的内在机制。从这个意义上讲，裁量基准作为一种自我拘束机制，无论是它的设定还是运行都是在行政系统内部完成，体现的是行政系统内部的一种纵向科层制管理。

（3）裁量基准以规则的形式表现出来，但在性质上并不属于法或者立法性规则的范畴，而是行政机关制定的内部行政规则。法或者立法性规则必须创设相对人的权利义务，具有普遍法律效力并为司法所统一适用。在我国，根据《立法法》《行政法规制定程序条例》《规章制定程序条例》的规定，行政机关制定的具有法源地位的立法性规则仅限于行政法规、行政规章和法定解释性行政规范。而裁量基准主要是通过对裁量权规范的情节细化和效果格化的技术，补充裁量权的判断标准，并不为相对人创设权利和义务，不对相对人产生直接的法律效力，也不构成一种裁判性规范，不能为司法所直接适用。尽管裁量基准也可以通过其体现出的法律原则，并在个案的反复适用中形成一种行政惯例而获得一种间接的法律效力，但是在承认行政惯例和法律原则具有司法适用效力并作为裁量基准的效力依据的前提下，作为行政规则的裁量基准本身也并不具有直接的法律效力，而仅仅只是行政惯例和法律原则的载体，因此并不直接构成对法院审判具有强制性和拘束力的依据。当然，法院可以通过审查裁量基准的合法性，并以此作为审查具体行政行为合法性的标准。

（4）裁量基准的设定必须根据授权法的旨意，受到并体现"法的约束"。裁量基准的设定体现的是行政机关的一般裁量权，行政机关据此可以自行设定具体裁量权的标准。但是这种标准的设定并非不受任何外部法的约束：一是必须在授权法范围内；二是严格根据授权法的旨意。授权法的旨意包括立法的目的和基本的法律原则。比如《湖南省行政程序规定》第 92 条规定，行政机关制定裁量基准应当根据"所依据的法律、法规和规章规定的立法目的、法律原则"。由于裁量基准受到"法的约束"，实际上意味着整个裁量权的行使过程也就受到了法的约束。从这个意义上讲，裁量基准作为 种自我约束机制，仍然是一种"法的约束"。裁量基准的设定只是法律对裁量权约束的一种继续。对裁量权的法律约束而言，尽管法的外部约束已经停止，但是法的内部约束并没有结束，只不过这种"法的约束"是以裁量基准的形式延伸到裁量权的整个判断选择过程之中，且主要是来自于法律原则的约束。在性质上可以说，裁量基准就是连接抽象的法律与具体的裁量之间的桥梁，它既是将抽象的法律具体化，又为下一步针对个案作出具体裁量决定提供一般化的行为模式。

裁量基准存在于行政系统内部，是政府自身制定的一种具有内部拘束力的行政规则，在性质上应当属于一种行政自制规范。尽管它仍然要受到外部法的拘束，但这正是保证其作为一种行政自制规范正当化的基础和前提，为其良性运作提供一种法律的内部界限，否则就丧失其存在的合法性基础。另外，裁量基准作为一种行政自制规范，虽然包含着某些"规则之治"的元素，但其有别于纯粹"规则化"的立法控制；同时它还体现了行政系统内部自我约束的特征，而不能完全视为不具有任何拘束力的一种具体化的内部规定。

2. 裁量基准制度的特征

裁量基准是一种对裁量权的自我控制方式。这种自我控制虽然也以"规则"的形式出现，体现的是一种"规则之治"的控权进路，但是有着不同于传统规范主义控权模式的明显特征：[1] ①裁量基准强调的是对裁量权的一种主动、内发的"自我约束"，而非机械式的"自我压制"，更不是一种来自于外部力量的"被迫"。②裁量基准强调的这种"自我约束"主要通过一种"自我调控"式的"建构"功能来实现，是一种积极、能动的自我建构。尽管裁量基准也具有限定和制约的功能，但这种"限定"主要是为了将裁量权限定在合适的限度内以便更好地发挥其对裁量的调节建构功能，"制约"则更是"建构"的延伸和保障。因此都是为了达到裁量权的正当行使这一目的，而非对裁量空间的"压制"甚至"取消"。③裁量基准强调的这种"自我约束"以"法律原则"为取向，从本质上体现的是一种"法的拘束"，并非不受任何外部法律制约的纯粹"自制"或"自治"。④裁量基准机制的运行不仅要求"内外互补"，还要求与行政系统内部其他制度之间相互联动、协调一致，以达到"自律"与"他律"之间的平衡。基于以上几个方面的特征，裁量基准作为一种行政自制规范，它对裁量权的自我控制在本

---

〔1〕 周佑勇："裁量基准的制度定位——以行政自制为视角"，载《法学家》2011年第4期。

质上应当属于一种功能主义的建构模式。无疑，这一认识对于
拓展行政自制理论的视野，以及进一步完善和创新行政自制的
内在机制，都是十分有益的。

3. 裁量基准制度的局限及其克服

裁量基准作为一种行政自制规范，对保证裁量权的正当行
使具有不可替代的优越性和内在功效。然而，裁量基准作为一
种自制型的行政规范，也存在着来自于它作为"规则之治"与
"自我控制"难以克服的局限性。首先，严格规则之下无裁量。
裁量基准作为一种"规则化"的行政自制，力图用普遍的规则
来细化和统一裁量的标准，一定程度上延续了传统"规则中心
主义"的进路，仍然存在着与后者类似的局限性，即过分依赖
于严格的规则而导致裁量过窄，进而丧失其应有的能动性。这
样的裁量范围有如戴着脚镣跳舞，又怎能实现个案正义呢？从
根本上讲，裁量的存在主要服务于个案正当性，而一种"规则
化"裁量基准的制定则是"一般裁量"或立法性裁量权的体现，
由于"一般裁量与个别裁量可能发生冲突"，因此过度规则化的
裁量基准必然会损害个别裁量权的正当性。其次，"当立法权和
行政权集中在同一个人或同一个机构之手，自由便不复存在"。
过分依赖于行政机关的"自制"或对行政机关立法性裁量权的
大量授予，很可能会耗费大量的行政成本，而且会导致一种新
的"行政专制"。

要克服裁量基准这种固有的局限性，就必须对这样一种作
为行政自制规范的裁量基准划定一个合理的边界，以实现其在
沟通法律与个案之间的结构功能优势，真正发挥其在限定、建
构和制约裁量权等方面的内在作用。因此，在裁量基准的运行
机制中必须充分把握三个方面的平衡，即在羁束与裁量之间的

平衡、在规则与原则之间的平衡以及在自制与他制之间的平衡。[1]

(三) 行政自由裁量权的法律控制

关于行政自由裁量权的法律控制方式学术界有不同的概括。人们一般基于法律控制所处的不同阶段,将其区分为立法控制、行政程序控制与司法审查控制三个方面。

1. 立法控制

从某种意义上讲,自由裁量权是立法的"疏忽",是立法"放弃"了自己的职责,或者说是立法把自己的职责委托给了行政机关,让行政机关自己根据自己的意志与判断建立起一种法律秩序。[2]因此,"承认对行政行为的裁量是因为法令就其要件和措施等未作出根本性规定。从此意义上说,关于行政裁量,首先可以从与立法的关系上予以考虑……"[3]加强立法是世界各国控制行政自由裁量权的重要方式。狄骥曾告诫道:"我们必须知道,政府为什么必须要在公共服务的组织与运营过程中执行普遍性规则,并且只能在这些普遍性规则的范围内采取个别行动,答案是,因为这是个人所享有的、用以对抗专断行为的最确定的保障。"[4]因此,法律欲有效地约束行政自由裁量权,就应当尽可能运用法律规则的形式。法律规则必须在行政法中占据主导地位,凡是能够纳入规则之内的权力及权力要素,就

---

〔1〕 周佑勇:"裁量基准的制度定位——以行政自制为视角",载《法学家》2011年第4期。

〔2〕 余凌云:《行政自由裁量论》,中国人民公安大学出版社2005年版,第2页。

〔3〕 [日]室井力主编:《日本现代行政法》,吴微译,中国政法大学出版社1995年版,第89页。

〔4〕 [法]莱昂·狄骥:《公法的变迁 法律与国家》,郑戈、冷静译,辽海出版社、春风文艺出版社1999年版,第75页。

不应置于规则之外。

从立法上对行政自由裁量权的控制，可以归纳为如下四个方面：第一，可以从立法上尽可能将行政自由裁量的范围予以缩小；第二，可以从立法上尽可能为行政自由裁量设定明确的标准；第三，可以从立法上完善行政诉讼制度，扩大受案范围，创设方便任何人对行政自由裁量的违法提起诉讼的机制；第四，可以对全部立法加以完善，使其简明扼要、标准明确，以促进权利救济和法治主义的贯彻。[1]当然，从立法上对行政自由裁量权进行控制，既包括传统的立法机关议会或国会通过制定详尽的法律为行政自由裁量权的行使设定范围、标准或程序，而且也包括行政机关通过行使行政立法权来控制行政自由裁量权。通过行政立法控制行政自由裁量权是立法控制的一种重要形式。

在立法完全可以做到的情况下，应当尽可能事先对行政自由裁量权进行比较准确、适度的设定，从而在授权法意义上，既能为执法提供一个有效约束裁量权的法律规范，又能为法院提供一个客观的司法审查标准。但是，德国的经验告诉找们，即便在公共行政的诸多领域之中制定更加详尽的法律规定，也不意味着必然能为公民提供更大程度的法律安全与正义的保证；恰恰相反，过多的法律和规章反而损害了行政机关在个案处理中适当平衡各方利益的能力。而且，在立法之时，实践及其发展并不能为立法者真正、全面、客观地认识与把握，因此要求立法者事先预测所有可能出现的问题，并一一作出具体的、幅度适当的应对，显然不太可能，尽管这可以作为一个立法应当努力追求的目标提出来。退一步说，假使我们坚持要求立法尽可能做到事无巨细、一览无余，那么，如此过分地注重"用规

---

〔1〕 杨建顺："行政裁量的运作及其监督"，载《法学研究》2004 年第 1 期。

则来约束行政裁量，机械适用的结果就会不知不觉地使行政自由裁量丧失其本性"。[1]因为根据立法技术的一般原理，法律规定的详略与行政自由裁量权成反比。实际上，行政自由裁量权的普遍性存在，本身就说明立法的局限与无奈。

2. 行政程序

面对立法控制的难题，人们开始寻求行政自由裁量权控制的新方式。行政程序作为行政主体实施行政行为时必须遵守的方式、步骤、空间、时限的总称，就是这样一种新方式。实际上，20 世纪行政程序在英美日益受到重视，与行政自由裁量权的发展息息相关，特别在美国，行政程序法的制定针对的就是"新政"时期行政机关广泛地行使紧急应变权（这种紧急应变权中包含了广泛的自由裁量权）。所以，英国行政法学家威廉·韦德在对自由裁量权与合法性的专题论述中指出："法治要求法院阻止政府滥用权力。为此，法院采用了许多引人注目的方法，从法律的字里行间找弦外之音，既从实体法，也从程序法上发展把行政权控制在恰当导向之内的普通原则。"[2]如果说，在自由资本主义时期，对权力的制约主要靠实体的限制，即"管得越少的政府就是越好的政府"的话，那么在现代社会在实体上赋予政府以强大权力的情况下，对这种权力的制约在更大程度上是诉诸程序，"程序的控制之所以重要，就是因为在实体上不得不赋予行政机关很大的权力，"[3]而"程序的实质是管理和决定的非人情化，其一切布置是为了限制恣意、专断和（任意）

---

〔1〕 D. J. Galligan, "The Nature and Function of Policies Within Discretionary Power", (1976) *Public Law* 332.

〔2〕 ［英］威廉·韦德：《行政法》，徐炳等译，中国大百科全书出版社 1997 年版，第 26 页。

〔3〕 王名扬：《英国行政法》，中国政法大学出版社 1987 年版，第 62~64 页。

裁量"。[1]因此，通过行政程序对权力的行使进行事前和事中的监督与制约，防止行政权的滥用，促进行政权行使的效率，平衡行政权和相对人权利之间的关系，保障相对人的合法权益，已成为现代行政法的一个重要特征。"自由裁量并不限于实体选择，还扩展到程序、方法、形式、时间、重要程度和许多其他的限定因素。"实际上，"因为行政法着眼于程序，行政法学者与法院并不对实体选择怎样作出感兴趣，而对行政人员在作出选择时如何运用自由裁量权感兴趣"。[2]

就行政程序而言，程序理性的中心问题就是通过一系列的程序机制限制自由裁量权，尽可能地保证自由裁量权行使的理性化。自由裁量权的中心是选择，而选择的基础总是与判断相联系，选择与判断又总是以一定的程序来进行的。因此通过法律程序的机制使自由裁量权的行使理性化，对于程序正义而言就显得更为重要。一般认为，行政程序的主要机制可以归结为两个方面：第一，给出所做决定的理由；第二，程序在结构上遵循形式理性的要求。[3]

对于程序正义的实现来说，说明理由的核心意义就在于，对程序操作过程中的自由裁量权进行一种理性的控制，促使人们建立起对法律程序公正性的信心。对于法律程序而言，说明理由的要求有以下方面的意义。①对决定说明理由的程序要求可以增强人们对决定合理性的信心，因为至少在形式上它表明决定是理性思考的结果，而不是恣意。②对于那些对决定不满

---

〔1〕 季卫东："法律程序的意义——对中国法制建设的另一种思考"，载《中国社会科学》1993年第1期。

〔2〕 Kenneth F. Warren, *Administrative Law in the Political System.* New Jersey: Prentice Hall, 1996, pp. 363~364.

〔3〕 王锡锌："程序正义之基本要求解释：以行政程序为例"，载罗豪才主编：《行政法论丛》（第3卷），法律出版社2000年版，第310~311页。

而准备提起申诉的当事人来说，说明理由可以使他们认真考虑是否要申诉，以何种理由申诉。③让将要受到决定影响的当事人了解该决定作出的理由，体现了程序公开这一价值，也意味着对当事人在法律程序中的人格与尊严的尊重。④对于裁判者来说，为自己作出的决定说明理由，意味着他在行使权力、作出决定的过程中，必须排除恣意、专断、偏私等因素，因为只有客观公正的理由才能经得起公开的推敲，才能够有说服力与合法性。说明理由是对自由裁量权进行控制的一个有效机制。⑤对一个决定来说，说明理由不仅使人们知其然，而且可以使人们知其所以然。因此，说明理由是行政程序的基本要求，是法律程序体现正义的必要条件之一。

如果说明理由的程序制度更侧重于从实体的标准和依据方面来制约行政自由裁量权的话，形式理性更侧重于从形式上对自由裁量权进行制约，要求通过法律程序而作出的决定至少应当在形式上或逻辑上符合理性的要求。为了获得这种程序理性，程序的操作或设计应当考虑三个方面的要求。①程序的步骤在运行过程上符合合理的顺序。②程序应当能够保证在给定同样的条件时产生相同的结果，即决定的一致性、遵守先例以及与法律规则的一致。③程序的操作应当遵循职业主义原则，主持或操作法律程序的主体应是合格的。虽然职业主义原则与控制自由裁量权并没有直接的关系，但对于程序理性和自由裁量权的合理行使并非没有关系。首先，职业主义意味着专业化，对于自由裁量权的行使而言，专业化的程序操作者比外行更有可能作出合理的判断，至少在形式上看是如此；其次，职业主义原则有助于保证决定之间的一致性。

行政程序对行政自由裁量权的控制是一种事中的跟踪性控制，程序固有的中立、抑制恣意、平衡等多种特点和功能很快使其占领了行政法研究的制高点。行政程序在防止行政自由裁量权的滥用方面的确能够起到很大作用，但是，行政程序并不能避免行政自由裁量权的滥用。

3. 司法审查

司法权对行政权的控制成为当代西方行政法治的最重要问题之一，而司法权对行政自由裁量权的控制便成为当代各国政府的焦点所在。[1]自由裁量并不是无限制的，当立法机关忽略授权所带来的行政专断和滥用权力问题时，司法机关应该负责解释立法机关的立法意图与立法精神，法院在这里的任务就是判断行政机关是否滥用自由裁量权，是否违背立法意图与立法精神，从而控制行政权力维护法治原则。"当自由裁量权既不能受到审查也不可以复审时，自由裁量就是绝对的。"[2]"专断权力与无拘束的自由裁量权乃是法院所拒绝支持的。"[3]因此，行政自由裁量权与司法审查的关系一直是当代西方行政法治的核心问题，它们相互关系的展开与转换构成了整个行政法的历史，[4]甚至有人指出没有司法审查就没有行政法，司法审查应成为控制行政自由裁量权最有力和最有效的机制。

众所周知，英国与美国等普通法国家的行政法实际上是以司法审查为核心构建起来的，这当然与其司法在宪政秩序中处于较为重要的地位有关。而在大陆法系国家，特别是法国，行

---

　〔1〕　孙笑侠：《法律对行政的控制》，山东人民出版社 1999 年版，第 284 页；王振宇："行政裁量及其司法审查"，载《人民司法》2009 年第 19 期。

　〔2〕　K. C. Davis, *Discretionary Justice*：*A Preliminary Inquiry*, Louisiana State University Press, 1969, p. 152.

　〔3〕　[英] 威廉·韦德：《行政法》，徐炳等译，中国大百科全书出版社 1997 年版，第 56 页。

　〔4〕　傅思明：《中国司法审查制度》，中国民主法制出版社 2002 年版，第 208 页。

政法也同样是通过行政法院的判例建立起来的。这说明某种必然性因素的存在。因为行政法的基本功能与作用是控制与规范行政权，而这种思想的最终落脚点应当是在司法审查上（行政诉讼），或者说，主要依靠司法审查来贯彻。[1]

  鉴于自由裁量权的固有特性，对行政自由裁量权的司法审查来说，实际上存在一个司法自由裁量权和行政自由裁量权交织难辨的问题。[2]立法能力的有限性，在很大程度上需要通过有效的司法审查来弥补，但是如果审查标准不能精确地、较为客观地确定下来，那么必然会加剧法的不确定性和不可预测性，会不适当地扩大法官的自由裁量权，会变成地地道道的用司法自由裁量来替代行政自由裁量。这不仅有损于案件判决的客观性与客观效果，而且很有可能是赶走了"前狼"（行政自由裁量专横）又引来"后虎"（司法自由裁量专横）。司法的目的不同于行政的目的，在行政自由裁量权和司法自由裁量权相交织的领域，司法要实现对行政的控制，必须从司法权所维护的基本价值的角度，提供比行政更加充分的理由。[3]

  综上可知，无论是立法控制，还是行政程序与司法审查，他们都属于行政自由裁量权的外部控制方式，都具有不可克服的局限性，因而都不是控制行政自由裁量权的有效方式。因为，只有具有很好的专门业务知识与经验的，具有良好职业道德的，克服了消极行使权力及滥用权力倾向的行政人员才能最好地行使自由裁量权，这是自由裁量权作为一种法律权限内的"自由权力"的本质决定的。因此，要有效控制行政自由裁量权，必

---

〔1〕 余凌云：《行政自由裁量论》，中国人民公安大学出版社 2005 年版，第 6 页。

〔2〕 沈岿："论行政诉讼中的司法自由裁量权"，载罗豪才主编：《行政法论丛》（第 1 卷），法律出版社 1998 年版，第 518~519 页。

〔3〕 余凌云：《行政自由裁量论》，中国人民公安大学出版社 2005 年版，第 7 页。

须寻求新的控制方式。这种方式必须能够超越法律控制的范畴，深入行政自由裁量权的内部，而要做到这一点，就要求在客观上对行政人员的能动性素质进行控制，从而保证这种"自由权力"的正当、积极行使。

(四) 行政自由裁量权的伦理控制

行政自由裁量权的行使应该遵循哪些伦理准则，这是行政自由裁量权的伦理机制发挥作用的重要基础。这就需要确立科学、合理的伦理规则，让行政人员知道什么是应当做的和什么是不应当做的，使行政人员有着正确的道德价值定位和价值取向。厄威克 (D. P. Warwick) 认为，一个健全的行政自由裁量行为应考虑以下几个伦理原则：公共取向 (public orientation)、反省性选择 (reflective choice)、真诚 (veracity)、程序的尊重 (procedural) 与手段的限制 (restraint means)。[1]兹介绍如下：

(1) 公共取向。指的是公共利益的实现。虽然在官僚体系中，公共利益的考量有时未必会与个人利益、组织利益或辖区民众利益相冲突，但是到头来公共善意 (common good) 应该超越它们，成为道德模糊判断的标准。这也是卢梭一再主张的局部意志不应超越和扭曲一般意志。

(2) 反省性选择。虽然行政人员的决策行为不可避免地受到环境压力与个人能力等的限制，但他仍然有许多空间做反省性选择。这主要包括：首先，深入了解政策所要处理问题的性质与底蕴，不因对问题的初始错误认识而贻害了政策行为。其次，明确阐述所要提升与保护的价值，而不是盲目地径自拥抱它。再次，政策信息的使用是否恰当、可靠以及是否作过谨慎评估。最后，价值与事实、政策方案与问题间的联系是否合理

---

〔1〕　D. P. Warwick, The Ethics of Administrative Discretion, in J. L. Fleishman *et al.* (eds), *op. cit.*, 1981, pp. 93~127.

和具有说服力，能否经得起持续的分析与探讨。

（3）真诚。指的是公务人员从事公务时应发自内心地诚恳，就其所知的事实真相善意地表达，而不是言不由衷，有意地操纵、误导和愚弄民众。尤其当民众面对官方语言与法规感到迷惑不解时，行政人员更应耐心细致地解说，使之了解与知悉。在此前提下，行政人员至少要做到以下三点：避免撒谎；向上级主管提供相当可信的信息；尊重他人的观点和对自身看法的怀疑和挑战。

（4）对程序的尊重。行政人员如果太拘泥于程序规则，往往会促成行政人员的物化人格，以遵守法规为目的，而忘却法规背后的真正目的，形成目标错置的现象。但是，行政人员应遵守法规与程序，依法办事，乃是其应尽的本分；否则，每个行政人员违反职权、破坏法律、任性而为，则整个官僚体系将无法维持，行政的稳定性亦不可得。曾有美国学者指出，法规程序有助于提升公务行为的公平、开放与责任，而那些回避程序者及官员的任性将是文明秩序的死敌。

（5）手段的限制。任何手段的运用，除了会达成预期的目标外，总会附带一些反作用或反功能，尤其是手段的不当使用经常会破坏法律的规定，侵犯人权，形成管制不公，产生身体、精神或社会伤害以及带来民众对政府的不信任等。因此，一些先进的民主国家在使用或引进各种行政技术或政策时，无不小心翼翼；同理，当行政组织在实施某一政策或应用某种行政工具来达成目标时，则应审慎地研究讨论，不要恣意横行，偏颇一方，以免顾此失彼，因小失大。

第五章

行政行为设定论

一、行政行为设定的内涵

在我国，"设定"一词首先出现在 1996 年出台的《行政处罚法》中，接着 2003 年《行政许可法》和 2011 年《行政强制法》相继采用"设定"一词，2015 年修改的《立法法》中也采用了"设定"一词，尽管这四部法律文件都出现"设定"一词，但并没有界定"设定"的概念。何谓"设定"？"设定"是指"创设"和"规定"，还是单指"创设"？学界对此有诸多争议。[1] 这就需要从立法本身和立法目的去审视立法本身的价值，探究立法中"设定"的内涵，使其符合立法本身的规定，并总体上符合当前的立法趋势，指导我国行政行为的设定问题。

（一）设定与规定的界定

尽管我国当前四部行政法律文件没有界定"设定"的内涵，但是根据四部法律文件的具体法律条文，我们可以明确的是，"设定"应该是区别于"规定"的一个范畴，不能将"规定"等同或归属于"设定"，设定和规定是两种不同性质的立法行为。

"设定"最初的含义是"陈设固定"或"拟定"，随着时间的推移，人们又赋予其新的含义，使其更加清晰明确，像在文

---

[1] 邱瑞虹、王东风："论行政许可设定权"，载《法制与社会发展》2000 年第 6 期。

学或者游戏等领域中以设计、制定为基本含义，如设定人物、场景，又如设定游戏背景等。但在法律这一特殊领域，设定又有其特殊的含义，使其在法律领域中能够应用自如，符合立法机关的立法目的。设定作为行政立法中的重要内容，我们必须对其进行探讨和研究。

设定是一种创设新的法律规则的立法行为，在原属法律空白的领域中，以创设法律规则的形式，使法律规则实现一个从无到有的转变。凡是被"设定"出来的法律规则均具有创新性，不存在隶属性，即有关这些法律规则所涉及的具体事项不存在更高级的法律规则，它们不是从任何更高级的法律规则中派生出来的，它们具有自己特有的创造性特征。行政行为的设定属于立法的范畴，它由且只由享有相应立法权的机关来完成。但它本身并不能自动直接地产生现实的行政行为，它一方面为社会成员提供一种警示，使社会成员预知在何种情况下会导致行政行为的发生，另一方面，它为相关行政主体实施特定的现实行政行为提供依据。

设定本身就是一种立法行为，最早出台的《行政处罚法》也将设定看成是创设新的法律规则的立法行为。《行政处罚法》第 10 条规定，"行政法规可以设定除限制人身自由以外的行政处罚"，为行政法规创设了一种新的法律规则，即除了限制人身自由以外的行政处罚，行政法规都可以设定。这种法律规则的设定，为保证行政处罚的实施提供了强有力的保证，同时也保证了政府权力不被滥用和扩大，真正做到法无授权不可为。

那么"规定"又该如何界定呢？所谓规定是指将上位法的原则性规定或比较概括性的规定加以具体化，即在上位法的原则性规定内对下位法进行规定，或者对比较概括性的规定加以细致化。行政行为的规定属于行政执法的范畴，它必须受我国法律体系"根据原则"的制约，即低位阶的法律规范必须根据高位阶的法律规范制定，并不得与高位阶的法律规范相抵触，抵触的则无效。规定不含有、也不允许含有设定的内容，它不会对法律进行创造性的发展，更多是对原则的具体化，对法律实施的主体、程序、条件进行明确化规范，为相对人提供一个明确的守法的途径。

从"设定"和"规定"在法律领域的特定内涵可以看出，它们之间最主要的区别在于是否创设了新的权利义务关系。设定，是创制性立法行为，创设了新的权利义务关系，体现了它的创造性，如设定行政处罚时，需要明确哪些行为应受处罚、实施什么种类的处罚、在某一种类中实施什么程度的处罚、由什么机关去实施处罚、该机关依据什么程序去处罚；受处罚人不履行义务时如何去强制执行、受处罚人在处罚过程中的权利义务，等等。这些无不涉及权利义务关系。总的来说，设定解决的是"从无到有"的问题，是一个具有创新性的范畴。而对于规定，它是执行性立法行为，并没有创设新的权利义务关系，仅仅是将权利义务进行更加细致的规定，所以，规定解决的是"从粗到细"的问题。基于此，学术界那些将规定归属于设定的人，没有从我国行政行为的实际情况去考虑，如果将行政行为的设定包含规定，那么没有行政行为设定权（此处包含规定权）的法律文件，就无权对有关行政行为作细化的规定，所以，应当将行政行为的设定区别于规定。

近几年学界对行政行为的设定研究较少，而且局限于对行政单行法的研究领域，对行政行为的设定缺乏一个系统的全面的概括，各项单行法对于设定的主体、程序、权限等方面有着不同的规定。学者们更倾向于对一个方面进行研究，例如对行政处罚设定的研究，对行政许可设定的研究等，对某一特定领域的行政行为设定的研究，更符合特定领域的立法需求。如果从总体上去探究行政行为的设定，我们可以行政法三部曲为基础，采用比较分析的方法，研究其所具有的共同性与特殊性。

（二）规制设定权与规定权的重要性

规制"设定权"与"规定权"，其重要性是显而易见的。[1]如关于行政许可，如果设定与规定不分，行政机关就可能随意设定行政许可，随意扩大行政许可的范围。规范行政许可设定，明确哪一层次的法律规范可以设定行政许可，哪一层次的法律规范不能设定行政许可，而只能根据上位阶法律规范对行政许可作一些具体化的规定，这样，明确了设定权的归属，方可扭转乱设行政许可的混乱局面。同样，关于行政强制，过去由于行政强制的设定权不明确，不仅法律设定行政强制，法规、规章也设定行政强制，甚至规章以下的规范性文件也在设定行政强制。其后果是，行政机关在实施管理过程中滥用行政强制，侵害了公民、法人或其他组织的合法权益。明确区分行政强制的设定权与规定权，可从源头遏制这种乱象。

规制"设定权"与"规定权"，从控权的角度讲，其重要性在于能够遏制行政立法权的膨胀，防止行政专断。行政机关作为执法机关，其所执行的法，是广义上的法，这其中当然包括权力机关所制定的法律，但是从数量上来说，更多的则是行政机关自己制定的行政规范性文件。按行政法学上的通说，行政机关制定行政规范性文件的行为称为抽象行政行为，包括两个层次：一是行政立法，指行政机关制定行政法规和行政规章的活动；二是行政机关发布规章以下的规范性文件的活动。我们对违法行政，往往比较关注违法的具体行政行为，而对违法

---

[1] 林秋萍："行政法领域的'设定权'与'规定权'"，载《河北法学》2014年第11期。

的抽象行政行为有所忽略。实际上，违法抽象行政行为的危害远胜于违法具体行政行为，因为抽象行政行为是具体行政行为的依据，只要某一个违法的行政规范性文件不被撤销，就会有众多违法的具体行政行为产生而贻害社会。在我国，行政机关的立法权呈日益扩张的态势，规章以下的规范性文件，更是基本处于失控状态。因此，遏制违法行政，必须从源头上把好关，应该从规制行政行为的设定权与规定权人手。

二、行政行为设定的原则

行政行为的设定属于立法的范畴，不论它由立法机关行使还是由行政机关行使，其本身就是一种立法行为，所以，行政行为的设定，具有一般立法行为的属性，因此必须遵循一般立法行为的原则和规则。同时，行政行为的设定作为创设行政行为的权力，特别是涉及创设"侵害或限制"行政时，就必须面临其独有的问题，因此，行政行为的设定必须有其特有的原则和规则。研究行政行为设定的原则，既不能置立法行为的　般原则而不顾，也不能仅就行政行为设定的特有原则进行讨论。要研究行政行为设定的原则，就必须注意二者的关联性和延续性，同时又要注意行政行为设定原则的特殊性。

基于我国立法指导思想和基本原则，以及我国《立法法》确立的立法原则，我们对行政行为设定的一般原则进行讨论。立法指导思想是立法主体据以进行立法活动的主要准绳，是为立法活动指明方向的理性认识，它反映了立法主体根据什么思想、理论立法和立什么样的法，是执政者的法律意识在立法上的集中体现。立法基本原则是立法主体据以进行立法活动的主要准绳，是立法指导思想在立法实践中的重要体现。它反映了立法主体在把立法指导思想与立法实践相结合的过程中特别注意什么，是执政者立法意识和立法制度的重要反映。我国的《立法法》在总则中规定了我国立法应当遵循的指导思想和基本原则，主要包括：①立法应当遵循宪法的基本原则；②立法应当依照法定的权限和程序；③立法应当体现人民的意志；④立法应当从实际出发，科学合理地规定权利与义务、权力与责任。也就是所谓的法治原则、民主原则、科学原则。

《立法法》是针对立宪之外的一般性的立法活动而设计和规定的，具有根本性、基本性和一般性的特点，对于我们探究行政行为设定的基本原则有指导性意义。而行政行为设定的原则，对设定各类行政行为、行政行为的实施程度、由哪些行政机关行使具有指导性意义。行政行为的设定权属于立法的范畴，因而行政行为设定的原则也属于立法原则，是立法原则在行政行为设定方面的具体化和特定化。

从目前情况看，鲜有学者对行政行为设定的原则进行研究，只能以行政法三部曲为基础，对行政行为设定的原则进行概括。首先，这个基本原则必须处在当前新时代中国特色社会主义的法治体系之下，并且设定的原则必须符合法治体系的要求；其次，设定的基本原则要符合新时代中国特色社会主义法治理念，使行政法更好地适应社会的发展，符合当前我国建设法治国家、法治政府、法治社会的新理念；再次，行政行为的设定主体应当统一，不应该过度下放权力，否则无疑是对立法权的侵害，容易造成各行其是的局面；最后，行政行为的设定应当对行政行为实施的主体、条件、权限等一并进行创设，达到控制和监督的目的。这是对行政行为设定原则提出的要求。具体说来，行政行为设定的原则主要包括：

1. 设定权与实施权分离原则

设定权与实施权分离，是指创制性立法权与执行权要互相分离。本着这一原则，拥有设定权的机关不应享有实施权，而拥有实施权的机关不应享有设定权，只可享有规定权。[1]近代英国思想家洛克曾说过："如果同一批人同时拥有制定和执行法律的权力，这就会给人们的弱点以绝大诱惑，使他们动辄要攫取权力，借以使他们自己免于服从他们所制定的法律，并且在制定和执行法律时，使法律适合于他们自己的私人利益，因而他们就与社会的其余成员有不相同的利益，违反了社会和政府的目的。"[2]历史经验证明，权力过分集中，相应的监督和制约机制就难以建立起来，容易导致权力的滥用。目前，我国行政机关创制法律规范的权力过于膨胀，某些行政机关集立法权、执法权于一身，是社会不公、腐败的一大原因。如任凭行政立法权无限扩张，必然造成权力机关立法权的旁落和流失，造成立法权与执法权集中于同一机关之手，导致行政专断。行政机关自己为自己设定权力的现象，是违背行政法治原则的，只有使设定权与实施权分离，才能够对权力形成有效的制约。

2. 设定主体明确原则

不仅要明确行政行为设定的立法机关，同时对于某些可以授权的行政行为，不仅要明确它的授权机关和被授权机关，还要对授权的具体内容作出限制。这是对哪些主体享有设定权的明确。全国人大及其常委会不管在何种行政行为下当然具有设定的权力，这是对我国最高权力机关享有最高立法权的确认，其他权力机关或行政机关有法律的明确授权或法规的依据才享有设定权。对设定主体进行规定，可以防止行政主体对设定权

---

〔1〕　林秋萍："行政法领域的'设定权'与'规定权'"，载《河北法学》2014 年第 11 期。

〔2〕　［英］洛克：《政府论》（下篇），叶启芳、瞿菊农译，商务印书馆 1964 年版，第 89 页。

的滥用，确保设定主体的明确性，避免政出多门的现象。

3. 权利保护原则

保护权利是现在法治所共同追求的价值。行政行为设定权利保护原则是法律制度权利保护原则的具体化，是法治国家对行政行为设定的基本要求。行政行为的本质是创设新的权利义务关系，是对行政行为的主体、条件、方式以及行政行为实施的程序作出设计和判断。行政行为设定实质上是对公共权力和行政相对人权利进行处理的过程，在这个过程中，政府对公共秩序和公共利益的追求，常常会忽视对相对人权利的保护。如果行政行为的设定过度偏向公共权力，就会造成失衡，侵害相对人的利益。确立权利保护原则，对于公正、理性、有效和充分地行使行政行为的设定权，不仅是必要的，而且是必须的。行政行为设定的保护原则要求在设定时，以保护权利作为第一要务，并寻求权利保护和公共权力行使之间的平衡，这是保护相对人权利的有效手段。

4. 法制统一原则

立法应当维护社会主义法制的统一和尊严。是否拥有设定权，须以宪法、立法法为基本依据。遵循法制统一原则，应做到以下几点：其一，关于各项行政权力，某一层次的法律规范是否拥有设定权，应该统一。如部门规章，《立法法》第80条第2款明确了它的立法权限，即"部门规章规定的事项应当属于执行法律或者国务院的行政法规、决定、命令的事项。没有法律或者国务院的行政法规、决定、命令的依据，部门规章不得设定减损公民、法人和其他组织权利或者增加其义务的规范，不得增加本部门的权力或者减少本部门的法定职责"。这一规定明确表明，部门规章不是创制性的立法，而只能是执行性的立法，即将上位法的原则性规定或比较概括性的规定细化为比较具体的、可操作性的规定。显然，《行政处罚法》赋予部门规章行政处罚设定权，与《立法法》的规定相矛盾。当然，这跟《行政处罚法》是在《立法法》之前出台有关，今后应取消部门规章的行政处罚设定权。《行政许可法》和《行政强制法》均是在《立法法》之后颁布的，它们遵循了《立法法》对规章立法权限的规定，没有赋予部门规章行政许可和行政强制的设定权。无论是对于行政处罚、行政许可和行政强制，还是其他行政权力，部门规章的立法权限应当是统一的。同理，省级政府规章可以设定为期一年的临时许可，与《立法法》第82条第6款的规定"没有法律、行政法规、地方性法规的依据，地方政府规章不得设定减损公民、法人和其他组织权利或者增加其义务的规范"是不一致的。其二，对各项行政权力的设定权与规定权均应予以规范。不仅要规范行政处罚、行政许可、行政强制的设定权，对其他行政权力的设定权，尤其是行政征收领域的设定权，同样要予以规范，要从源头遏制乱收费现象。其三，地方性法规和地方政府规章的设定权不应过于扩张。立法主体太多，立法权过于分散，法出多门而又不一致，会给执法工作带来极大的负面影响。因此，要弱化地方立法的设定权，强化地方立法的规定权。

5. 法律监控原则

行政行为设定的法律监控规则与权利保护原则是同一个问题的两个方面，权利保护原则是全方位的，既包括使相对人不受其他相对人的侵害，也包括相对人不受来自公权力的侵害。但从行政法目的上来说，权利保护原则意在保护相对人的权利不受来自公权力的侵害。当前，公权力的行使已经渗入到人们生活的方方面面，公权力往往会因为运作不规范和违法失职而侵害到公民的权利，因此，仅权利保护原则是不够的，确立行政行为设定的法律监控原则是非常有必要的。对行政行为设定的法律监控原则的要求也要进行规定：设定的法律文件不得与宪法相抵触，有权机关可以撤销或改变与宪法相抵触的法律文件，即合宪；行政行为的设定要有法律依据，即合法；设定行政行为的机关要在其职权范围内，即有权；最后，法律监控原则也要求对行政行为的设定进行具体的明确。"合宪、合法、有权"是法律监控原则最基本的要求。

上述行政行为设定的原则，都是行政行为设定过程中应该遵守的，可能对于不同的行政行为，其设定的内容要求不同，但是从根本上来说，这是其所必须遵守的原则。

三、行政行为设定的内容

行政行为设定的内容包括设定的范围或种类、设定的主体或形式以及设定权限等问题，且我们面临的是多种行政行为，不同行政行为设定的范围、主体、权限等不同，以行政立法三部曲，即《行政处罚法》《行政许可法》和《行政强制法》为例，进行比较和讨论。

（一）行政行为设定的种类

《行政处罚法》《行政许可法》和《行政强制法》作为行政法最重要的法律，设定了符合各自立法目的的种类形式。

对于《行政处罚法》而言，简单明了地设定了行政处罚的种类，《行政处罚法》第8条规定了行政处罚的七种处罚种类：①警告；②罚款；③没收违法所得、没收非法财物；④责令停产停业；⑤暂扣或者吊销许可证、暂扣或者吊销执照；⑥行政拘留；⑦法律、行政法规规定的其他行政处罚。

对于《行政许可法》而言，只规定了行政许可的设定事项，不过《行政许可法》采取了肯定设定和否定设定的方法，对行政许可的事项进行了列举，《行政许可法》第 12 条采用肯定的设定方法，对哪些事项可以设定行政许可进行了列举，包括：①直接涉及国家安全、公共安全、经济宏观调控、生态环境保护以及直接关系人身健康、生命财产安全等特定活动，需要按照法定条件予以批准的事项；②有限自然资源开发利用、公共资源配置以及直接关系公共利益的特定行业的市场准入等，需要赋予特定权利的事项；③提供公众服务并且直接关系公共利益的职业、行业，需要确定具备特殊信誉、特殊条件或者特殊技能等资格、资质的事项；④直接关系公共安全、人身健康、生命财产安全的重要设备、设施、产品、物品，需要按照技术标准、技术规范，通过检验、检测、检疫等方式进行审定的事项；⑤企业或者其他组织的设立等，需要确定主体资格的事项；⑥法律、行政法规规定可以设定行政许可的其他事项。《行政许可法》第 13 条以否定的方式规定了不可以设定行政许可的事项，包括：①公民、法人或者其他组织能够自主决定的；②市场竞争机制能够有效调节的；③行业组织或者中介机构能够自律管理的；④行政机关采用事后监督等其他行政管理方式能够解决的。

对于《行政强制法》来说，行政强制分为行政强制措施和行政强制执行，它们有各自的种类，分别规定在《行政强制法》第 9 条和第 12 条，同时每种行政强制措施又有自己独特的形式和特点。其中，行政强制措施的种类包括：①限制公民人身自由；②查封场所、设施或者财物；③扣押财物；④冻结存款、汇款；⑤其他行政强制措施。行政强制执行的方式包括：①加处罚款或者滞纳金；②划拨存款、汇款；③拍卖或者依法处理查封、扣押的场所、设施或者财物；④排除妨碍、恢复原状；⑤代履行；⑥其他强制执行方式。

（二）行政行为的设定权限

《行政处罚法》《行政许可法》和《行政强制法》分别明确了行政处罚、行政许可和行政强制的设定权限。《行政处罚法》赋予法律、行政法规、地方性法规、部门规章和地方政府规章不同程度的行政处罚设定权和规定权。根据《行政处罚法》，不但行政法规享有设定权，国务院部门规章和地方政府规章也有一定的设定权，可以设定警告和一定数额的罚款。《行政许可法》赋予法律、地方性法规、行政法规、国务院决定、省政府规章不同程度的行政许可设定权和规定权。为防止部门利益膨胀和地方保护主义，《行政许可法》禁止部门规章设定行政许可，地方政府则只有省政府规章有权设临时性许可。与《行政处罚法》相比，《行政许可法》相对提高了设定层级。《行政强制法》将行政强制措施的设定权赋予法律、行政法规、地方性法规，规章无论是国务院部门规章，还是地方政府规章，均不得设定任何行政强制措施。法律对强制措施的对象、条件、种类作了规定的，行政法规、地方性法规不得作出扩大规定；法律中未设定行政强制措施的，行政法规、地方性法规不得增设行政强制措施。行政强制执行则只能由法律设定，行政法规、地方性法规、规章均不得设定行政强制执行。行政强制是最典型的侵益性行政行为，相较于《行政处罚法》对行政处罚设定权的配置和《行政许可法》对行政许可设定权的配置，《行政强制法》对行政法规、地方性法规、规章的授权显然更加严格。

三大行政法在关于行政行为的设定权限上，对设定权限的规范性文件的要求上，最宽泛的是行政处罚，其次是行政许可，最后行政强制是最为严格的。除法律、法规都可设定三大行政权外，行政处罚在设定权上放宽到所有规章，行政许可的设定权则只有一部分规章即省级政府规章才有设定权，在行政强制的设定上所有的规章都无设定权。

根据行政法制的基本原理，凡是对相对人有利的行为，对其的限制相对来说就应该宽松些；凡是对相对人不利的行为，对其的限制相对来说就应该严格些，对相对人产生的不利影响越大，对其限制就应该越大。行政许可就其性质而言，是对一般禁止的解除，是对自由的恢复。因此，行政许可属于授益性行政行为，因而对它设定的限制相对应该宽松些。行政处罚就其性质而言，是一种损益性行政行为，其结果是使特定行为人的声誉、能力、财产或人身自由受到不利的影响或损害，因此，对其设定的限制相对应该严格些。正如华东政法大学沈福俊教授所言，行政处罚是对相对人权利的限制或剥夺，属于行政制裁，而行政许可是要赋予相对人权利。因此，对行政处罚设定的限制理所当然应该比对行政许可要求更高。[1]行政强制包括行政强制措施与行政强制执行，是一种典型的损益性行政行为，因而对它设定的限制应该最严。因此，三大行政行为设定权的配置从宽到严，排序应该是"行政许可——行政处罚——行政强制"，而不应该是现在的"行政处罚——行政许可——行政强制"，这也正是学界对部门规章行政处罚设定权提出非议之所在。[2]

（三）行政行为设定的规则

由于《行政处罚法》制定时间较早，没有规定行政处罚行为的设定规则问题，而《行政许可法》《行政强制法》均规定了行政行为的设定规则问题。我们可以根据后两部法律的规定，

---

〔1〕　沈福俊："部门规章行政处罚设定权的合法性分析"，载《华东政法大学学报》2011 年第 1 期。

〔2〕　武勇："三大行政权设定权之比较"，载《集宁师范学院学报》2013 年第 1 期。

总结出行政行为的设定规则问题。

1. 坚持设定法定原则

设定法定原则是合法行政原则在行政行为设定领域中的具体体现。行政行为的设定属于立法行为，必须依照法定的权限、范围、条件和程序进行。如《行政许可法》第 4 条规定，"设定和实施行政许可，应当依照法定的权限、范围、条件和程序。"《行政强制法》第 4 条规定，"行政强制的设定和实施，应当依照法定的权限、范围、条件和程序。"设定法定原则包含三个方面：①按照法定的权限设定行政行为。设定权必须有明确的法律或法规依据，遵循"法由法定、权依法使"的原则；有权设定行政许可的机关，应当按照《立法法》规定设定行政行为；没有行政行为设定权的机关和组织，一律不得设定行政行为。如《行政许可法》规定，行政许可的设定只能由全国人大，国务院，有权制定地方性法规的省、市人大及其常委会，有权制定地方政府规章的省级人民政府行使。②按照法定的范围设定行政行为。所设定的行政行为必须符合法律规定可以设定行政行为的事项或种类范围。如《行政许可法》对可以设定行政许可的事项进行了列举，主要涉及国家安全，公共安全，人身健康，生命财产安全，自然资源的开发利用和公共资源的配置及特定行业的市场准入，公民、法人或者其他组织的资格资质，确定企业或者其他组织的主体资格等方面的事项。并且即使是上述事项，如果通过市场竞争机制调节、行业组织和中介机构自律性管理或者采用事后监督方式，能够予以规范和约束的，可以不设定行政许可。按照法定的范围设定行政行为，就是设定行政行为要严格依据法律、法规的规定，设定机关不得擅自扩大行政行为的项目或种类。③按照法定的程序设定行政行为。设定行政行为按照法定程序，就是要遵守有关的立法程序。法律由全国人大或者其常委会制定。全国人大常委会审议制定法律，一般实行三审制，也就是只有经过三次常委会会议审议后才能交付表决。行政法规由国务院常务会议或者全体会议讨论决定，以国务院令的形式发布。地方性法规由省级人大或者其常委会制定或者批准。在立法过程中，要广泛征求和听取意见，听取意见的方式可采取座谈会、论证会和听证会等形式。

2. 设定明确原则

立法是执法的前提，完善的立法是公正执法的必要保证。目前行政行为存在许多乱的原因，有设定权乱的原因，还有法律、法规设定行政行为时规定得不具体，导致实施中行政行为的乱。如行政行为实施机关的管辖没有划分清楚，大家都有权管，从而导致实施中部门争管辖权、重复执法的现象；没有规定条件或者条件不具体，导致执法者没有好处不执法，有了好处乱执法；没有程序或者程序复杂当事人的权利无从保护；没有期限或者期限不明确，有些行为长期拖着不办，也不答复，影响行政效率等。立法只规定要实行行政行为，而不规定行政行为的条件、程序和期限，是人治而不是法治，最终的结果会导致行政专断和执法腐败。因此，应在立法中明确规定行政行为的实施机关、条件、程序与期限。如《行政许可法》第18条规定，"设定行政许可，应当规定行政许可的实施机关、条件、程序、期限。"

3. 设定民主原则

立法应当体现人民群众的意志，反映人民群众的意见、要求和建议。起草法律、法规草案是立法的一个环节，也需要体现立法民主的要求。随着行政管理专业性、技术性的增强，立法还要听取各方面专家的意见。立法就是要在各方利益上画杠杠，要保证立法的公正性、科学性，就要协调好全局利益与局部利益、集体利益和个人利益、长远利益和眼前利益等的关系。为了保证立法质量，起草法律、法规草案可以采取论证会、听证会等形式，听取方方面面的意见，不仅听管理部门的意见，还要听被管理方的意见；不仅要听利益相关人的意见，还要听专家的意见。立法是要确立行为规则，要建章立制，每一项制度的确立都不可能只有利，没有弊，只有收益，没有成本。这就要求起草单位对拟设定行政行为说明理由，有助于立法机关判断设定行政行为的必要性、可行性，减少不必要的行政行为。起草单位的说明包括：设定该行政行为的必要性；对经济和社会可能产生的影响；听取和采纳意见的情况。如《行政强制法》第14条规定，"起草法律草案、法规草案，拟设定行政强制的，起草单位应当采取听证会、论证会等形式听取意见，并向制定机关说明设定该行政强制的必要性、可能产生的影响以及听取和采纳意见的情况。"

4. 设定评价原则

根据辩证法的观点，一切事物都是运动的，反映事物规律的制度也要与时俱进，要放在一个动态的过程中进行考察，要随着社会的发展而作出相应的调整。对于一项具体的行政行为，其设定的时候可能是必要的，但经过一段时间，这种必要性可能就降低，再实施下去，可能就会弊大于利，阻碍经济和社会的发展。因此，对于设定的行政行为应当进行评价，并根据评价结果对设定该行政行为的规定及时予以修改或者废止。所设定行政行为的评价主要包括三个方面：①设定机关的评价。行政行为主要是由国家立法机关、国务院和地方立法机关设定的，最终的修改和废止权也在设定机关，从根本上解决行政行为存在的问题，还要靠设定机关从源头上把好关。因此，设定机关应当定期对其设定的行政行为进行评价，评价的内容主要是必要性、对经济和社会的影响等。经过评价，认为所设定的行政行为不适当的，就应当及时修改或者废止。如《行政许可法》第 20 条第 1 款规定，"行政许可的设定机关应当定期对其设定的行政许可进行评价；对已设定的行政许可，认为通过本法第十三条所列方式能够解决的，应当对设定该行政许可的规定及时予以修改或者废止。"《行政强制法》第 15 条第 1 款规定，"行政强制的设定机关应当定期对其设定的行政强制进行评价，并对不适当的行政强制及时予以修改或者废止。"②实施机关的评价。实施机关是法律、法规的执行机关，在执法的第一线，对法律、法规设定的行政许可的实施情况最了解，对行政行为是否有必要最有发言权。但是，设定行政行为是赋予实施机关权力，实施机关能否公正地评价行政许可的必要性值得研究。③公民、法人或者其他组织的意见和建议。公民、法人或者其他组织作为行政相对人一方，是行政行为实施的对象，与设定机关和实施机关相比，对行政行为的负面作用可能体会得更为深切。设定机关对实施的行政行为进行评价，不仅要听取实施机关的评价，还要充分听取公民、法人或者其他组织的意见和建议，听取人民群众的评价，这样才能作出正确的判断。人民群众既是国家的主人，是国家权力的来源，同时也是行政管理的对象。不仅在设定行政行为时，设定机关要听取公民、法人或者其他组织的意见，在实施后也要听取公民、法人或者其他组织的意见和建议。由公民、法人或者其他组织对行政行为的设定和实施提出意见和建议，是宪法规定的公民的批评、建议权的具体体现，设定机关和实施机关如何听取这些意见和建议，需要在实践中不断完善。

（四）同一规范性文件下行政行为设定权的比较

1. 法律

在《宪法》和《立法法》中确定，全国人大及其常委会是我国最高权力机关，行使国家立法权，由其制定的法律在我国法律体系中地位和效力仅次于宪法，因而，法律的设定权最大也最完整。当然，法律的设定权也不是宽泛无边的，应受到宪法规定、宪法原则及宪法精神的限制，且不得与之相抵触。

《行政处罚法》第 9 条规定："法律可以设定各种行政处罚。限制人身自由的行政处罚，只能由法律设定。"即法律可以设定各种类型的行政处罚，不仅包括本法所规定的六种具体的行政处罚，而且可以创设其他行政处罚的新种类。

《行政许可法》第 14 条的规定，本法第 12 条所列事项，法律可以设定行政许可。即法律既可以在本法第 12 条所列的五类具体事项上设定行政许可，也可以在其他事项上设定行政许可。

《行政强制法》第 10 条第 1 款规定："行政强制措施由法律设定。"即法律可以设定本法第 9 条规定的四类具体行政强制措施，也可以设定其他行政强制措施。第 13 条规定："行政强制执行由法律设定。法律没有规定行政机关强制执行的，作出行政决定的行政机关应当申请人民法院强制执行。"行政强制执行只能由法律设定，法律是设定行政强制执行的唯一根据。

2. 行政法规

行政法规是指国务院根据宪法和法律，按照法定程序制定的有关行使行政权力，履行行政职责的规范性文件的总称，这就决定了其地位和效力仅次于宪法和法律。国务院是我国最高的行政机关，它享有职权立法和授权立法的权力，所以行政法规的设定权必须以法律为前提。

《行政处罚法》第 10 条规定："行政法规可以设定除限制人身自由以外的行政处罚。法律对违法行为已经作出行政处罚规定，行政法规需要作出具体规定的，必须在法律规定的给予行政处罚的行为、种类和幅度的范围内规定。"行政法规的设定规则是，行政法规原则上可以设定除限制人身自由以外的行政处罚，但是如果法律已经设定行政处罚，行政法规必须在法律规定的给予行政处罚的行为、种类和幅度的范围内进行具体规定，不能再设定新的行政处罚；如果尚未制定法律或者已制定法律但没有设定行政处罚，那么行政法规就可以设定《行政处罚法》第 8 条规定的除限制人身自由之外的其他行政处罚。[1]

《行政许可法》第 14 条规定："本法第十二条所列事项，法律可以设定行政许可。尚未制定法律的，行政法规可以设定行政许可。必要时，国务院可以采用发布决定的方式设定行政许可。实施后，除临时性行政许可事项外，国务院应当及时提请全国人民代表大会及其常务委员会制定法律，或者自行制定行政法规。"行政法规设定行政许可的规则是尚未制定法律。如果已经制定法律，不管法律是否设定了行政许可，行政法规都不能设定行政许可，只能对法律设定的行政许可作具体化的规定。但是，如果尚未制定法律，那么行政法规可以根据行政管理需要，设定行政许可，设定的范围包括《行政许可法》第 12 条所罗列的行政许可。此外，国务院还可以采用发布决定的方式设定行政许可。实施后，除临时性行政许可事项外，国务院应当及时提请全国人民代表大会及其常务委员会制定法律，或者自行制定行政法规。

《行政强制法》第 10 条第 2 款明确规定："尚未制定法律，且属于国务院行政管理职权事项的，行政法规可以设定除本法第九条第（一）项、第（四）项和应当由法律规定的行政强制措施以外的其他行政强制措施。"第 11 条规定："法律对行政强

---

〔1〕 结合《行政许可法》《行政强制法》的相关规定，《行政处罚法》的这一条款是存在问题的，在已经制定法律的情况下，不管法律是否设定行政处罚，行政法规都应该没有设定行政处罚的权力。

制措施的对象、条件、种类作了规定的，行政法规、地方性法规不得作出扩大规定。法律中未设定行政强制措施的，行政法规、地方性法规不得设定行政强制措施。但是，法律规定特定事项由行政法规规定具体管理措施的，行政法规可以设定除本法第九条第（一）项、第（四）项和应当由法律规定的行政强制措施以外的其他行政强制措施。"由此可知，行政法规的设定规则是：①尚未制定法律，这是基本前提。如果该领域已经制定法律，不管是否设定行政强制措施，行政法规都不得设定行政强制措施。如果法律对行政强制措施的对象、条件、种类作了规定的，行政法规也不得作出扩大规定。如现行的《土地管理法》《矿产资源法》并没有设定查封、扣押等任何行政强制措施。因此，按照《行政强制法》的规定，各级国土资源主管部门及执法人员在制止、查处土地、矿产违法行为时，不能采取查封、扣押等措施。但例外情况是，在已经制定法律的情况下，法律中未设定行政强制措施的，如果法律规定特定事项由行政法规规定具体管理措施的，属于法律授权，行政法规可以设定法律保留以外的其他行政强制措施。②行政法规设定的事项应当属于国务院行政管理职权事项的范围内。③行政法规设定的范围包括除本法第9条第1项、第4项和应当由法律规定的行政强制措施以外的其他行政强制措施，即只能设定查封、扣押以及其他法律保留事项以外的其他行政强制措施。

但在《行政强制法》立法过程中，关于行政法规的设定权，主要有三种意见。[1]一种意见认为，行政强制设定权应由法律保留，不应配置给行政法规和地方性法规；第二种意见认为，行政法规和规章不应被赋予或尽量少赋予行政强制设定权，而

---

〔1〕 姜明安："《行政强制法》的基本原则和行政强制设定权研究"，载《法学杂志》2011 年第 11 期。

地方性法规则应被赋予较多一些行政强制设定权；第三种意见认为，应适当赋予规章一定的行政强制设定权，不赋予规章任何行政强制设定权不利于行政管理，行政法规和地方性法规应被赋予更多一些行政强制设定权，以便于行政管理。

关于第一种意见，显然不适用于现代社会的国家治理或公共治理，不仅在现代中国行不通，在西方国家（特别是联邦制国家）也几乎没有这么做的。如果说不赋予规章行政强制设定权在理论上能够成立，在实践中尚有可行性的话，那么，不给行政法规和地方性法规以任何行政强制设定权就既在理论上难以成立，又在实践中行不通。不给法规以任何行政强制设定权，法规没有任何"牙齿"，公共治理将无法有效进行。美国著名公法学者施瓦茨认为，"从质上说，规章具有与法律相同的效力，它们的规定具有法律效力，它们有和法律同样的制裁措施作后盾，特别是它们具有以强制服从法律的刑事强制措施。"当然，中国的法治环境和美国不一样，法律授予规章以行政强制设定权很可能导致滥用和对公民权利的侵犯，但如果我们连行政法规和地方性法规的行政强制设定权也一律取消，显然会严重影响公共治理的效力。

关于第二种意见，虽然在中国现有语境下很有道理，但目前（甚至在一个相当长的时期内）中国不具备这么做的条件，"在现行体制下，全国人大立法能力很有限（会期制、非专职），如果不赋予国务院行政法规较多的立法功能，国家管理将难以运行。而承担实际立法功能的行政法规如果没有行政强制设定权，其立法则难以有效发挥治理社会的作用"。在行政立法的问题上，一贯持"控权论"观点的英国行政法权威教授韦德甚至也持开放态度。他在其经典著作《行政法》中指出，"传统的观点认为，行政立法是一个不得不予以容忍的祸害，它对于分权是一种不幸而又不可避免的破坏。然而，这是过时的观点，因为，实际上，问题的关键在于行政立法在实践当中是不可缺少的，而不在于理论上难以使其合理化……只要我们从实务的方面看一看，马上就会明了，行政机关进行大量的一般性立法是必须的。"在我们这样一个法治发展中国家，完全取消最高国家行政机关国务院设定行政强制的行政立法权显然是不切实际和有害的。

关于第三种意见，对行政法规和地方性法规赋予更多的行政强制设定权，将一审稿时确定的"尚未制定法律，且属于国务院行政管理职权事项和地方性事务的，行政法规和地方性法规方可行使有限的行政强制设定权"，改为"尚未制定法律，或者属于国务院行政管理职权事项和地方性事务的，行政法规和地方性法规方可行使有限的行政强制设定权"，则不仅缺乏合理性，更可能涉及违法、违宪的问题。因为，将行政法规和地方性法规设定权的两个限制条件"且"改为一个"或者"，就必然出现下述两种情况：其一，在已制定法律且法律没有规定行政强制措施的情况下，如某一事项属于"国务院行政管理职权事项""地方性事务"，再允许行政法规、地方性法规规定行政强制措施，就等于允许行政法规、地方性法规与法律不一致，允许其与法律相抵触，这显然违反《立法法》和《宪法》；其二，在尚未制定法律的情况下，相应事项如不"属于国务院行政管理职权事项和地方性事务"，任由行政法规和地方性法规设定行政强制就可能违反行政组织法和立法法。最后，《行政强制法》采取目前的规定，即"尚未制定法律，且属于国务院行政管理职权事项的，行政法规可以设定除本法第九条第（一）项、第（四）项和应当由法律规定的行政强制措施以外的其他行政强制措施"。

3. 地方性法规

地方性法规是指由省、自治区、直辖市的人民代表大会及其常务委员会和设区的市的人大及其常委会根据本行政区域的具体情况和实际需要，在不同宪法、法律、行政法规及其他上位法相抵触的前提下，制定的在本行政区域内实施的规范性文件。根据 2015 年修订的《立法法》第 73 条规定，地方性法规既可以为执行法律、行政法规的规定而进行执行性立法，也可以在尚未制定法律、行政法规的前提下就地方性事务进行创制性立法，其地位和效力低于法律、行政法规，由此，地方性法规的设定权比法律、行政法规要小。

根据《行政处罚法》第 11 条的规定，"地方性法规可以设定除限制人身自由、吊销企业营业执照以外的行政处罚。法律、行政法规对违法行为已经作出行政处罚规定，地方性法规需要作出具体规定的，必须在法律、行政法规规定的给予行政处罚的行为、种类和幅度的范围内规定。"地方性法规的设定规则与行政法规类似，只是设定范围有区别。地方性法规原则上可以设定除限制人身自由、吊销企业营业执照以外的行政处罚，但是如果法律、行政法规已经设定行政处罚，地方性法规必须在法律、行政法规规定的给予行政处罚的行为、种类和幅度的范围内进行具体规定，不能再设定新的行政处罚；如果尚未制定法律、行政法规或者已制定法律、行政法规，但没有设定行政处罚，那么地方性法规就可以设定《行政处罚法》第 8 条规定的除限制人身自由、吊销企业营业执照之外的其他行政处罚。

《行政许可法》第 15 条第 1 款规定，本法第 12 条所列事项，尚未制定法律、行政法规的，地方性法规可以设定行政许可，第 2 款规定："地方性法规和省、自治区、直辖市人民政府规章，不得设定应当由国家统一确定的公民、法人或者其他组织的资格、资质的行政许可；不得设定企业或者其他组织的设立登记及其前置性行政许可。其设定的行政许可，不得限制其他地区的个人或者企业到本地区从事生产经营和提供服务，不得限制其他地区的商品进入本地区市场。"地方性法规设定行政许可的规则包括：①尚未制定法律与行政法规，即尚未制定上位法。如果已经制定法律、行政法规，不管法律、行政法规是否设定了行政许可，地方性法规都不能设定行政许可，只能对法律、行政法规设定的行政许可作具体化的规定。但是，如果尚未制定法律、行政法规，那么地方性法规可以根据行政管理需要，设定行政许可，设定的范围包括《行政许可法》第12条所罗列的行政许可。②地方性法规设定行政许可要受《行政许可法》第15条第2款规定的四个"不得"的限制，即不得设定应当由国家统一确定的公民、法人或者其他组织的资格、资质的行政许可；不得设定企业或者其他组织的设立登记及其前置性行政许可。其设定的行政许可，不得限制其他地区的个人或者企业到本地区从事生产经营和提供服务，不得限制其他地区的商品进入本地区市场。③地方性法规设定的范围只能是《行政许可法》第12条所列举事项的第1项至第5项。

《行政强制法》第10条第3款规定，"尚未制定法律、行政法规，且属于地方性事务的，地方性法规可以设定本法第九条第二项、第三项的行政强制措施。"地方性法规设定行政强制措施的规则包括：①尚未制定法律、行政法规。如果该领域已经制定法律、行政法规，不管是否设定行政强制措施，地方性法规都不得设定行政强制措施。②地方性法规设定的事项应当属于地方性事务。③地方性法规的设定范围只包括查封场所、设施或者财物和扣押财物两种行政强制措施。

4. 部门规章

部门规章是指国务院各部门（包括国务院各部、委员会、中国人民银行、审计署和具有行政管理职能的直属机构）在本部门的权限范围内，根据法律和国务院制定的行政法规，发布的决定、命令、制定的规范性文件。根据《立法法》第 80 条的规定，"部门规章规定的事项应当属于执行法律或者国务院的行政法规、决定、命令的事项。没有法律或者国务院的行政法规、决定、命令的依据，部门规章不得设定减损公民、法人和其他组织权利或者增加其义务的规范，不得增加本部门的权力或者减少本部门的法定职责。"因此，部门规章没有创制性立法的权力，只是执行性立法的权力，因而没有设定权，只有规定权。所以，《行政许可法》和《行政强制法》都没有赋予部门规章设定权。

在《行政许可法》的法律起草和审议过程中，关于部门规章是否有行政许可的设定权，存在不同的意见。有意见认为，应当给部门规章一定的行政许可设定权，其主要理由是：①在我国目前的法律体系中，部门规章与地方政府规章在效力上处于同一位阶，在设定行政许可方面应当处于平等的地位，如果给地方政府规章设定权，就应当给部门规章设定权。部门规章作为我国法律体系的重要组成部分，其内容是公开、透明和规范的，并已成为各部门依法行使行政管理权的重要依据；②随着社会经济的不断发展，需要政府管理的事务越来越多，有些事项必须实行行政许可，但制定法律、行政法规需要一个较长的过程，应当允许各部门不断探索和调整自己的管理形式和方式，不必事事都要经过国务院讨论、决定；③在有些行政管理领域，法制还不健全，大量的执法依据是中央和国务院的文件，包括中办、国办、中宣部的有关文件和部门规章。如果这些文件设定的行政许可都不能作为执法依据，一时间国家法律又不能出台，管理上就会出现空档，行政管理就会出现无法可依的局面；④我国已加入世贸组织，为了保护人民财产，维护国家利益，需要利用部门规章的形式及时采取一些有针对性的技术贸易措施，设定必要的行政许可，如果不分情况，一律禁止部门规章设定行政许可，在今后的管理中有可能陷于被动；⑤赋予部门规章行政许可设定权，只要按照合法、合理、效率、责任、监督的原则，通过严格行政许可的设定条件，建立规范的行政许可程序和监督机制，就能保障和监督行政机关有效实施行政管理，实现政府职能的转变。

另一种意见不赞成赋予部门规章行政许可设定权。理由是：①在设定权问题上，要继续体现行政许可制度改革的精神，政府管该管的，放开不该管的，不能干什么都要发许可证，政府不能变成万能的政府，要尽量减少许可；②许可太多，会影响效率。现在企业工商登记的前置审批太多，地方政府要营造好的投资环境，要求工商行政部门快发执照，但这些前置的许可程序又不能少，给工商企业登记带来很多问题；③在市场监管上，应当加强事后监督，减少事前许可；在设定权上，所有许可事项，只要两道手续，搞二重奏就可以了。原则上应当取消部门规章和地方政府规章的设定权。

取消部门规章的行政许可设定权是在起草行政许可法过程中国务院作出的重大决策，是放松行政管制，治理行政许可太多、泛滥问题的必要措施。考虑到国务院各部门主要任务是执行法律、行政法规，是执法部门，不宜自我授权，以防止为本部门和本系统设定和扩大权力。虽然取消规章的设定权会有一些问题，但是没有行政许可并不是放弃监管，对一些必要的行政许可，可以通过国务院发布决定的方式予以保留，因此，取消规章的设定权不会有太严重的后果。权衡利弊，《行政许可法》最后维持了国务院提交的草案的规定，没有赋予部门规章行政许可设定权。

　　在《行政强制法》法律起草和审议过程中，有一种意见认为，"应适当赋予规章一定的行政强制设定权，不赋予规章任何行政强制设定权不利于行政管理"。[1]这种意见忽视了目前中国公权力过于膨胀和往往导致滥用的现实。不赋予规章行政强制设定权显然会给当下相关行政管理带来某些不便，但赋予规章行政强制设定权则不能有效治理目前行政强制存在的"乱"和"滥"两大问题，而行政强制的"乱"和"滥"已构成对国民人权的威胁。权衡利弊，自然应以不赋予规章行政强制设定权为好。在制定《行政许可法》时，也有人提出立法不赋予规章行政许可设定权，行政管理就会无法运行。但《行政许可法》最终没有赋予规章行政许可设定权，行政管理却没有受到太大影响，而乱设许可和滥设许可的现象却得到了很大程度的遏制。诚然，在法治较发达的西方国家，行政规章通常可设定一定范围的行政强制。但是，我国目前的情况是行政强制过多过滥，在当下缺乏对规章制定权和制定程序严格法制规范和司法审查的情况下，赋予规章行政强制设定权有太大的被滥用风险。最后立法没有采纳这种意见。

　　由于《行政处罚法》是在20多年前制定的，当时对部门规章的立法权限还不明确，立法并不完善，有些领域尚未制定法律、行政法规，就必须暂时通过部门规章去进行管理。因此，《行政处罚法》赋予了部门规章一定的设定权，在尚未制定法律、行政法规的情况下，对违反行政管理秩序的行为，可以设定警告或者一定数量罚款的行政处罚。罚款的限额由省、自治区、直辖市人民代表大会常务委员会规定。但是，在《立法法》

----

〔1〕　姜明安："《行政强制法》的基本原则和行政强制设定权研究"，载《法学杂志》2011年第11期。

对部门规章立法权限明确之后，随着立法的完善和中国特色社会主义法律体系的形成，部门规章有权设定行政处罚与《立法法》第80条第2款规定相冲突，因此，当前为了保证法制的统一，就必须对行政处罚的部门规章设定权进行修改。

5. 地方政府规章

地方政府规章是指省、自治区、直辖市和设区的市、自治州的人民政府根据上位法的规定，依照《规章制定程序条例》制定的规范性文件。根据《立法法》第82条第2款的规定，地方政府规章不仅可以就执行法律、行政法规、地方性法规进行执行性立法，而且也可以就本行政区域的具体行政管理事项进行创制性立法，但是没有法律、行政法规、地方性法规的依据，地方政府规章不得设定减损公民、法人和其他组织权利或者增加其义务的规范。设区的市、自治州的人民政府制定的地方政府规章只限于城乡建设与管理、环境保护、历史文化保护等方面的事项。从性质上看，地方政府规章不仅具有执行性还有一定的创设性，由此地方政府规章既有创设权又有规定权。考虑到我国幅员辽阔，地理、经济、文化差异较大，地方政府又是一个综合性的行政机关，其职权范围比较概括，因而，法律赋予了地方政府规章一定的行政许可设定权和行政处罚设定权，行政许可仅在省级政府规章中有设定权。《行政处罚法》对于地方政府规章的设定权规定在第13条中，分为两种情况：①如果存在上位法，地方政府规章只能在法律、法规规定的给予行政处罚的行为、种类和幅度的范围内作出具体规定；②在不存在上位法的情况下，对违反行政管理秩序的行为，可以设定警告或者一定数量罚款的行政处罚，但罚款的限额由省、自治区、直辖市人民代表大会常务委员会规定。但是，必须指出的是，随着我国《立法法》的修订，地方政府规章的设定权已与《立法法》第 82 条第 6 款的规定相冲突。

（五）行政行为设定制度的完善

综上，除了《行政处罚法》关于部门规章的设定权与《立法法》的精神相抵触外，其余内容均基本符合《立法法》的规定。但《立法法》和三大行政法并非完美无缺，关于行政行为设定权的立法，仍需要进一步完善。

第一，应对法律的设定权作出一定的限制。三部行政法规定法律可以设定各种行政行为，从而对于法律设定行政行为未给予任何限制。难道法律可以任意设定行政行为吗？现代行政法治理论不仅在形式上要求法律至上，而且在内容上要求法律本身必须符合一定标准，对于法律本身应当符合的标准，公认的观点是法律必须体现尊重与保障公民人权的精神。此外，在程序上，发达国家非常重视法院对公民权利的保障，涉及公民人身自由的限制必须由法院决定，涉及财产权的处理原则上也必须由法院决定，如果法律授权行政机关对公民作出限制人身自由、没收以及高额罚款、冻结存款汇款的决定，则被认为是违反宪法和人权原则的。因此，对法律设定行政行为的权力不加任何限制有悖于行政法治原则。也许有人认为，三部行政法对法律的行政行为设定权予以限制比较困难，因为三部行政法没有凌驾于其他法律之上的效力，当其后制定的法律与三部行政法的规定不一致时，按照后法优于前法的原则，应以新法为准。这个问题的确存在，但是，三部行政法仍然有办法对法律的设定权规定必要的、效力可及于后法的限制：其一，可以通过在三部行政法中宣示法律以及法规、规章设定行政行为时必须遵守的宪法原则的方法达到限制"后法"的目的。其二，三部行政法属于全国人大制定的基本法律，依照《宪法》第 67 条第 3 项的规定，在全国人民代表大会闭会期间，全国人大常委会有权对全国人民代表大会制定的法律进行部分补充和修改，但是，"不得同该法律的基本原则相抵触"。由此可见，三部行政法限制行政行为设定权的基本原则对于全国人大常委会制定的法律有约束作用，不适用"后法优于前法"原则。因此，目前三部行政法对法律的行政行为设定权丝毫不加限制是没有理由的，假如某一部法律规定的行政处罚、行政强制比刑罚还重，这是明显不适当的。

第二，应对行政法规、地方性法规的设定权限作出一定的限制，并将逐步缩小。《行政处罚法》《行政许可法》和《行政强制法》均赋予行政法规、地方性法规一定的设定权，这符合宪法和《立法法》的精神。而随着国家行政法治建设的不断完善，设定权将主要由法律来行使。譬如行政强制权，它不像行政处罚权和行政许可权那样，要考虑到各地区经济发展水平的差异，行政强制权应由中央立法，而不宜由地方立法。

第三，规章的设定权应逐渐废除，地方事务设定权应主要赋予地方性法规。允许规章设定行政权力是不符合法治原则的。在《行政处罚法》起草过程中，立法人员已经意识到这一问题，因为规章是由国务院部委和地方政府制定的，它们本身就是实施行政处罚的机关，如果设定权和实施权由同一机关行使，将导致行政权不受约束，还可能造成行政机关不加限制地扩大自己的行政权。但是，我国当前又处于社会主义初级阶段，某些领域一时还难以制定法律、法规，行政机关相当多的工作还是依据规章进行的，完全不许规章设定行政处罚不大现实。解决这对矛盾的思路是允许规章有一定的设定权，但对规章设定行政处罚的权限要从严掌握，不宜过大，必要时规章可以设定较轻种类的行政处罚。[1]一位参与《行政处罚法》起草工作的同志撰文写道："对规章设定权限的规定，反映了我国立法在过渡时期对规章的一种特殊的、暂时的、不得已而为之的处理办法，随着法制的完善，规章设定行政处罚的权力是要逐步取消的。"[2]这就是说，规章的设定权具有辅助性与过渡性。随着全面依法治国进程的推进，以及中国特色社会主义法律体系已基本形成，涉及地方的重大事项，一般应由地方性法规加以规范，属于执行性和行政管理方面的事项，则主要由政府规章来调整。地方政府规章应从属于地方性法规，主要是执行性立法。

第四，对规章以下的规范性文件亟需加以规制。在我国行政机关中，有权发布行政法规、规章的只占少数，而有权发布规章以下规范性文件的，包括了各级人民政府和政府的多数工作部门。按照《立法法》规定，规章以下规范性文件不属于行政立法范畴。现行立法否定了规章以下规范性文件的法源地位，但实际上，有些行政机关把法律、法规、规章抛在一边，而上级行政机关甚至是本部门制定的规章以下的规范性文件，倒成为它们开展工作的主要依据。

虽然在《行政处罚法》《行政许可法》和《行政强制法》中，已明确规章以下的规范性文件无设定权，但实际生活中，规章以下规范性文件设定行政处罚、行政许可、行政强制的现象仍时有发生。由于没有统一的法律对其加以规制，在行政处罚、行政许可、行政强制以外的其他方面，规章以下规范性文件行使设定权的现象更是不在少数，严重违反了法制统一原则。因此，

---

〔1〕　张世诚："关于《中华人民共和国行政处罚法》的主要问题（4）"，载《中国行政管理》1996年第9期。

〔2〕　张世诚："关于《中华人民共和国行政处罚法》的主要问题（4）"，载《中国行政管理》1996年第9期。

必须通过立法明确，规章以下规范性文件的制定应以法律、法规、规章为依据，其作出的具体规定，不得增设公民、法人或其他组织的义务，不得限制公民、法人或其他组织的权利。它所规定的事项，应仅限于两个方面：一是就不涉及行政相对人实体权利的行政事务管理的程序性事项作出规定，如县级以上人民政府的规范性文件，可以在法律、法规、规章规定的行政许可范围内对许可的程序作出具体规定，但不得增加或减少许可条件，改变许可时限，扩大或缩小许可的适用范围；二是对行政机关的内部事务管理问题作出规定。

第六章 行政合作法论

一、合作行政中的公共利益

（一）公共利益的概念

1. 公共利益术语的厘定

在立法上，与公共利益相近、相似的法律用语不止一个。在德国，最常被使用的是 Offentlichesintresse（公益）和 Gemeinvolh（民众福祉）这两个词语。在我国现行法律体系中，涉及公共利益的概念主要有三个："公共利益""社会利益""社会公共利益"。因此，我们必须首先规范和统一使用公共利益的用语。

关于上述用语的内涵和外延，学界看法不一。德国公法学家汉斯·来弗尔认为，公益不等于民众的福祉，公益的位阶较低，当公益与民众福祉冲突时，公益应低于"特别高层次的利益"——"民众福祉"。卡尔·海曼·尤尔则强调，民众福祉与公益是否同义，需要具体问题具体分析，其间的异同不能一般概括，只能在个别法律中去探讨。

在我国台湾地区，学者们将上述法律术语称为"不确定法律概念"，认为这些术语不能归纳出一个放之四海而皆准的定义，只能根据各自追求的目的、使用的语境具体地探究其含义。因此，对所有呈现为"公益"概念的法律术语做严格的区分界定，既不可能，也没有必要。[1]

在我国大陆地区，有的学者认为公共利益、社会利益、社会公共利益在利益主体及利益内容等方面存在一定的差别，公共利益的概念从利益的性质角度强调此种利益区别于私人利益；社会利益的概念从主体的角度强调利益主体是社会；社会公共利益的概念则综合了此种利益在主体、性质上的特殊性从而更加明确。有的学者认为三者在性质上并无根本的区别，其基本含义均为社会全体成员的共同的、整体的利益，既区别于社会成员个体的利益，也不是社会个体成员利益的简单加总，同时也与国家利益相区别，因而，可以将社会利益、公共利益、社会公共利益视为同一概念。[2]

综上所述，关于公共利益的术语描述确实千差万别，但是这些差别只是描述角度和描述方法上的差异，并非根本的对立，而且这些术语都可以用来指称那种不同于国家利益和个人利益，但又是与全体社会成员休戚相关的利益。基于此，笔者认为这些量上的差别或者形式上的差别可以忽略，并统一使用"公共利益"这一概念。

2. 公共利益的定义

公共利益范畴的"公共"及"利益"概念的不确定性，使得对公共利益进行界定极其困难。正因为如此，有的学者主张通过明确公共利益的代表者或主张者的方式来确定公共利益。如有学者指出，代议机关是公共利益最佳的代表者。因为尽管议会可能侵犯少数人的利益而未必是理想的公益代表机器，但

---

〔1〕 陈新民：《德国公法学基础理论》（上），山东人民出版社 2001 年版，第 206 页。

〔2〕 孙笑侠："论法律与社会利益——对市场经济中公平问题的另一种思考"，载《中国法学》1995 年第 4 期。

它至少可以作为相当理想的"公益机器",因为民主选举产生的议会是社会多数人利益的最可靠代表。[1]也有学者指出,必须成立专门的组织来代表大多数人主张公共利益。这种最常见的组织就是国家机关、国有的企事业单位、社会中的公益组织等。他们甚至提出,公共利益就是指实定法上的公共利益。[2]但仔细推敲,可以发现,明确公共利益代表者,尤其是由国会或者法院来代表或主张公益有一定的积极意义。但将公共利益视为实定法上的公共利益并不能真正解决实践中的具体问题,只能希望法院成为公共利益的判断者,这在国外或许非常奏效,但是在中国目前的具体制度架构下,尤其是在法院的人事、财政等方面还受制于人的情况下,法院的这种判断很难获得公众的认同。基于此,我们将公共利益界定如下:公共利益是社会群体存在和发展所必需的、并能为他们中不确定多数人所认可和享有的内容广泛的价值体。

(1)公共利益总是与一定社会群体的存在和发展所必需的社会价值有关,或者说是一定社会群体存在和发展的前提。这是公共利益正当性的道德基础。庞德指出,公共利益是包含在文明社会生活中并基于这种生活的地位而提出的各种要求、需要或愿望。[3]公益之为公共利益,是一个超越具体的、个别的个人之利益,凡任何多数个人均有可能以该事物之存续,主观上认为对其生活有利,而享受之,即存在公益,例如生存、尊严、

---

〔1〕 张千帆:"'公共利益'的困境与出路——美国公用征收条款的宪法解释及其对中国的启示",载《中国法学》2005年第5期。

〔2〕 胡锦光、王锴:"论我国宪法中'公共利益'的界定",载《中国法学》2005年第1期。

〔3〕 〔美〕庞德:《通过法律的社会控制》,沈宗灵译,商务印书馆1984年版,第37页。

正义、自由、安全、发展与方便，即为人类最需要之公益。[1]

（2）公共利益具有广泛性。公共利益的广泛性一方面表现为其辐射人群范围的广泛性；另一方面表现为公共利益辐射地域范围的宽泛。虽然在某些情况下，表现为一定的地域性，但是从根本上来说，却是超越某一地域的，如环境问题、恐怖问题等。

（3）公共利益内容的多样性。公共利益的内容不仅仅包括"产业利益在内的国民经济的健康发展或者保护经济上的弱者"，[2]还包括社会生活的方方面面。凡是与人民经济生活和社会生活有关的，能够为多数人共享的领域范围，公共利益都有可能存在，如公平公正的市场交易秩序、和平安定的社会生活、清新舒适的自然环境等，都是人们共同追求的价值目标，体现出来的都是不同领域、不同人们的共同利益。

（4）公共利益是较大范围内人们所共同认可、对各方有价值的利益，但又超越个体的利益。公共利益要面向社会上的绝大多数人，甚至所有的人，对社会的每个成员提出要求、提供价值。公共利益"本质在于大多数社会团体的整体利益，但并非真正的整体利益；也不是整体内个人利益在数学上的总和"。[3]因为，个人和组织"每一方都追求着自身的目标，都力图最大限度地扩大国民收入中自己的份额，或最大限度地增强自己在社会登记中的地位。这些个人或组织的利益就像它们用实际行动所表现的那样，并不是天生的相互温和，所有这些

---

[1] 蔡志方：《行政救济与行政法》，学林文化事业有限公司1998年版，第526页。

[2] 孙笑侠："论法律与社会利益——对市场经济中公平问题的另一种思考"，载《中国法学》1995年第4期。

[3] 城仲模主编：《行政法之一般法律原则》，三民书局1997年版，第156页。

利益相加之和也并不等于一般利益"。[1]"公共利益是人为认定的，是一种工具性的设定，而不是像'共同善'和'公共福祉'那样具有普世性的道德地位或是'被搁置在天堂'。如果不考虑国民的私人利益，就不能界定公共利益。"[2]

(5) 公共利益具有一定的层次性。公共利益的内容并非是静态的，而是随着社会的发展和社会情况的变化而不断变化的。无论我们采取主观还是客观的评价标准，公共利益都会发生冲突。如环境的保护与社会的发展，两者都体现一定的公益性，但是何者最优？此时，我们需要进行价值的比较，即形成公益的价值必须是"量"最广、"质"最高的。所谓"量"最广，是指受益人的数量最多，尽可能使大多数人享受福利，而"质"最高则是根据受益人生活需要程度来决定的，越是与人类生存有紧张关系的要求，就越符合质最高的标准。当"量广"与"质高"冲突时，则"质高而量寡"优于"量多而质低"者。这种强调受益人需求的目的价值的方式，符合现代法治的基本要求。

(二) 合作行政中公私利益的冲突

合作行政是政府与民间在公共事务方面进行分工与合作的整个过程中，形成的一种新型伙伴关系。合作行政中的行为主体包括"政府"与"民间"。合作行政的突出优势在于通过合作实现资源利用的最优化，是一种具有独特内涵的新型行政理念。合作行政的客体是指公共行政事务，并非所有的公共事务都能够成为行政事务，只有国家运用强制力纳入到自己行政范围的公共事务才能称之为公共行政事务。合作行政最常见的手

---

〔1〕〔美〕西奥多·A. 哥伦比斯、杰姆斯·H. 沃尔夫：《权力与正义》，白希译，华夏出版社 1990 年版，第 120 页。

〔2〕 Douglas F. Mirgan, "The Public Interest", In *Cooper*, Terry L. ed. 1994.

段就是政府与民间达成的契约，即行政契约。合作行政的主要模式有：特许经营、行政委托、行政辅助、合同外包、行政补贴等形式。公私合作模式中处于核心地位的两个主体是公共部门与私主体，同时涉及社会公众等其他主体。公私部门在维护各自利益方面，持有不同的价值取向，不同的价值取向有可能产生冲突。

1. 利益价值取向：重视提供公共服务和关注私益

（1）行政主体重视提供公共服务。一直以来，政府担负着提供公共服务的责任，是提供公共服务的绝对主体。基础设施和公用事业建设作为公共服务的重要组成部分，关系国计民生，是生产力发展的基础。然而，由于财政资金的有限性，基础设施领域的资金投入与供给存在严重不足，只由政府独自提供公共服务的传统方式早已力不从心。因此，政府必须开始调整公共服务提供的原有思维方式，寻求新的合作伙伴。实践已经证明，私营资本的加入对于公共服务的提供起到了重要作用。不难发现，在我国行政合作模式推广的过程中，缓解政府财政资金紧张事实上已经成为公私合作制推广的主要现实动因。

（2）私主体关注私益。与政府以公共利益的实现为其权力行使之宗旨不同的是，私主体的价值导向以盈利为目的。[1]斯蒂尔曼认为："当公共工作由外部而不是由内部完成时，会产生严重的伦理、管理和责任问题，因为对公共服务的承包商来说，他关注的是标的、是利润，而不是对公共商品的广泛的道德关注。"[2]詹镇荣教授亦提出："公共建设之兴建与营运涉及高

---

[1] 张鲁萍："私主体参与行政任务的界限研究"，载《北方法学》2016年第3期。

[2] ［美］理查德·J. 斯蒂尔曼二世编著：《公共行政学：概念与案例》，竺乾威等译，中国人民大学出版社2004年版，第304页。

度公益性，盖其往往为人民生存照顾所必要之基础设施。在由公部门自为兴建与营运之传统模式下，由于公行政之公益拘束性，即便在亏损之情形下，公共建设之营运亦可获得维系。反之，民间机构从事私经济活动时系受效率原则与营利原则之支配。从而，公共利益乃有可能因其在追求最大利润以及增加经营效力之考量下而受到牺牲。"〔1〕尤其是在缺乏政府有效监管的情况下，私主体追求自身利益最大化的固有逻辑会促使其为了降低成本而忽视公共利益。无论是我国内地的"天价拖车案"还是公交民营化后的"挑肥拣瘦"现象，都是私主体逐利的后果，

2. 不同利益价值取向的冲突

（1）公主体利益与私主体利益之间的冲突。传统公主体服务供给模式，形成特定垄断利益部门，其提供的公共服务质量低劣、效率低下等弊端也逐渐暴露出来。公私合作模式的兴起逐渐打破了公共部门的垄断格局；但具有逐利性的私主体，取得特许经营权之后，如果缺乏竞争，则有可能形成新的垄断。此种情况，私主体提供的服务就有可能达不到原本的合同要求，若是涉及公共安全等方面，则会造成更加严重的后果。可见，公私合作模式不在于公共服务的供给主体是公还是私，关键在于供给主体之间是否能够形成合理的竞争。公私部门的利益总是在此消彼长中产生和存在冲突。

（2）公权力与私权利之间的冲突。行政合作模式当中，行政特权与契约自然会发生冲突。公私部门签订合同，但是因公共部门所代表的政府身份具有特殊性，决定了公私部门必然不

---

〔1〕　詹镇荣："行政合作法之建制与开展——以民间参与公共建设为中心"，载台湾行政法学会主编：《行政契约之法理/各国行政法学发展方向》，元照出版有限公司2009年版，第118~119页。

能形成平等的法律关系。某种程度上，公私合作关系并不是完全意义上的契约自由。享有行政特权的公共部门事实上一直处于强势地位，在规则制定、合同履行、项目监管方面都有更多的主动权与话语权。而私主体作为市场主体，虽然是合同的相对方，但是常常处于被管理、被监督的弱势地位。良好的契约精神是行政合作得以顺利进行的前提，但是实践中政府违约的现象并不少见。绝对的权力导致绝对的腐败，如果公共部门缺少权力的约束与问责，行政特权被滥用的危害会更加巨大。

（3）社会公共利益与公主体部门利益之间的冲突。社会公共利益与公共部门利益不同。社会公共利益的主体是公众，公共部门利益的主体是公共部门，通常是政府。社会公共利益是社会整体享有的利益，公共部门的利益可能有益于社会公共利益，但也可能有害于社会公共利益，因为公共部门还可能存在自己的部门利益和小集团利益。因此，公共部门利益不能完全等同于社会公共利益。公共部门作为社会公共利益的代表者，原则上应该以人民利益为最高准则，但实际上，为了避免被追究最初决策失败的责任、监管不力的责任，或者为了取得良好的绩效评价，抑或是为了减轻自己最终的损失承担，负责签约的公共部门是有可能不惜损害社会公共利益来掩盖甚至逃避自己的责任的。同样，以营利为目的的私主体为了追求经济利益最大化，为了利润不惜铤而走险、躲避监管、损害社会公众利益的案例就更不少见。

（三）行政合作中公共利益维护的路径

1. 行政合作中公共利益维护的重要节点

行政合作中对于公共利益如何进行维护，是行政合作中的一道难题。因为行政合作如果偏离了公共利益，那就会适得其反，会使得传统的治理模式不但没有被升华，反而有所倒退。

行政合作中，公共利益的维护应当注意如下节点。

（1）界定行政合作中公共利益的概念。也就是说，在行政合作中什么是公共利益，应当有一个法律上的界定，通过界定，将属于公共利益的范围予以确定，将不属于公共利益的范围也列举出来。

（2）构造行政合作中公共利益的体系。因为有些利益确确实实是看不见、摸不着的，故此利益问题向来就是比较复杂的，甚至是抽象的。但是，从对行政合作进行法律调控的角度看，公共利益的体系应当进行初步构造。人们也许不能够构造出相对周延的公共利益体系，但大体上的公共利益体系的设想是可以实施的。例如，将公共秩序、公共财产、公共管理关系等视为公共利益体系的构成部分，并予以整合。

（3）设定行政合作中公共利益维护的方式。利益的维护必须通过一定的手段而为之。那么，在行政合作中，究竟如何维护公共利益便需要涉及诸多具体的方式和方法。例如，可以通过一定的标准和规则将私人利益与公共利益的界限划分清楚，可以通过一定的机制防止公共物品私人化。

（4）确立行政合作中公共利益维护的程序。在法律中有诸多的程序规则，行政合作也应当通过法律规范进行调整。这种法律规范可以专门适用于行政合作，其中可以设置诸多的程序规则。如何维护这个过程中的公共利益，也应当有具体的程序规则。

上述四个方面都是非常必要的。对此究竟如何进行设计和构建，是我国今后的法治实践应当解决的问题。

2. 行政合作中公共利益维护的具体要求

在目前情况下，如果要在行政合作中使公共利益得到维护，必须要注意下列若干重要问题。

（1）行政合作机制的法定性。法治发达国家对于行政合作大都制定了相应的法律规范，有些法律规范相对比较抽象；有些法律规范就相对比较具体；有些法律规范仅仅规定行政合作的问题，例如，美国就曾制定了《协商后制定规则法》；[1]有些法律规范则规定特定的管理事项，而在该管理事项中确定具体的合作模式，例如，美国的《清洁空气法》。[2]法治发达国家有关行政合作事项在立法方面的经验值得我国参考。我国目前的行政合作还没有严格的法律规范予以调整，而是由政府行政系统通过行政行为的方式而为之，这就使得当前我国的行政合作具有很大的偶然性乃至不规范性。通过制定行政合作机制的法律规范，便可以将行政合作的相关问题予以规范，公共利益的维护在这样的法律规范中应当有所体现。毫无疑问，非法定性的行政合作中，不论是合作的哪一方都具有较大的行为上的随意性和任意性，所以行政合作机制的法定性是维护治理过程中公共利益的前提条件。

（2）行政合作方式的契约性。行政契约在我国并不是一个陌生的概念，所谓行政契约就是在行政执法过程中行政主体与私方主体就有关管理事项所签订的合同。行政契约也被称之为行政合同、行政协议，它实质上是有关私法规则在公法中的运用。将私法规则运用于公法虽然在学理上有一定的障碍，在学界也有人并不赞成，然而，在法治发达国家在公法中引入私法规则，促进公法的私法化，似乎是一个大趋势。行政合作所体现的是平等精神，因为它弱化了"行政高权"在治理中的地

---

〔1〕 ［美］朱迪·弗里曼：《合作治理与新行政法》，毕洪海、陈标冲译，商务印书馆2010年版，第120页。

〔2〕 ［美］朱迪·弗里曼：《合作治理与新行政法》，毕洪海、陈标冲译，商务印书馆2010年版，第60页。

位，所有参与治理的当事人都与行政主体保持着一种平等状态。因此，他们之间的关系也应当通过平等规则进行联结，而不应当通过公法上的单向规则进行联结。通过契约关系，可以使各主体在合作中的权利和义务得到明确，权利和义务得到对等，在这种情形下，公共利益被淡化的概率将会大大缩小。反过来说，如果用简单的行政命令来建构行政合作关系，则有可能导致行政合作中利益分配的不当化。

（3）行政合作过程的公开性。自 1946 年美国制定《联邦行政程序法》之后，世界各国出现了行政程序立法的潮流。20 世纪 70 年代以后，荷兰、西班牙、葡萄牙、奥地利、日本、韩国等都制定了行政程序法典，在行政法实务界中引起了非常大的震荡。而行政程序法典的核心或者所解决的实质问题是处理公共行政与社会公众的关系问题。如果说在行政程序法典制定之前，行政权的运作是在行政系统内封闭进行的话，那么，行政程序法则将行政权与社会机制予以很好的融合。许多国家的行政程序法都将行政公开化作为基本原则。例如，在美国，为了保证公民有效地参与行政活动，法律要求行政机关必须将规章和有关说明事项公布在《联邦登记》上，否则，行政机关"不得以任何方式强迫任何人服从，而没有公布在《联邦登记》上的任何文件，也不应使其受此种文件的不利影响；除非他在实际上已及时地得知了此文件的内容"。同时，公民有权向行政机关请求取得法律规定的信息资料，机关应当无条件地提供。[1] 我国尚未制定统一的行政程序法，但国务院在 2007 年制定了《政府信息公开条例》，该条例规定，政府行政系统的行政行为应当向社会公众予以公开。尽管《政府信息公开条例》尚未规

---

〔1〕 胡建淼主编：《外国行政法规与案例评述》，中国法制出版社 1997 年版，第 27 页。

定行政合作中的信息公开问题，但是不是说行政合作就不需要信息公开了呢？答案当然是否定的。因为行政合作也是政府行政系统的基本行政行为。[1]如果能够将行政合作的过程予以公开，接受社会各界的监督，那么公共利益就不易被淡化或者弱化。

（4）行政合作的行政监督性。在我国行政契约理论中，对行政主体与相关主体的关系有两种不同的认知。一种观点认为，行政契约应当完全符合合同的一般精神，应当强调主体之间的平等性和公平性，所以，一旦行政契约制定，行政主体就失去了对合同进行改变和干预的机会。另一种观点则认为，行政契约与民事合同虽然都属于合同范畴，但行政契约毕竟加入了"行政高权"，所以，行政主体在行政契约中除了与其他主体保持公平和对等的关系形式之外，还应当对行政契约内容的实施予以干预，甚至可以对行政契约进行终止和终结。毫无疑问，就这两种观点而言，前者更加合乎理性，后者则违背了有关合同的精神。行政契约与其他合同一样应当坚持平等和公平的原则，应当符合契约精神。但同时，行政主体应当对行政契约履行的情况进行监督，这种监督与其直接干预行政合同的履行与内容是不同的。进一步讲，行政契约中的权利和义务应当由法律调整，行政契约中的纠纷应当通过司法程序来解决，但对行政契约的监督，行政主体则不能够放弃相应的责任。在行政合作中，一旦形成合作合同，行政主体就应当尊重相关主体的权

---

〔1〕党的十八届四中全会通过的《中共中央关于全面推进依法治国若干重大问题的决定》明确提出，全面推进政务公开。坚持以公开为常态、不公开为例外原则，推进决策公开、执行公开、管理公开、服务公开、结果公开。各级政府及其工作部门依据权力清单，向社会全面公开政府职能、法律依据、实施主体、职责权限、管理流程、监督方式等事项。重点推进财政预算、公共资源配置、重大建设项目批准和实施、社会公益事业建设等领域的政府信息公开。

利和义务，但同时行政主体也不能放弃监督行政合作过程的责任。如果行政主体放弃了这样的监督，就有可能给合同当事方更多的实现自身利益的机会，以及更多的减损公共利益的机会。行政主体如何对行政合作进行监督，这是我国行政法治实践需要解决的问题。

（5）行政合作的普遍参与性。行政合作是公众和其他社会系统参与治理的治理模式。在传统行政执法中参与的主体是非常有限的，通常包括行政主体和行政相对人两方面。例如，一个行政行为的作出就是由行政主体和行政相对人双方完成的。只有到了救济阶段，才有第三方主体介入，该第三方主体主要是救济机关。这就使行政执法处于一种相对封闭的状态。而行政合作的精神在于广泛提升社会参与度，它让一个执法行为有多个主体进行介入，如行政主体、行政相对人、第三人、利害关系人、其他社会主体等，参与的广度和深度可以保证行政合作的质与量。换言之，参与的主体越多，行政合作的质量就越高，反之，参与的主体越少，行政合作的质量也就越低。如果某种行政合作涉及公共利益，这就更加能够体现广泛参与度的优越性。在参与主体较多的情形下，公共利益偏失的机会也就较小，反之亦然。之所以要强调行政合作过程中的普遍参与，原因在于在我国目前的行政合作中，社会的参与并不具有普遍性，诸多行政合作的参与方的加入往往是由行政系统决定的。而一些行政主体仅仅选择特定的对象，而不选择其他的可选对象，这种选择性的行政合作与时下不当执法中出现的选择性执法颇为相似。在选择性执法这种不当的执法状态下，行政主体在执法过程中渗入了诸多主观因素，甚至渗入了自身的利益，这最终会影响公共秩序的稳定，制约公共利益的实现。基于此，行政合作必须实行广泛的社会参与，让具备资格的主体都有机会介入到治理过程中。当然，有些治理必须由特定的主体来完成，例如有些带有技术成分的行为必须由专门的技术主体来承担，而在这种情形下，行政主体便可以采取招投标等方式向所有相关当事人敞开参与行政合作的大门。应当说，目前阻滞行政合作中公共利益实现的重要因素就是参与的非广泛性，通过强化普遍参与，或许可以在一定程度上解决这个问题。

二、行政契约行为

在当今社会，行政契约作为一种行政活动的有效方式被广泛使用，并适应了 20 世纪以后国家形态的根本变化。事实上，行政契约的运用不再仅限于政府采购、建筑工程这些传统的领域。只要没有法律的禁止规定，行政机关就可以自主决定是否适用行政契约手段。行政契约作为一种新型且重要的行政管理和公共服务方式，将传统上认为水火不容的行政和合同两种行为方式奇迹般地结合在一起。行政契约既有行政性又有合同性，是行政性和合同性的创造性结合，因其行政性有别于民事合同，又因其合同性不同于一般行政行为。行政契约因协商一致而与民事合同接近，但又因其为实现行政管理和公共服务的一种方式具有行政性而有别于一般民事合同。在英国，行政契约"可以被作为行政手段利用来贯彻某种政策"。[1]"政府通过签订承包契约将原来由内部机构实施或由政府负责的事务承包给私人。"[2]在美国，除商业领域、建筑领域、服务行业外，行政契约已被广泛地用于执行行政公务和行政立法领域。在法国，更

---

〔1〕 ［英］威廉·韦德：《行政法》，徐炳等译，中国大百科全书出版社 1997 年版，第 48 页。

〔2〕 余凌云：《行政契约论》，中国人民大学出版社 2000 年版，第 28 页。

是很早就将行政契约用于执行各种公务。[1]在德国，"与法学的保守态度不同，行政实践长久以来一直都在运用行政契约，因为明显存在着对这种活动方式的需要。司法也一直肯定行政契约……""随着《联邦行政程序法》的颁布，行政契约得到了最终的确立，特别是取得了与行政行为相同的地位。"[2]因此，狄骥宣称："没有人敢于否认国家是受到契约的约束的……任何国家机构，甚至是立法机关，均不得推翻它自己所订立的契约。一项使国家的契约义务得以据之解除或者变更的行为都将是'越权行为'；并且，法院将在该项行为仿佛从来不曾实施的意义上，来对国家进行谴责。公法中那种陈旧的契约观念——根据这一观念，国家可获准免予履行自己所承担的义务——已经到了寿终正寝的时候了。一份契约就是一项无论在公法还是在私法中都具有同样性质的法律行为；或者毋宁说在公法与私法之间不存在区别，而国家就完全如那些受到契约约束的个人一样，受到其自己订立的契约的约束。"[3]在我国，行政契约的生根发芽也是与政府管理观念、管理体制和管理手段的转变密切相关的。"随着政府职能的转变，在很多场合，行政机关担负的任务没有公民或企业的配合不能完成，甚至公用事业和私人活动之间的界限在许多场合已模糊不清。这些变化直接导致了行政机关行为方式的变化，现在比过去要求更多的是说服和合作，而不再是单纯的命令。在某些行政管理领域，行政机关通过与相对方协调一致，用契约的形式将双方的权利义务明确下来，

---

〔1〕　王名扬：《法国行政法》，中国政法大学出版社1988年版，第269页。

〔2〕　[德] 哈特穆特·毛雷尔：《行政法学总论》，高家伟译，法律出版社2000年版，第380页。

〔3〕　[法] 莱昂·狄骥：《公法的变迁　法律与国家》，郑戈、冷静译，辽海出版社、春风文艺出版社1999年版，第134页。

更有利于调动相对方的积极性，从而更好地实现行政管理目标。"[1]行政契约存在的这种必要性已为世界各国和我国的改革实践所证明。

（一）行政契约的概念

1. 国内外的相关学说

行政契约又称为行政合同、行政协议。我国的相关立法及司法解释采用行政协议这一概念。[2]对行政契约的界定，反映了对行政契约本质的认识，同时也确立了识别与划分行政契约的标准，是构建行政契约行为制度的基石。但是，由于法律制度和理论基础不同，各国对行政契约含义的理解也不尽相同。对行政契约的含义界定主要有以下几种学说：

（1）主体说。田中二郎在《公法契约的可能性》一书中，认为行政契约是以行政主体作为当事人的契约。主张以行政契约法律关系的主体作为区分行政契约与民事契约的标准和依据。这种观点盛行于日本，法国等国家亦将它作为识别行政契约的标准和依据之一。[3]

（2）目的说。和田英夫在《现代行政法》一书中，认为行政契约是以公法上的效果发生为目的，使复数的对等者间相反的意思表示达到一致，而后成立的公法行为。主张以行政契约

---

〔1〕 应松年：《行政程序法立法研究》，中国法制出版社 2001 年版，第 440 页。

〔2〕 在我国，立法中采用行政协议这一概念。如我国《行政诉讼法》第 12 条第 1 款第 11 项规定，"认为行政机关不依法履行、未按照约定履行或者违法变更、解除政府特许经营协议、土地房屋征收补偿协议等协议的。"《最高人民法院关于适用〈中华人民共和国行政诉讼法〉若干问题的解释》第 11 条规定："行政机关为实现公共利益或者行政管理目标，在法定职责范围内，与公民、法人或者其他组织协商订立的具有行政法上权利义务内容的协议，属于行政诉讼法第十二条第一款第十一项规定的行政协议。"

〔3〕 王名扬：《法国行政法》，中国政法大学出版社 1988 年版，第 17 页。

所追求的目的效果作为区别行政契约与民事契约的标准和依据。学者林纪东将行政主体之间和行政主体与行政相对人之间达成的合意称之为公法上契约或行政契约。将其纳入到"行政作用法"的理论体系的研究规范，认为该合意"为行政机关之公法上行为焉"，即"公法上契约，谓以发生公法上效果为目的，由复数之当事人间，反对方向意思之合致，而成立之公法行为也。亦称为公法契约，或行政契约"。[1]

（3）内容说。这种观点以德国为代表。这种观点主张以契约的标的，即内容作为划分行政契约与民事契约的"分水岭"，认为行政契约是以行政法上的法律关系为契约标的，旨在发生、变更、消灭行政法上权利义务的意思表示一致的行为。

（4）法律性质说。这种观点认为某一契约即使不直接执行公务或与执行公务无关，但其契约中如果含有私法以外的特殊规则（行政法规则）的话，那么这一契约也应认定为行政契约。其主张以契约所适用的法律规则的性质作为识别行政契约的标准和依据。这种观点主要为法国所采用，但并没有作为法国识别行政契约的唯一标准和依据，而是补充依据。[2]

在我国行政法学上，学者们对行政契约的定义大多采用主体兼目的说，即以契约的主体及缔结契约的目的作为认识行政契约的重要依据，认为行政契约是行政主体之间或行政主体与相对人之间基于行政目的而在意思表示一致的基础上达成的协议。

2. 对行政契约概念的重构

以上学说虽然对认识行政契约的性质和特征具有一定的作用，但对行政契约的本质认识仍有失偏颇，没有完全揭示出行

---

〔1〕 林纪东：《行政法》，三民书局 1983 年版，第 355 页。
〔2〕 王名扬：《法国行政法》，中国政法大学出版社 1998 年版，第 182 页。

政契约的本质特征。

（1）把行政契约中必有一方当事人是行政机关，曲解为行政契约的本质特征。例如田中二郎的观点，就是这种形式主义的典型。因为主体的不同并不必然是行政契约与民事契约在形式上的区分，况且这种区分是相对的。以此作为区别行政契约和民事契约的依据和标准，就无法正确回答以下两个问题：

第一，行政机关是否能够以民事主体资格签订民事契约？行政机关具有双重地位，即行政主体和民事主体两种资格，行政机关既可以运用行政职权，对公务事务进行管理，是为行政主体，也可以从事某种民事活动，如到商店购买办公用品，是为民事主体。当它以民事主体的身份出现，与其他民事主体签订的协议属于民事契约；当他以管理者的身份出现，与相对人签订的协议属于行政契约。

第二，是否非行政机关的社会组织所签订的契约就一定不是行政契约？根据我国行政主体理论，除行政机关以外，法律、法规、规章授权的组织，应视为行政主体，当然也可以签订行政契约。但事实上现实中除行政机关及法律、法规、规章授权的组织外，尚有很多有关行政事务的契约是在非行政主体之间签订的。比如企业与企业之间就某些军工或国防产品签订的供货、加工契约。这种情况在西方国家行政法中也存在。如法国行政法院在判决中认为，公私合营公司与建筑企业签订的高速公路建设契约和国有公路的建设契约本质上属国家活动，因此为行政契约。由此可见，由行政机关签订的契约可能是行政契约，也可能不是行政契约；行政机关或法律、法规、规章授权组织以外的其他组织也并非绝对与行政契约无缘。所以，判断某一契约是否是行政契约，不能简单地以行政机关是否为一方契约主体为依据和标准。[1]

（2）以契约的目的作为判断契约性质的依据和标准本身可能是正确的，但是，具体到每个单独契约时，有些契约的目的是比较明确的，但有些契约的目的并不十分清晰明了，实际判断十分困难，因此也不能作为唯一或主要的判断标准。

最重要的是，以上诸学说忽视了行政契约中最本质、最易于鉴别和判断的标的（内容）特征。既然契约主体不能成为判断标准，契约目的又过于抽象和模糊，难以判断，那么作为行政契约与其他民事契约"分水岭"的判断标准只能向契约的标的（内容）去寻找了。这是因为：一方面，任何契约目的都要通过形成一定的权利义务关系才能达到，因此不存在无具体标的或内容的契约；另一方面，契约的目的是隐含的，是难以判断的，而契约的内容和标的必须通过契约条款表现出来，是明确的、易于判断的。那么，从契约标的（内容）上看，行政契约与民事契约的最根本的区别在哪里呢？

行政契约所确立的权利义务关系是行政性的，或者说是行政法律关系，而民事契约所确立的权利义务关系是民事性的，是民事法律关系，这才是两者最本质的区别。因为在行政契约确立的法律关系中，行政主体一方处于主导地位，享有对方当事人所不具有的特权，双方的权利义务是不对等的。而这种地位的不平等或权利义务的不对等是为实现行政目的所必需的，是行政契约从诞生之时起就注定要刻上的烙印（当然，对于无隶属关系的行政机关之间签订的行政契约则要另当别论）。因此，离开对契约标的或内容的分析去判断契约的性质无疑是舍本逐末。

---

[1] 王名扬：《法国行政法》，中国政法大学出版社 1988 年版，第 179～180 页。

基于上述分析，行政契约可界定为：行政主体之间或者行政主体与行政相对人或者其工作人员之间基于行政管理的需要，依法设立、变更、消灭行政法律关系的协议。

（二）行政契约的特征

（1）在主体上，行政契约法律关系中至少有一方当事人为行政主体。但是，这里对行政主体应做广义的理解，不仅包括行政机关和法律、法规、规章授权的组织，也包括根据法律的规定缔结与执行与公务有关的契约的非行政主体。具体分析，行政契约存在着四种主体情形：即行政主体与公民、法人或其他组织之间的行政契约；行政主体与行政机关工作人员之间的行政契约；行政主体与行政主体之间的行政契约；两个非行政主体之间的行政契约。

（2）在目的上，行政契约必须基于行政管理的需要。众所周知，行政主体与他人之间订立行政契约是出于行政管理之需要，是履行其职责的需要，它的出发点和最终目标始终围绕着行政管理的目标。以此为前提，行政职权便构成了行政契约产生的"源泉"，如果不是出于行政管理的需要，就没有必要签订有别于民事契约的行政契约。

（3）在内容上，行政契约是行政主体与相对一方当事人之间设定、变更、终止行政法上权利义务关系的协议。这一点是行政契约与民事契约最本质的区别。行政权利义务关系与民事权利义务关系的最大差别在于行政权利义务的双方主体在地位上不平等，在权利义务的内容上不对等；当然，无隶属关系的行政主体之间或非行政主体之间的行政契约不具备这个特征。

行政契约所确定的权利义务属于行政法律关系。第一，这种权利义务关系的产生直接源于行政职权。行政主体只能在自己职权范围内，围绕着一定的行政目的而签订行政契约。第二，这种权利义务关系所指向的对象一定是特定的行政事务。如街道办事处与辖区的机关、团体、企事业单位签订的环境卫生承包合同，这一事项本身就是行政事务。第三，这种权利义务关系中的一方当事人即行政机关享有行政特别权利，如监督契约的履行、单方面解除契约、直接强制执行等。这些特点是民事契约确定的民事权利义务关系所不具备的。

（4）在本质上，行政契约具有契约性。在行政契约缔结过程中，行政主体要平等地对待参与行政契约缔结竞争的行政相对人，行政主体非因正当的原因不得排除适格行政相对人。行政主体以"平等"的主体身份与行政相对人进行协商，双方就权利与义务达成一致，行政契约成立。在行政契约的履行过程中，遇到的特殊情况需要进行协商，从而达到双方权利与义务的平衡。若不为公共利益的需要，行政主体不能行使行政优先权。与此同时，在行政契约中，双方当事人之间的权利与义务达到了总体平衡，相对人为了行政目的而付出劳务，有从行政主体处获得相应报酬的权利；在行政契约的履行过程中遭受了不正常的损害，有获得补偿的权利，这集中体现了契约中的等价有偿性。

（三）行政契约中的行政优益权

行政主体依法享有相应行政职权，并为实现行政目的、保障公共利益而实施相应行政管理活动。为保证行政主体有效行使行政职权，公共利益能够得到充分保障，有必要赋予行政主体一定"特权"，即行政优益权。

行政优益权普遍存在于行政管理领域，为行政主体行使职权提供便利的优先条件和物质保障，行政优益权来源于行政协议的公益性，在行政协议制度中具有重要地位。"在行政合同中，行政机关享有行政优益权，即根据公务的需要，行政机关可以依职权执行合同，可以在行政合同中规定当事人对第三人享有某些特权。"[1]

行政契约强调行政性是必要的，唯有如此才能解释为什么行政契约需要在行政程序相关法律中进行规定，并且行政相对人有获得行政复议、行政诉讼救济的权利，也能解释在行政协议中行政机关为什么享有单方变更、解除行政协议等有别于民事合同的优益权。与民事合同主体签订合同是为了自身利益不同，行政机关签订行政契约是为实现公共利益或者行政管理目标。不仅签订行政契约本身是实现公共利益或者行政管理目标的方式，而且在履行契约过程中，行政机关可以根据实现公共利益或者行政管理目标的需要单方变更、解除契约，甚至可以依法单方作出行政强制、行政处罚。

无论是在立法上还是在司法实践中，行政协议中的行政优益权均已经得到认可。如《全民所有制工业企业承包经营责任制暂行条例》第20条第1款规定："由于承包方经营管理不善完不成承包经营合同任务时，发包方有权提出解除承包经营合同。"《湖南省行政程序规定》第97条规定："行政机关有权对行政合同的履行进行指导和监督，但是不得对当事人履行合同造成妨碍。"2015年《最高人民法院关于适用〈中华人民共和国行政诉讼法〉若干问题的解释》（已失效）第12条有"对行政机关单方变更、解除协议等行为……"的表述，这说明，司法中已经承认行政契约中行政主体享有行政优益权，而行政优益权包括行政机关单方面变更协议、单方面解除协议的权力。

---

〔1〕 江必新、梁凤云：《行政诉讼法理论与实务》，北京大学出版社2009年版，第223～224页。

1. 行政契约中行政优益权性质分析

关于行政契约中行政优益权的性质，有学者认为行政契约中行政优益权属于行政权力的一种，如张弘认为"在行政协议中，为实现公共利益之目的而单独享有的强制性的特权，其本质就是强制行政权"。余凌云认为将行政契约中行政优益权视作一种行政主导性权利更为妥当。上述观点都看到了行政优益权的行政属性方面，但是却忽视了其合意性的特质。实质上行政契约是由"权力"与"合意"两变量因素相互作用并达致平衡，主体一方为当事人发生、变更或消灭行政法律关系的合意，[1]一方面行政主体以协商、合作的姿态追求行政目的和公共利益的实现，另一方面行政相对人为了自身利益亦自觉履行义务，二者统一于行政契约。

（1）正当性：权力因素的逻辑推演。行政契约的本质即协议性行政行为，是一种在政府与公民沟通、合作的基础上形成的特殊行政行为模式。"纵观世界各国的行政合同制度，大致可分为三种类型：第一种是英美法学国家以普通法为本位的政府合同；第二种是法国以行政为本位的行政合同；第三种是德国以合同为本位的行政合同。"[2]我国现阶段的行政契约制度实则体现为第二类，即以行政为本位的行政契约制度。在这种模式下，"行政合同一方当事人必须是行政主体，以实现特定的行政管理和公共利益为目的。因此，'行政性'应当是合同的本质属性，'契约性'作为基本要素，居于从属性地位。"[3]行政优益权是职权要素的逻辑推演，其作为行政契约的基本要素和方向性要素具

---

〔1〕 余凌云：《行政契约论》，中国人民大学出版社 2000 年版，第 20 页。

〔2〕 应松年主编：《比较行政程序法》，中国法制出版社 1999 年版，第 97 页。

〔3〕 杨勇萍、李继征："从命令行政到契约行政——现代行政法功能新趋势"，载《行政法学研究》2001 年第 1 期。

有天然的合理性。

(2) 防御性：权力监督契约关系的必然结果。"公共利益的实现不能纯粹以牺牲相对一方的经济利益为代价，否则行政合同将失去对相对一方的吸引力。"[1]虽然契约中权力因素的本质并未改变，但它已基于契约伦理因素的介入而退居幕后，行政契约的成立即预示着权力因素的自我抑制。因此，行政优益权在一般情形下是以防御性的姿态出现的，"它的行使既不取决于行政机关的自由意志，也非'合意'能够决定，而根本取决于法律对于契约因素深入行政职权领域的容许空间"。[2]因此，只有在契约权利无法满足行政目的的实现或法定的情势变更出现时，行政优益权才有行使的必要，以此降低相对方利益受损的可能性。

2. 行政优益权的具体内容

"在一个混合行政的时代，在一个对公权力和私权利的创造性互相作用极其依赖的时代，契约乃行政法之核心。"[3]行政契约，是公权力与合同自由原则相结合的产物。由于行政契约是为了实现公共利益和行政管理目标而缔结的，为了防止合同相对人追逐自身利益而置公共利益或行政管理目标于不顾，在行政契约履行过程中赋予行政主体行政优益权，是具有正当性与合理性的。因此，行政契约本质上是由行政性作为其主导因素。行政的主导性主要表现在：

(1) 选择权。行政契约以行政主体与行政相对人共同协作，

---

[1] 孙笑侠：《法律对行政的控制———现代行政法的法理理解》，山东人民出版社年 1999 版，第 171 页。

[2] 徐亚龙："论行政合同特权基本控制理念——权力保留"，载《行政与法》2008 年第 7 期。

[3] ［美］卡罗尔·哈洛、理查德·罗林斯：《法律与行政》（下卷），杨伟东等译，商务印书馆 2004 年版，第 554 页。

实现行政目的为初衷，此时的行政相对人是否具有符合要求所必要的资质与能力至关重要，否则实现行政目的无从谈起。行政主体在行政契约的订立阶段，应当享有对契约另一方行政相对人的选择权，"行政机关可以在法定权限范围内自主选择适合的合同相对人"。[1] 当然选择权的行使必须秉持以最大程度保障公共利益、实现行政目标为原则，并在一定规则内由行政主体择优选择与之订立行政契约的行政相对人。如在政府通过招投标方式进行政府采购时，行政主体的选择权必须按照《政府采购法》规定的条件选择最适合的行政相对人，并不能恣意行使。

（2）监督指导权。在行政契约中，行政主体的身份具有双重性。一方面行政主体作为行政契约一方当事人，要依据契约的约定履行自身契约义务。另一方面基于法律赋予的行政职权，必须履行行政管理职责，保障公共利益。这就要求在行政契约中，行政主体作为公共利益的代表者对相对人履行协议义务具有监督指导的权利。该项权利贯穿行政契约始终，无论是契约的签订还是履行过程，行政主体都享有此项权利。奥格斯说过："如果申请人知道一定不必要遵从合同条款，那么就会促使他们作出过于乐观的投标，从而损害'公平竞争'的理念。"监督指导权的存在不仅能对相对人起到一定的震慑作用，促使其自觉履行义务，也能使行政主体及时了解行政契约的履行情况，在相对人遇到困难时及时提供帮助，或者在协议相对人违反约定义务或者不履行义务时及时采取措施，保证行政契约目的的实现。

"赋予行政机关对契约履行的指导与监督权，对于督促相对一方切实履行其所承担的契约义务，减少因履行而产生的纠纷，

---

[1]　黎学基、谭宗泽："行政合同中行政优益权的规制及其法律救济——以公共选择理论为视角"，载《南京工业大学学报（社会科学版）》2010年第2期。

保证行政契约的执行向着行政机关所预期的方向发展，具有极其重大的意义。"[1]当然，因行政契约所蕴含的行政目的不同、约定具体内容的不同，行政主体对行政相对人指导与监督的内容也有所不同。如《城镇国有土地使用权出让和转让暂行条例》第 6 条规定："县级以上人民政府土地管理部门依法对土地使用权的出让、转让、出租、抵押、终止进行监督检查。"《政府采购法》第 59 条第 1 款规定："政府采购监督管理部门应当加强对政府采购活动及集中采购机构的监督检查。""但是，行政机关的这种指挥权是有限度的，它应该仅限于保障行政合同的如约履行，不可滥用权力干预合同另一方当事人的合法权利，不得要求相对人履行不合理的义务。"[2]

（3）强制执行权。在行政契约中，如果只能通过事后救济的方式来弥补损失，可能会因为程序的复杂性使时效延迟而导致公共利益受损。赋予行政主体强制执行权即在相对人不履行或者不完全履行协议义务时给予行政主体强有力的手段，来确保行政契约目的的实现，因此强制执行权也是行政优益权的重要内容。

德国和法国行政法都给予行政主体强制执行权，但由于两者行政契约制度价值取向的不同，两者的强制执行权存在很大区别。德国行政契约制度以"协议"为核心，对行政优益权设置严格的限制，行政契约中行政主体的强制执行权以双方当事人的约定为前提，相对人不履行义务时，行政主体可以依据《德国联邦强制执行法》的规定，行使强制执行权。如果没有事先的约定，行政主体不能行使强制执行权，只能通过其他方式保证行政契约的履行。法国行政契约制度强调行政契约的公益

---

[1] 余凌云：《行政契约论》，中国人民大学出版社 2000 年版，第 123 页。
[2] 王旭军：《行政合同司法审查》，法律出版社 2013 年版，第 20 页。

性，在行政契约相对人不履行约定义务时，无须事先约定或者请求法院强制执行，行政主体可直接行使强制执行权。相反，行政主体不履行义务时，相对人则只能请求行政法院进行裁决。

强制执行权是行政主体保证行政契约目的实现的有效手段，但从另一个角度来说会过度限制行政契约相对人的权益，给行政契约相对人的权益带来不确定性。行政契约的制度价值是在行政主体与相对人之间建立起相对平等的桥梁，虽然出于公共利益的需要赋予行政主体主导性权利，但是这种权利应当是有限制的，因此应当对行政主体的强制执行权设置严格的限制，如行政主体在行使强制执行权之前应当对相对人履行催告程序。

在我国，行政强制执行的方式有两种，一种是由行政机关强制执行，另一种是由行政机关申请人民法院强制执行。行政契约作为行政管理方式，不应扩大强制执行权的适用范围。因此，行政契约中，无强制执行资格的行政机关只能申请人民法院强制执行。而对有强制执行权的行政机关，可以借鉴德国模式，赋予行政机关强制执行权，但以行政契约中的约定为前提。强制执行权是保障行政契约得以履行的重要手段，具有存在的必要性，但如果赋予行政机关直接强制执行权会削弱行政契约的合同性，造成相对人权益的不确定性，采用德国模式行政相对人可与行政机关约定强制执行权的限制条件，有效地约束行政机关的强制执行权，防止行政契约中出现权利义务严重失衡的现象。

（4）制裁权。对于行政契约中约定的事项，行政相对人若不履行或不完全履行，行政主体可以对行政相对人予以制裁。行政主体与行政相对人在行政契约中约定的事项，对行政主体而言，是达成相应行政目的、保障公共利益的手段。一旦行政相对人无视约定，不履行或不完全履行约定事项，那就意味着预期的行政目的无法达成，公共利益将受到损失。此时的行政主体应当对行政相对人的该种行为进行惩罚，"这种责任的基础不是契约约定责任，而是法律从行政管理角度为保障契约义务必须履行而施加给相对人的法定责任。"[1]行政契约中行政主体的制裁权不同于民事合同中的制裁权，其不仅包括经济手段还包括行政手段。制裁方式主要包括金钱处罚、代执行、解约等。通过规定行政主体在特定情况下行使此种制裁权，可以在很大程度上弥补行政契约基于"合同"属性而产生的制裁手段的软弱与不足，公共利益将得到更有力的保障。

（5）变更、解除权。变更、解除行政契约权是指在"在行政合同的履行过程中，行政主体可以根据国家的相关法律、政策或者重大国民经济计划的修改或调整，以及为维护和实现公共利益的需要，有权单方面解除或者变更行政合同"。[2]如果在行政契约履行过程中，发生了重大的情势变更，若继续履行原有行政契约，不仅原行政目的无法实现，公共利益也将遭受一定损失，此时的行政主体就可以行使行政优益权，在无需征得行政相对人同意的情况下，单方面变更行政契约中某些条款，甚至直接对行政契约予以解除，以最大限度地保障公共利益。当然，在此种情况下，对于行政相对人来说是非常不公平的，行政相对人的私人合法权益必须得到相应的充分补偿。行政主体享有随时单方变更、解除行政契约的权利势必会给相对人的权益造成影响，降低行政主体的公信力，不利于行政契约制度的长远发展。为此，法国行政法设置"经济平衡原则"保障相对人的权益：只有出于公共利益的需要，行政主体才能单方变更或者解除行政契约，且必须对相对人进行补偿。经济平衡原

〔1〕 余凌云：《行政契约论》，中国人民大学出版社2000年版，第127页。
〔2〕 王旭军：《行政合同司法审查》，法律出版社2013年版，第21页。

则一方面可以弥补协议相对人的损失，另一方面增加了行政主体变更或者解除行政契约的成本，使行政主体在作出变更、解除行政契约决定时能够做到更加审慎，避免恣意变更、解除行政契约的情况。

（四）行政契约中行政优益权的限制

1. 立法体例的选择

要完善行政契约相关法律制度，首先要考虑的是立法体例的选择。目前我国采用的是针对特定的行政契约单独立法的形式，如针对政府特许经营协议制定的《基础设施和公共事业特许经营管理办法》，针对国有土地转让制定的《城镇国有土地使用权出让和转让暂行条例》。采用此种立法体例将造成行政主体行使优益权的僵化局面，由于行政契约的种类繁多，如果要对每一类单独立法，将耗费大量的人力物力，易造成各单行法之间的冲突，不利于法制的统一。在学术界，关于行政契约制度的立法体例主要有三种建议：

第一种将行政契约作为专章纳入合同法。持此种观点的人认为，行政契约具有合同性，与民事合同存在相通之处，在行政契约中也的确适用一些民事合同规则。普通法系国家即采用此种立法体例，普通法系国家受戴雪的法治观念影响，认为所有人都应受普通法和普通法院管辖，普通法系国家的行政契约原则上适用普通法规则，只在某些特定情形下才适用特别规则。

我国与普通法系国家不同，区分民事法律关系和行政法法律关系。民事合同是建立在双方当事人地位平等的基础上，合同法的首要目的是平等地保护当事人的合法权益。行政契约属于行政行为，当事人之间形成的是行政法律关系，主要受行政法调整。将两种制度价值不同的契约放入同一部法律不仅存在很高的技术难度，而且也会模糊本就不甚清晰的两种契约的界限。因此此种立法体例不可取。

第二种是制定《行政程序法》。德国行政契约以《联邦行政程序法》为基础，该法对行政优益权进行了系统的规定，我国的地方政府规章《湖南省行政程序规定》也采用该模式。应松年教授、马怀德教授在他们各自起草的《行政程序法（试拟稿）》中，就都为行政契约专门设立了一章。

第三种是制定专门的《行政协议法》。我国不仅缺乏关于行政优益权的程序规定，还缺乏关于行政优益权的实体规定，如果通过《行政程序法》同时设置实体和程序规则，那么与制定专门《行政协议法》区别不大，且制定《行政程序法》涉及的内容横跨行政法领域，制定难度比较大，短期内可能无法出台。而行政契约在行政管理领域又具有重要作用，制定相关法律具有急迫性。因此制定专门的《行政协议法》更具有现实可行性，且当前我国行政法领域多采用单行法的形式来进行立法，如《行政许可法》《行政处罚法》等，因此制定一部专门的《行政协议法》也符合我国当前的行政立法体例。

2. 立法内容的设置

（1）系统规定行政契约中行政优益权的内容。目前对于行政契约中行政优益权内容的规定，我国现行立法并不系统，涉及的有限条款模糊地散落在各种法律法规中，存在适用范围窄、相互重复或冲突等问题，这显然不利于对行政优益权的规范行使。明确详实的行政优益权内容规定，对于我国行政契约中的行政优益权规制都将有所帮助，都可通过系统规定行政优益权在行政契约中的行使原则，明确权力行使的种类及内容等。对行政主体而言，系统的规定充分肯定了行政优益权在行政契约中的适用，对其通过行使行政优益权达成行政目的、保障公共利益都有所裨益。对于行政相对人而言，系统规范行政优益权的内容，有利于防止权力的滥用，更有助于其对自身合法权益的保障。

（2）界定行政契约中行政优益权的行使条件。作为一种权力的行政优益权，具有天然扩张的属性，仅仅通过法律法规规定权力的内容而对行使条件不加以限制，同样无法使行政优益权在行政契约中发挥良性效果。相反，赋予行政主体大量的自由裁量权，会导致权力被滥用，行政契约将无法实现相应的行政管理目的。所以，在对行政契约中的行政优益权内容进行系统规定后，还要对权力行使的条件加以严格界定。

"公共利益的需要"是被普遍认可的行政契约中的行政优益权行使条件。在公共利益受损的情势下，作为代表公共利益的行政主体必须及时有效地行使法律赋予的行政优益权，以对公共利益进行保障。然而仅以"公共利益"划定行政优益权的行使边界未免太过于笼统，为防止因规定的模糊造成权力滥用，需要对"公共利益"作出更细致、更具体的描述。另外，在以具体条款规定之余，同时通过行使程序予以辅助规制，二者相互配合不失为一种对"公共利益"界定的可行方法。如在行政主体行使行政优益权后，应当及时向行政相对人说明权力的行使符合法律规定的"公共利益需要"的理由和根据，必要时应当提供切实的证据予以支撑。如对行政主体的说明判断仍存异议，行政相对人可采取各种救济措施，以对行政主体提供的行使行政优益权的说明是否符合法律法规对"公共利益"的界定予以判定。

（3）规定对行政相对人的补偿措施。行政主体行使行政优益权以"公共利益需要"为条件，而在此过程中，行政相对人可能不存在任何过错，但却要因公共利益而造成自身合法权益的牺牲，这显然是不公平的。如果在此情况下，不明确规定针对行政相对人的补偿措施，面对行政契约中自身合法权益随时可能受到损失的威胁，行政相对人将丧失缔结行政契约的意愿。作为国家机关，维护公共利益是行政机关的重要职责，在公共利益与私人利益发生矛盾时，应优先考虑公共利益的实现。但是，承认公共利益优先并不否认个人利益的存在及实现。行政契约订立后，只有出于实现公共利益或者行政管理目标的需要，或者由于法律政策的重大调整，必须变更或者解除行政契约时，行政机关才能行使单方变更、解除权，并对由此造成的公民、法人或者其他组织合法权益的损失，依法予以补偿。在以"行政"为本位考量行政契约的法国，公共利益相比于私人利益处于绝对优先地位，因公共利益的需要，行政主体可直接对行政契约单方变更或解除。而此时，"法律又赋予了相对人经济上要求补偿的权利，并要求行政法院对这种权利予以保护，以维持契约财产上的平衡。这种制度安排，保证了行政契约这种方式能够始终保持对相对人的吸引力，同时也从经济角度制约了行政机关随意变更或解除契约的可能性。"[1]借鉴法国的这种"经济平衡原则"，在仅因公共利益的需要，而对行政契约中行政相对人私人利益受损的情形进行必要补偿，可充分保障行政相对人的私人合法权益，免除其缔结合同时的后顾之忧，对我国完善行政契约中的行政优益权规制大有裨益。

（4）严格规范行政契约中行政优益权的行使程序。在行政契约中，为防止行政主体优越于行政相对人的行政优益权滥用，除在实体规则中完善对其内容、行使条件等系统规定外，通过程序规则对权力予以控制也是一种必要方式。现代行政法治理论认为，一套体现正义与效率的程序更符合行政契约的本质

---

[1] 余凌云：《行政契约论》，中国人民大学出版社 2000 年版，第 129 页。

要求。

第一，告知制度。基于行政公开原则而产生的告知制度，是保障程序公正的最基本制度。在行政契约中，告知具体表现为：

对行政契约将要订立的告知。即行政主体需订立相关行政契约时，应就行政契约订立的目的、主要内容及行政相对人应具备的条件等信息向社会公众告知。这一方面可以平等地给予社会公众参与行政事务的机会；另一方面可以让行政主体在众多参与人中择优选择，使最适合的相对人参与到行政契约中，有利于行政契约中行政目的的实现。

对行政契约单方变更、解除的告知。即行政主体因公共利益需要，对行政契约进行变更或解除时，必须就有关信息及时告知行政相对人。这一方面是因为行政相对人对于公共利益所涉情势发生变化不能第一时间知晓，并及时停止继续履行原行政契约，行政主体及时的告知使公共利益得到及时保护的同时，行政相对人也可以及时挽回因继续履行契约给自身带来的进一步损失；另一方面也可以使行政相对人及时就行政契约的变更、解除发表意见并进行救济。

对制裁权行使的告知。即行政主体行使制裁权时，应当及时就有关的信息向相对人披露。这一方面使相对人在第一时间了解了相关情况，并给予其对自身违反契约的行为及时进行补救的机会；另一方面如果行政相对人对于制裁权的行使有异议，也可及时采取措施进行救济。

第二，回避制度与禁止单方接触制度。"法律上的回避制度源于人类应受公平对待的自由本性，"[1]即"任何人都不得在

---

[1]　姜明安主编：《行政法与行政诉讼法》（第3版），北京大学出版社2007年版，第242页。

与自己有关的案件中担任法官"。在行政契约中，"回避制度是通过相对一方对执法主体中立性态度的挑剔，与执法人员的自我回避，来维护行政契约权行使的权威性和客观公正性。"[1]行政主体及相关工作人员为了维护行政优益权行使的公正与权威，遇到如下情形应主动予以回避或被申请回避："行政机关工作人员和行政契约的缔结或执行结果有着个人的利害关系；行政机关工作人员与参与竞争的相对人之间存在利害关系；行政机关工作人员与受行政契约缔结影响的第三人有利害关系"[2]行政主体行使行政相对人选择权中，即在确定最终订立行政契约的行政相对人之前，行政主体不可与参与竞争订立合同的参与人单独接触。行政主体必须对所有参与者同时会见，并综合考量各方条件，择优确定与之最终订立行政契约的相对人，以此体现权力行使的中立态度。

第三，说明理由制度。行政优益权是法律赋予行政主体实现保障公共利益职权的措施。对于行使权力所基于的事实、理由以及后果等情况往往行政主体最为了解，而行政相对人在很多情况下并不知情，有必要由行政主体向其具体说明。这样一方面"要求行政机关承担这种义务，能够使行政机关在作出决定时更加审慎，同时也便于对决定的正确性进行事后的审查和判断"[3]另一方面增加权力行使的透明度，使行政相对人得以及时、充分地了解事实情况，极大程度上减少行政相对人因不了解事实情况而与行政主体产生的纠纷。行政主体必须将行政优益权行使的理由向行政相对人说明，且内容必须详实具体，必要时还需提供相关数据支撑。如行政主体在确定竞争订立行政

---

〔1〕 余凌云：《行政契约论》，中国人民大学出版社 2000 年版，第 150 页。
〔2〕 余凌云：《行政契约论》，中国人民大学出版社 2000 年版，第 150 页。
〔3〕 余凌云：《行政契约论》，中国人民大学出版社 2000 年版，第 149 页。

契约的参与人时，应向所有竞争订立行政契约的参与人说明最终确定的参与人被选中的理由；行政主体对契约行使单方变更、解除权时，应向行政相对人说明变更、解除合同的理由、根据及必要性等。

第四，协商与听证制度。行政契约之所以产生并运用，是因为将契约精神渗透到行政管理行为中，通过其柔和开放的属性，能够增加行政主体与行政相对人的沟通与协作，更具效率地实现相关行政目的。协商符合行政契约的天然属性，可以有效促进行政主体与行政相对人之间的意见交换，减少双方的误解与纠纷。将协商确定为行政优益权行使的程序规则，在促进行政主体同行政相对人自由交流、减少异议与矛盾、降低行政成本等方面极具价值。听证在行政契约中，同样是促进行政主体与行政相对人双方互相沟通、交换意见的重要程序规则。"听证的实质是行政机关与相对人就主导性权利行使而疏通意见，通过赋予相对一方的反论权，排除恣意，将决定建立在坚实的事实依据上。"[1]其为行政主体与行政相对人建立了平等对话的平台，使行政相对人充分了解权力行使的初衷，消除不必要的误解与纷争，得以就自己的见解向行政主体进行陈述与论证，并反驳行政主体的意见，避免了行政主体对行政优益权行使的主观臆断，使行政决定能够在综合考量各方面因素后最终作出，排除了权力的滥用。当然，同其他程序规则一样，听证程序的繁冗往往会影响行政的效率，"为了保证行政机关有效行使公权力，避免在行政程序上过度牵制行政权力的效率，因此，应仅在涉及相对人重大利益时，才要求行政机关必须举行听证"。此外，考虑到实践中行政契约涉及的领域越来越广，专业化越来

---

[1] 余凌云：《行政契约论》，中国人民大学出版社 2000 年版，第 149 页。

越强，可以考虑在听证程序中邀请各领域业内专家作为第三方参与，为权力的行使提供专业意见的同时，因其自身的独立性，意见将更容易被双方接受。

第五，完善相关的法律救济措施。因公共利益的需要，行政主体在行政契约中享有行政相对人并不具备的行政优益权。为规制该权力的行使，把对行政相对人的影响降到最低，摒弃传统行政理念的同时，对权力内容、行使条件、行使程序等方面进行系统规定是十分必要的事前保障手段。然而，一旦行政优益权在行政契约中已出现被滥用的情况，一套完善的救济机制作为事后保护措施，无论对公共利益，还是相对人的合法利益来说都十分重要。另外，行政契约的高效、便捷属性，是行政主体、行政相对人选择其实现自身行政目的、私人利益的重要根据，如果一旦因行政优益权发生争议，仅能通过繁冗复杂的司法程序予以救济，行政契约将失去自身原有的活力。所以，各国都采取多元化的方式对行政契约中的行政优益权救济方式予以规定，以期实现快捷并高效地解决纠纷的目的。

一是协商。传统行政行为中，行政主体作为公共利益的代表，在与行政相对人的合法利益产生纠纷时，如果允许通过双方协商的方式进行救济，似乎存在公权力妥协让步，公共利益可能受损的顾虑。然而，作为有别于传统行政行为的行政契约，其本身就是建立在行政主体与行政相对人相互沟通并达成一致的基础上的，若其因行政优益权的行使而使双方产生矛盾，通过更具合作性的协商方式予以救济是完全可行的。通过协商的救济方式，可为行政相对人节约时间成本与金钱费用，同时若行政相对人能够与行政主体就矛盾的解决路径达成共识，也可继续维系两者的合作关系，最大程度地维护自身利益。而对于行政主体，通过协商方式向行政相对人解释自身行政优益权行使的根据与必要性，可大大避免行政相对人因误解而产生的纠纷，极大地节约行政资源并提高行政效率。在与相对人沟通中，若确实发现自身权力行使时存在的偏差，也可及时予以纠正，无形中提高了行政主体自身行使行政优益权的能力，同时也可以避免不利的司法判决结果对自身形象的不良影响，维护行政主体的权威。当然，通过协商方式解决行政契约中的行政优益权行使争议，并不是指对法律法规规定的权力内容、行使程序等方面的协商调整，而是就行政优益权的行使是否符合法律法规的规定，是否满足相应的行使条件予以讨论。同时，协商作为行政契约中对行政优益权行使的救济手段，在使用时也需要规范的程序予以引导，不能任由行政主体与行政相对人自行协商，以避免行政主体牺牲公共利益以换取与相对人达成妥协情况的发生。

二是行政复议。行政契约具有"行政"属性，属于行政行为。通过行政主体的内部监督，对因行政优益权行使产生的纠纷予以救济，在行政契约中应同样适用。相比作出行政优益权的行政主体，上级行政机关对行政优益权的行使更富有经验、行使能力更强，同时对"公共利益"的理解也更加透彻，能够更加精确地对权力行使的合法性、合理性作出判断，高效便捷地处理双方因行政优益权行使产生的矛盾与纠纷。当然，通过行政复议的方式对因行政优益权行使产生的纠纷进行救济也存在一定问题。一方面行政复议属于通过行政主体内部监督解决纠纷的途径，对行政契约中行政优益权行使产生纠纷的最终判定结果是行政主体的上级机构作出的，因其并非完全中立，存在一定偏袒的可能；另一方面传统的单方行政行为中，只涉及相对人私人利益的衡量，使得行政复议的申请权只赋予了行政相对人一方，"而在行政契约中，行政机关尽管在契约缔结与履行中拥有主导性权利，但这些权利的行使要受到公共利益必须原则的限制，不是在任何时间与场所都能行使的，因此，行政机关的预期不能完全通过单方意思表示直接在相对一方身上实现，在纠纷中要求解决争执的一方不一定就是相对一方，也可能是行政机关"。[1]基于此，对于行政复议的申请权同样也应赋予行政契约中的行政主体，复议的范围应当涵盖行政主体与行政相对人双方的行为。如因公共利益需要，行政主体需对行政契约予以单方解除，但对行政相对人补偿问题双方达不成一致意见，行政主体可以提出行政复议的申请以寻求救济。

三是行政诉讼。诉讼作为行政优益权行使纠纷救济的最后一道防线，对行政主体、行政相对人都至关重要。完善相关的诉讼救济措施，对行政契约中的公共利益与私人利益保障意义重大。我国《行政诉讼法》已将行政契约纳入行政诉讼的范围，为解决行政契约中因行政优益权行使产生的纠纷适用行政诉讼程序予以救济提供了法律依据，但在具体操作运用方面似乎还尚有不足。《行政诉讼法》第6条规定，"人民法院审理行政案件，对行政行为是否合法进行审查。"但在行政契约中，行政优益权的行使符合相关法律法规的规定，包括行使权力的内容、行使条件和行使程序等都不超出法律界定的边界，这显然仅是行政优益权行使的最基本条件。因合同契约精神的浸入，使行政契约有别于传统行政行为，就合同中很多内容，行政主体与行政相对人都可进行沟通协商。对于行政优益权的行使，虽然也由法律明确予以规定谨防滥用权力，但因实际情况的多变，行政主体不可避免地还是享有一定的自由裁量权。在自由裁量的过程中，形式上合法，但实质上违法，损害相对人私人合法

---

〔1〕 余凌云：《行政契约论》，中国人民大学出版社 2000 年版，第 168 页。

权益的情况就可能发生。这就要求法院在审查行政优益权行使合法性的同时，也应对权力的行使是否合理一并判断，以保障权力的行使真正切实有效。另外，依据我国现行法律规定，只有行政相对人才可以提起行政诉讼。如上所述，行政契约不同于传统单方行政行为，其中不仅存在相对人合法权益受到行政主体权力滥用造成不法侵害的可能，同样也存在相对人不履行或不完全履行合同义务，致使公共利益受损的情况发生。纵然行政主体可以通过行政优益权的行使，直接对公共利益予以保障，但不排除因法律规定的疏漏等特殊原因，致使行政优益权无法行使的情况出现。因此，有必要赋予行政主体与行政相对人一样的提起行政诉讼的救济手段，最大限度地保障公共利益。

在依法行政的价值追求下，规范行政主体权力的行使，防止权力的滥用，把自由裁量限制在一定的范围内，使行政主体赢得行政相对人的信任，维护权威的良好形象，并通过这一系列对行政主体权力的有效规制，给予行政相对人与行政主体在行政契约中相对平等的地位。即使在因公共利益需要行使行政优益权，行政相对人合法利益必须为公共利益让步时，行政相对人的合法权益也理应得到最大限度的保障。

（五）我国行政契约司法救济的缺失及其构建

1. 我国行政契约司法救济制度的缺失

行政契约争议最有力的解决途径无疑是司法救济，然而，我国并无完善的行政契约司法救济机制。传统上，我国主要是按民事合同的审理规则来对行政契约纠纷进行处理。[1]尽管2014年修改的《行政诉讼法》已经把行政契约的争议解决纳入

---

[1] 杨海坤：《中国行政法基本理论》，中国人事出版社2000年版，第270页。

行政诉讼的受案范围，[1]但从我国现有的行政诉讼制度来看，主要是围绕行政行为的合法性建立起来的司法审查模式与裁判思维。从制度内容来看，仅基本实现了判决的类型化构造，对于判决类型化之前提的诉讼类型化构造还尚未形成。再加上我国行政诉讼制度整体上对行政契约案件审理的模式及规则的理论研究起步较晚，尚未形成解决行政争议案件的完整的规则体系。公私合作形成的是行政主体、私人以及消费者、使用者三方之间的法律关系，既包括权力性关系也包括契约型关系，这不仅与一般的行政行为之行政主体与行政相对人的权利义务关系不同，也与其他行政契约中行政主体与行政相对人的合意性法律关系不同，因此，以行政行为的合法性审查为核心的行政诉讼制度对于公私合作行为的可适用性尚存疑虑。因此，对于公私合作争议的审判思维、起诉主体、请求权基础、审查方式与强度、法律适用、判决类型以及执行等规则皆与传统具体行政行为的审查有差异，需要进一步研究和明确。

当前我国的行政诉讼制度体现的仅仅是对行政相对方的单向救济。在这一模式下，相应的制度主要是针对行政主体所作单方行政行为而设计的，而行政契约是公私双方基于合意而达成的合作契约，具有双方性的特点，当行政契约争议发生时单向性的救济模式明显不能满足其救济需要。在单向性救济模式下，相应的制度如行政机关恒定为被告且负主要举证责任、不得提出反诉、行政诉讼不适用调解等主要是针对行政主体所作单方行政行为而设计的。但是，在行政契约所生争议中，不仅仅是行政相对人，在某些情况下，甚至行政机关也要求解决争

---

[1] 如我国《行政诉讼法》第12条第1款第11项规定，"认为行政机关不依法履行、未按照约定履行或者违法变更、解除政府特许经营协议、土地房屋征收补偿协议等协议的。"

议，单向性救济模式无疑剥夺了行政主体寻求司法救济的权利。因此，必须针对行政契约的特点对目前的行政诉讼制度进行反思与重构。

2. 我国行政契约司法救济的构建思路

针对行政契约的特点以及我国的具体实际，我国行政契约司法救济机制的建立可以从以下两个方面来加以考虑：

（1）赋予行政主体原告地位。我国现行的《行政诉讼法》规定：人民法院仅受理公民、法人或其他组织认为行政机关具体行政行为侵犯其合法权益的诉讼。因此，在我国，行政主体只能恒处于争议的被告地位，不能享有主动权。然而，行政契约要求解决争议的一方不仅限于行政相对方，除了在某些情形下行政主体可以享有行政优益权之外，行政主体并不能不分情境地将自身意志加载于行政相对方。在不具有行政优益权的情形下，当争议发生时行政主体也必须通过法院主张其请求权。许多西方发达国家均承认行政主体的原告地位，如法国、德国等，法律明确规定相对人和行政机关均可以提起行政契约诉讼。在法国，行政契约的执行就是一个典型的例证。法国行政主体虽享有强制执行权，但若行政契约中未对相对方愿意接受强制作出规定，行政主体便不能强制执行，只能诉诸法院，借法院的力量来强迫对方履行；即使在明确规定行政主体享有执行权的情形下，只要相对方提出了异议，行政主体便不能进行强制执行，仍需向法院提起诉讼。与此类似，德国有如下规定："一旦行政机关与公民达成一致的处理行为并接受平等地位，就必须相应地在请求权的实现方面保持平等，并且通过法院主张发生争议的请求权"，这表明，行政机关基于行政契约而达成的请求权，不得以行政行为强制执行，只能向法院主张权利。[1]此外,葡萄牙也有类似的规定。

依我国现行的《行政诉讼法》,与行政主体相比,行政相对人处于相对较弱的地位,故出于对其保护的目的,行政主体被限定为恒定的被告。这主要是针对传统的单方面行政行为的特点设计的,不能满足当前解决争议的需要。因此,有必要依据行政契约的特点对当前的行政诉讼模式进行重构与完善,即改变原有的单向性救济模式,建立一种新型的双向性救济模式。首先应赋予行政主体在一定条件下的原告地位,即当行政机关为维护公益而需要对方当事人履行契约或承担违约责任,却无法行使行政优益权时,可赋予其原告资格以向法院提起诉讼。从行政相对人的角度来说,承认行政主体原告资格并不会损害相对人的权益,反而能更好地保护其权益。因为在争议发生时,如果行政机关不享有原告资格,其某些行为可能不用经过诉讼中正当程序的审查,而诉诸其他有利途径,在这种情形下,行政相对人的权益可能反遭侵害。

(2)建立适合行政契约特性的举证规则。举证责任是指诉讼当事人在诉讼中因举证不能或不力所应承担的法律后果。现行的行政诉讼制度,采取举证责任倒置,即由作为被告的行政机关对所作的行政行为承担举证责任,行政相对人仅仅在法律有特殊规定的情形下负举证责任,如果行政主体不能提供证据证明其作出的行政行为符合法律的规定,那么就将承担败诉的法律后果。

与一般行政行为不同,行政契约有契约性和行政性的双重属性,故相对应地,行政契约案件也可分为两类,即权力争议的案件与自治争议的案件;权力争议的案件,由行政机关行使

---

〔1〕 〔德〕哈特穆特·毛雷尔:《行政法学总论》,高家伟译,法律出版社 2000年版,第 381 页。

主导性权力的行为引起；在行政契约中，权力争议的案件包括对行政机关缔结行政契约的合法性有异议的案件，以及对行政机关行使优益权的行为有异议的案件。[1]

如仍采取当前的举证责任分配方法则难免会有失公平，使争议得不到有效的解决。因此，应根据行政契约争议的特性对举证责任规则予以分类。例如，若行政契约的争议焦点为行政机关缔结契约的合法性，此时行政机关的地位与其作出行政行为时并无二致，可采取传统的举证规则，由被诉行政机关对行政行为负举证责任。但是在其他类型的争议中，行政机关和私人部门因合作而处于平等的地位，仍采用这一规则会导致不公平现象的发生。在行政契约中，公私双方基于"合意性"和"自治性"而订立、履行、解除合作契约，因此，在举证责任分配上不仅应考虑到行政契约的"行政性"，还应充分考虑到其"合意性"和"自治性"的特点，具体情况具体分析。如因行政主体单方面变更、解除契约而引发的契约争议，由于在此类争议中，行政主体享有职务上或物质上的优益资格，故可采取举证责任倒置规则，由行政主体负主要的举证责任；其他的争议类型由于涉及的只是行政相对人的民事权益，故可采取"谁主张、谁举证"的举证原则。

三、公私协力行为的法律规制

（一）公私协力的概念与特征

1. 公私协力的概念

公私协力，也被称为公私合作（public-private partnership），它并不是一个单一的概念，而是一个集合性的概念，泛指所有

---

〔1〕　马怀德主编：《行政诉讼法原理》，法律出版社 2003 年版，第 266 页。

政府部门和私人部门共同处理事务的情形。德国有学者认为，公私协力概念上应具备以下六种要素：共同行动、过程、目标、合作、身份与责任的存续、合作契约。但有的学者批评该观点过于狭隘，认为国家以公权力为主体，仅能以公益为依托，而私人是基本权利主体，以追求利益为目标，而以上观点是从国家的角度加以考量，忽略了私人在参与任务执行上的利益，与公私协力所追求的双赢目标不符，所以该观点并没有被采纳。[1]欧盟委员会将公私协力定义为："公共机构与商业社会之间为了确保基础设施融资、建设、革新、管理与维护或服务的提供而进行合作的形式。"[2]美国公私伙伴关系全国理事会将其定义为："公共机构与营利性公司之间达成相关协议，公私两个部门合作共享来提供公共服务或完成公共项目，另外他们还要共同承担风险并且共享利益。"[3]

从以上观点中不难看出公私协力模式内容的广泛性，"公"即指政府行政部门，"私"则包括了个人、企业和社会组织等，范围相对较广，而"协力"所要表达的是具有意思能力的复数行为主体基于对等地位而展开的合作。本书所要探讨的公私协力行为，强调为达成行政治理的公共任务，公部门和私部门以平等主体的身份参与行政治理，以签订契约等形式进行合作，此之谓公私协力。

2. 公私协力的特征

（1）平等协作。公私协力的特征在于公部门与私部门地位的平等性，双方在平等自愿的基础上达成合作契约，从而达到

〔1〕 詹镇荣：《民营化法与管制革新》，元照出版社 2005 年版，第 5~6 页。
〔2〕 余晖、秦虹主编：《公司合作制的中国试验》，上海人民出版社 2005 年版，第 36 页。
〔3〕 美国公私伙伴关系全国理事会网站：http://ncppp.org/howpart/index.html.

完成公共项目的目的。在传统的行政行为理论中，行政法主体双方地位不平等，行政相对人只能被动接受，甚至被强制执行，行政主体在实施行政行为时可不经过对方同意而强制执行，并且依靠国家的强制力保障实施，而公私协力行为强调的是双方地位平等、资源合作，以达成共同的目标。因此，平等协作是公私协力行为的显著特征。

（2）风险分担。公共任务的执行必定会产生一定的风险，基于公私协力的平等协作的特点，双方须对风险负担进行划分，而公、私部门以责任分担的形式共同完成公共任务，实际上是对风险的一种划分。2004 年欧盟执委会《公私协力及政府采购与特许欧盟法规绿皮书》中明确将风险分担作为公私协力的特征之一，联邦公私协力专案小组与地方自治团体首长联合会所合编的《公私协力手册》也有类似的思想："公私协力成功的基准乃是根植于风险分担之上的合作思维"。合作的各方应在其责任范围内承担风险，风险的分担作为公私协力的重要特征，使公共任务所产生的风险控制在有效范围内。

（3）责任共负。现代意义的公私协力行为，应注重考量公、私部门二者的责任共担，不能仅就公共任务的执行情况来进行责任划分。公私协力蕴含着责任分担的特性。私部门介入公共事务虽然在一定程度上减轻了公部门的执行责任，甚至完全替代了公部门的执行责任，但基于公部门的特殊性质以及保障人权的原则，仍然不能免除公部门的责任，公部门应承担起担保责任，甚至在必要时应担负起承接之责任。因为公部门以保障公民利益为依归，二者即为责任共同体，基于这样的责任共担特征，才能更好地完成公共任务。

（二）公私协力行为的类型

对于公私协力行为来说，有着诸多具体类型，但环境治理中对公私协力行为的类型还是需要有所选择的，根据治理任务来对具体的应用类型进行适用。下文对几种主要的公私协力行为进行划分，具体说明：

1. 行政委托

行政部门在职权范围内，通过借助私人力量或者交由私人完成等方式，完成行政任务。对于行政委托必须进行严格的规制：委托行为要有法律、法规或规章依据；委托行政机关要在法定权限内行使委托权；制定严格的选择标准等。行政委托还可以进一步细化为"公权力委托"和"业务委托"。

（1）公权力委托。公权力委托是指将本不具有公权力的私部门赋予行政权力，代为行使公共权力，以提高政府服务质量。这样的委托形式风险较大，公权力的行使本身就承担责任风险，因此这样的委托形式多出现于比较特殊的行政任务。对于公权力委托这种形式来说，应给予更加严格的规定，公权力委托除了应遵循法律授权以外，还要通过其他形式的行政行为确定最终的委托行为是否成立，以做到万无一失，尤其是在实务操作中，更加需要谨慎严格。

（2）业务委托。业务委托近年来得到了广泛应用，业务委托有着多种形式，在提高行政机关的办事效率上起到了很大的作用，无论是基础设施建设抑或是公共治理项目等，都可以采取业务委托的形式交由私部门来完成，国家借用私人力量、专业知识、技能、经验以及资金等，委托私部门办理或经营，这就是业务委托的基本形式。根据具体的项目要求以及实际情况也会衍生出许多具体的形式，如全部委托或部分委托，这种委托形式选择性与灵活性较强。

2. 公私合资事业的经营

公共项目往往需要大量的资金进行项目运转，在公部门出现财政困难时，可以采用公私合资经营的方式，由私部门全部投资，或公私合资共同完成公共项目，从而达成环境治理等公共目的。由私部门出资的部分，可以通过项目承包、项目租赁等形式让私部门取得收益，这既解决了公部门的财政问题，也为私部门带来了项目和收益，从而达到双赢的效果。

3. 公私合作管制

德国学者观点认为，在自由市场中，社会进行自我管制，私部门自愿承接公共项目，而国家仍可以获得这些任务执行所带来的利益，并且可以对这些承接任务的私部门进行干预和管理。事实上，公私合作管制正是在这样的理念之下的一种公私协力形式。公部门与私部门对公共事务进行合作管制，政府起到的是监督督促的作用，不只是放权于私部门完全放任不管，而是采用一种合作的方式，使得政府与私部门共同完成管制任务。

（三）公私协力行为法律规制的内容

现代法治国家要求，一切国家行为应符合法治的要求，即要具有"合法性"，这种合法性原则在行政领域则表现为依法行政原则。因此，公私协力行为作为公私合作的重要形式，必须符合依法行政原则的要求。

1. 公私协力行为范围的确定

公私协力行为并非在任何领域均可以适用，这就涉及公私协力行为范围的确定问题，即哪些行政任务可以通过公私协力来完成，哪些则不可以，行政机关在何种情况下才可以作出公私协力决策等。表现在行政法上，公私协力行为范围的确定问题体现为法律保留原则的适用问题。

当前理论界及实务界对于行政事务法律保留的范围并没有形成一致的观点，各国学者也有不同的理解。从理论学说产生的顺序而言，主要有以下几种学说：侵害保留说、全部保留说、部分保留说、重要事项保留说等。侵害保留说即公部门在作出"侵害"相对人权利或者赋予相对人不恰当的义务的行政行为的情形下，必须要有法律依据。全部保留说是指对所有的行政行为不加以区分其究竟是给付行政还是干预行政，都必须有相应的法律依据。[1]重要事项保留说认为除了干涉人民基本权利的行政领域要适用法律保留原则外，在给付行政领域，涉及人民的基本权利的事项，也应有法律保留的适用，立法者不可随便授予行政命令规定。所谓"重要事项"，并不是根据事务的本质而定，而是视一个规范对相对人的影响而定，没有固定的定义，是一个随时可以发生变化的概念。[2]法律的严格性因事项的重要性程度不同而不同，如越重要的事项对立法者的要求则越高，必须要由议会法律来调整，其次相对不重要的事项则可以由其他机关来予以调整，不重要的事项则被排除出法律保留的范围之内。许宗力教授指出，重要性标准应包含基本权重要性标准和公共事务重要性标准，具体包括："第一，受规范人范围的大小。第二，影响作用的持久程度。第三，财政影响的大小。第四，公共争议性的强弱。第五，与现行法的比较。"[3]以上各学说各有其优缺点，若采取侵害保留说则有可能使得大量的给付行政领域的行政活动脱离法律保留的控制，不利于民众的合法权益的保护，而若采取全部保留说，不加区分地将所有的行政活动都置于法律保留的约束性，势必会导致行政活动的僵化和无效率。重要性事项采用了一个相对有弹性的标准对法律保留

---

〔1〕 罗一龙："对行政法律保留原则的思考"，载《行政与法（吉林省行政学院学报）》2004年第9期。

〔2〕 许宗力：《法与国家权力》，月旦出版公司1994年版，第187页。

〔3〕 许宗力：《法与国家权力》，月旦出版公司1994年版，第192页。

的适用范围进行分级，但是由于其标准过于模糊，在具体的适用上可能会产生一系列的问题。因此，在公私协力行为的法律保留上，应当采取重要事项保留说。重要事项保留说克服了以上学说的缺点，且为重要性事项的判断标准提供了相对清晰的方向，在实践操作中较为可行。事实上，事务的重要性与公私协力所采取的具体方式紧密相关，可结合各国的实际情况，参照上述有关重要性事项的标准，从不同合作模式中私人参与程度及公私双方的责任分配程度来考虑公私协力行为法律保留的适用范围。如公用事业特许经营与公权力委托因涉及执行主体的变化，一般来说对相对人的影响较大，需要有法律保留的适用。"因公权力由具一定资格之公务员行使为常态，倘委由一般私人行使，其对相对人权益的影响不可谓不大，所以根据功能最适理论下的基本权重要性标准，应有法律保留的适用。"[1]在行政助手等模式下，执行行政任务的主体并未发生改变，私人主体只是起协助作用，故对相对人的权益并未产生太大的影响。因此，在行政助手以及与行政助手相类似的合作模式中，无需法律明确规定，行政机关可自行作出公私协力决定。

2. 公私协力行为的程序控制

仅依靠法律保留原则的控制，将会有许多事项游离于立法的控制之外，无法遏制行政的自由裁量权而导致滥用权力现象，因此，正当程序问题也应成为对公私协力进行控制的重要内容。行政法律规范中关于公私协力的程序设计至少应涵盖以下几个方面：

（1）私人从业者之间的竞争机制。由于官僚机构垄断了公共物品的供给，政府工作人员之间以及政府部门之间都缺乏竞

---

〔1〕　程明修：《行政法之行为与法律关系理论》，新学林出版股份有限公司 2005年版，第 321 页。

争，这导致了政府工作的低效率，因此，有必要在公私协力的决策阶段引入私人从业者之间的竞争机制。其中，最典型的当属"招标投标"，主要见于合同外包。"招标投标"是一种竞争活动模式，整个过程都公平公开，有利于遴选出"最佳合作者"。在特许权授予过程中主要采取的是特许权竞争，当前许多国家在特许权授予中都采取了这一方式，力求将市场竞争机制引入进来。所谓特许权竞争是指在满足一定的标准下，通过价格的竞争，决定特许经营权的授予。根据特许权竞争原理，对自然垄断的基础设施可以通过出售特许权来替代传统的监管，监管者可以采用竞标来发现企业成本和需求的真实信息。[1]公私协力行为有关程序的设计应当将"招标投标"及特许权竞争引入进来。

（2）公众参与机制。传统的行政机关作为单一的主体垄断行政事务带来了种种弊端，比如说行政行为效率低下、财政赤字等，公众参与机制的缺乏是其中最重要的原因，没有公众参与，就没有竞争机制，也没有降低成本的激励机制，也就缺乏有效的公众监督。公私协力强调公部门与私部门之间的合作，是一个公部门与私部门之间良性互动的过程，应有广泛的公众参与。在公私协力谋划阶段，行政机关就应该为广泛的公众参与提供各种制度上的便利，以便私人部门能参与进来，更以此为公众提供发言的广阔空间。具体来说，公私协力谋划阶段行政机关需要做到以下两点：一是一旦确定某行政任务的履行需采取公私协力行为模式，为了确保公私协力行为决策的科学性，相关行政机关首先应展开民意调查，听取各方意见，以论证其可行性；二是在确定合作事项可行性的前提下，需要对合作事

〔1〕 Harold Demsetz, "Why Regulate Utilities?", *Journal of Law and Economics*, 1968, Vol. 11, No. 1, pp. 55~65.

项的合理性加以论证，相关行政机关可采取听证会等形式听取公众意见，以进一步确定公私协力相对方的资格及限定标准。

（3）信息公开机制。公私协力行为所涉及的领域主要是公共服务的提供，公共服务的质量高低与人民的切身利益有着莫大的关系。公私协力将市场竞争机制引入行政领域，在市场竞争机制下，政府公部门与私人部门之间是平等的关系，为了平衡双方的关系，公私协力行为的整个过程都应该公开透明。信息公开应包括以下三个部分：首先，决策的初步计划。在公私协力行为决策的初步筹备阶段，行政机关需先拟定相关的计划书，并将其内容公之于众，计划书的内容主要包括具体合作所涉及的法律法规、合作对象所应具有的资格及其他的具体合作事项。除法律对国家秘密、商业秘密、个人隐私等有特殊规定的情形外，原则上应予以公开。其次，决策的实施过程。在公私协力模式下，私人参与行政任务的履行，私人部门与公共部门订立协议，双方处于平等地位，因此，整个公私协力决策程序的实施过程应该是公开透明的，不能有"暗箱操作"情形的出现。最后，决策的结果。通过公开竞争确定政府的"合作伙伴"之后，有关机关应当及时通知胜出者和其他参与者，并向社会发出公告以便及时知晓。

总之，行政法规范中应当体现上述程序要求，设计有利于公私协力行为发展的正当程序，以保障公众的广泛参与及社会公共利益。

3. 公私协力行为的司法救济

在传统的行政法律关系中，行政机关与人民之间的权利义务及救济方式规定得较为明确、简单，但在公私协力背景下，行政活动领域中行政机关与人民之间的法律关系却日趋复杂，相应的救济方式也发生了变化。实务中，公私部门之间往往通过订立契约的方式来达成合作，当争议发生时应受公法的控制还是私法的调整，是公私协力领域中选择司法救济途径的难题。在明确了契约的公私法属性后，针对公私协力行为所生的行政契约争议该如何进行救济，也是法律应当予以明确规制的问题。

（1）明确公私协力之契约行为的法律属性。公共部门与私人部门在合意的基础上，往往通过订立契约的方式来达成合作，故公私协力行为所生的争议大多都围绕着双方的契约关系而发生。倘若属于公法法律关系就需要采取公法契约，与之相反的则采取私法契约。如何判断行政契约的公私法属性，将决定其究竟是受公法调整还是私法调整的问题，是对其进行司法救济的先决问题。关于如何判断契约的公私法属性，各国有不同的标准。

德国关于公私契约的区分标准有很多，主要包括契约主体说、契约标的说、契约目的说等。契约主体说主张从参与主体来对契约的性质加以判断。此学说认为，首先只要契约当事人一方为行政机关，不论其契约内容是何种关系，其订立的契约即为公法契约（行政契约）。契约标的说认为应该根据契约内容的客观属性来判断契约的法律属性，视契约的内容是否具有公法属性而定，而不问契约主体为何。[1]此说是目前德国学界及实务界所获支持最多的学说。契约目的说依契约所追求的目的法律性质的不同来对契约进行划分，若公民与行政机关订立契约的目的是行政机关作出其所期待的某种行政行为，该契约即为行政契约，也即没有明示约定的职务行为也可以视为行政契

---

〔1〕 李建良："公法契约与私法契约之区别问题"，载台湾行政法学会主编：《行政契约与新行政法》，元照出版公司2002年版，第179页。

约订立的依据。[1]法国也是大陆法系国家，在这一问题上有着
与德国不同的判断标准。法国对契约的公私法划分依区分标准
的不同而不同，主要有法定和判例两种标准。法定标准又可进
一步分为两类：一类是法律对契约的公、私法律属性直接作出
规定；另一类则是法律不直接规定契约的属性，而规定争议的
管辖法院，属于行政法院管辖的则当然属行政契约，反之则属
民事契约。[2]依判例标准，行政契约需具有的特征是，一是订
立契约的双方至少有一方为公法人；二是契约所涉及的内容需
为公共服务事项抑或包含普通法外的条款。

　　如何对契约进行法律界定与一个国家的政治和社会背景息
息相关，参照以上标准并结合公私协力行为发展的具体实践，
可以从以下几方面进行判断：一是法律有规定的，从其规定；
二是在法律无规定的领域，需分情况而论。首先，看订立契约
所依据的法律，若契约是依行政法订立，且该法律主要是对行
政主体进行限制，基于公权力的行使，此时双方所订立的当属
行政契约；其次，看行政相对人在订立契约过程中是否有充分
的意思自治权，如行政主体可以不问行政相对人是否同意而仅
仅依单方面意思表示即可订立的契约当属行政契约；再次，看
行政机关在契约中的给付是否具有权力属性；最后，其他类型
的契约均应视为民事契约。

　　综上所述，对于如何判定公私协力所生契约的法律属性，
依照何种标准来判定，是解决行政契约所生争议的先决条件，
法律不应当回避，而应用具体的条文对其作出明确规定，为争

----

　　〔1〕　［德］哈特穆特·毛雷尔：《行政法学总论》，高家伟译，法律出版社2000
年版，第351页。
　　〔2〕　陈淳文："公法契约与私法契约之划分——法国法制概述"，载《月旦法
学》2002年第20期。

议当事人选择救济路径提供一个清晰的方向。

（2）明确公私协力之契约行为的救济机制。对于公私协力所导致的争议该如何救济，西方国家有多种制度设计，包括协商、仲裁或内部裁决等方式，这些司法外救济途径有其自身的优点，但是难以实现对行政特权的监控，故无法给予行政争议当事人最大限度的救济。因此各国都无一例外地将司法救济作为最终的救济途径。在司法救济中，法院以中立者的身份进行裁判，通过程序上的严格控制，可以使争议得到有效的解决。公私协力所生的争议也基本上是围绕契约而生的，故司法救济也应当成为公私协力之契约行为所生的争议最有力的救济路径。

在普通法系国家，并不对公法和私法加以区分，因为都适用普通法规则，所以对行政契约的纠纷是属民事诉讼还是行政诉讼没有争议的必要，对于契约的法律属性也无必要加以区分。大陆法系将法律分为公法和私法，且二者在适用规则方面有很大的不同。行政契约和私法契约分别由不同的法院适用不同的法律规则加以调整，有较大的差异。首先，二者在救济途径的适用上存在差异，大陆法系区分了公私法，公私法律诉讼分庭抗礼，二者有不同的诉讼模式，故应选择不同的救济途径；其次，二者受法律约束的程度存在差异，公法诉讼一般要求更为严格，必须遵循法定的程序，而私法诉讼相对较为自由；最后，在内容的变更以及契约的终止等方面不同。一般来说，民事契约基于合意即可变更或终止契约的履行，但行政契约则必须具备一定的条件方可作出变更。从大陆法系国家的立法实践来看，因为大陆法系有公、私法划分的传统，行政契约作为公法行为自然适用公法，由专门的行政法院来对行政契约所生争议进行管辖，将其纳入到行政诉讼的受案范围。如在法国，行政机关为履行其公共管理职能而订立的契约被认为是行政契约，由此所生的争议属于行政诉讼受案范围。[1]在德国，可向行政法院主张的请求权主要包括因合同签订过错、合同的履行或遵守而生的请求权。可见，在大陆法系国家，一般都有相应的行政契约司法救济机制。

综上，对于公私协力之契约行为所生的争议，应根据其所订立契约的性质而定，若为私法契约则毫无疑问应采用民事诉讼加以解决，若明确了公私协力行为过程中所订立的契约为行政契约，就应当通过行政契约的救济机制来为争议的当事人提供救济。行政契约有其自身的特点，因此，要建立专属于行政契约的司法救济机制，必须在法律中作出专门的规定，如行政机关在何种条件下可以起诉、行政契约诉讼的举证规则、行政契约争议是否适用调解等。

由此可见，对于公私协力，我们应当从法律角度对其予以规制。首先，要明确法律保留的适用范围，界定公私协力行为的界限；其次，要设计符合公私协力行为发展的正当程序，如信息公开机制、公众参与机制等，以保障公私协力行为的良性发展；最后，应当将司法救济作为公私行为的最终救济途径，在明确公私协力之契约行为所生争议为行政契约争议的基础上，构建相应的公私协力司法救济机制。

（四）我国公私协力行为法律规制存在的问题

公私协力是一项由政府主导推动的行为方式，它的兴起解决了政府在行政任务的执行过程中所面对的诸多难题。虽然公私协力行为在我国行政法实践中广泛存在，且取得了一定的效果，但无论是在立法上还是在司法救济上，我国有关公私协力行为的规定仍存在着许多的问题与不足。

---

[1]　余凌云：《行政契约论》，中国人民大学出版社2000年版，第160页。

（1）"法律保留"原则的缺失。根据"重要事项保留说"的重要性标准，公私协力行为应置于法律保留原则的控制之下，但是，我国的理论界和实务界都未对公私协力行为的法律保留进行深入的研究，对其关注度远远不够。我国的法律法规已经对某些公权力委托行为作出了明确规定，如《税收征收管理法》第29条规定，税务机关、税务人员以及税务机关依照法律、行政法规可以委托其他单位和个人进行税款征收活动。但是对于公权力委托以外的其他公私协力行为模式的相关规定，或散见于规章中，或因法律完全没有规定而造成了适用上的混乱，这完全背离了法律保留原则的要求。根据《行政许可法》的规定，只有法律、行政法规和地方性法规才可以设定行政许可，省级政府规章只能设定为期一年的临时许可，部门规章及其他地方政府规章则没有设定行政许可的权力。但反观我国目前公用事业特许经营的实践状况，除了新疆、深圳、山西等地制定了专门的地方性法规外，现行许多公用事业的特许经营都是依据建设部的《市政公用事业特许经营管理办法》（2004年2月）、《关于加强市政公用事业监管的意见》（2005年9月）或地方政府规章来进行的。这有悖于《行政许可法》的有关规定，使得以规章设定的特许权产生了法律保留层面的合法性危机。因此，从某种意义上说，我国现行的行政法律制度缺乏最基本的"法律保留"原则规制，阻碍了公私协力行为的法治化进程。

（2）实体规范尚存缺陷。公私协力行为相关的实体规范至少要包括以下内容：一是关于公私协力行为的适用情形，主要规定在哪种情形下行政机关可以决定采取以公私协力的行为方式来履行本应由行政机关单独履行的行政任务；二是关于公私协力行为的主体资格，规定私人部门必须具备什么样的资质才能被允许履行特定的行政任务。

现阶段，我国已有一些法律法规等规范性文件对公私协力行为进行了规制，全国性的规范性文件如《关于以 BOT 方式吸收外商投资的有关问题的通知》《境内机构对外提供外汇担保管理办法》《城市市政公用事业利用外资暂行规定》《市政公用事业特许经营管理办法》等；地方性规范性文件如北京市《关于对经营性基础设施项目投资实行回报补偿意见》《深圳市公用事业特许经营办法》《长沙市供水行业特许经营办法》和《长沙市污水处理行业特许经营办法》等。以上这些规范性文件为公私协力在我国的发展起到了一定的指导作用，但仍存在着诸多的问题。首先，相关法律法规规定得过于简单粗糙、漏洞较多，且法律法规之间不协调，可操作性不强。对公私协力行为的有关立法往往只停留在原则性的规定，对其实施过程中的具体问题缺乏明确、详细的规定。其次，相关法律法规位阶较低，缺少可以在全国范围内适用的专门性国家级法律法规，而国际上许多国家已有规范公私协力的专门性法律，如韩国的《基础设施吸引民间资本促进法》、巴西的《公私合作制（PPP 模式）法案》等。然而通观我国的立法实践，对于公私协力，我国主要是停留在部门规章、地方性法规或一般性规范性文件的层面，权威性不足。最后，当发生争议时缺乏有效的争议解决机制。就理论层面而言，目前我国关于公私双方所订立的契约的公私法属性并没有形成统一的观点，当争议发生时是采取民事诉讼还是行政诉讼就成了当前亟待解决的一大难题。尽管对公私协力所生的行政契约该如何救济，2014 年修订的《行政诉讼法》进行了规定，但现实的操作仍面临诸多问题。

（3）程序规范尚存缺陷。程序的重要性不言而喻，从某种程度上说，程序比实体更重要。通过程序法对公权力予以限制，可以保护人民的基本权利，且由于公私协力行为所涉及的领域往往关系到人民的切身利益，因此，该行为的决策和实施的整个过程都需要有相应的程序性规范来加以约束。比如说，公私协力行为中的公权力委托，因其权力的行使与人民的利益息息相关，大多强调上级机关的批准、在有关媒体上予以公告等程序，所以在委托程序上要求较为严格，必须有相应的程序性规范予以限制。在公用事业的特许经营领域，因为"协力伙伴"的选择是公私协力得以有效推行的首要环节，因此，特许权授予主体的选定程序显得尤为重要。特许经营中，必须严格依照法律所规定的标准和程序来授予特许经营权，尽可能公开、公平、公正地遴选出"最佳合伙人"，招标方式即是最佳的选择方式，但我国《行政许可法》和《市政公用事业特许经营管理办法》都只规定了可以适用招标方式来选择特许权授予对象，并没有对此作出细致性、专门性的规定，而程序性的规范又过于原则性，使得公私协力行为实践中存在着种种程序规制上的漏洞。在全国各地公用事业特许经营的实践中，都没有严格按招标程序确定特许权的授予对象，而是依照各自的标准作出选择，显得较为混乱。此外，对于公私协力过程中的"公众参与"与"信息公开"法律都未作出明确规定。在一个现代的民主国家中，公众应当享有知情权并可以通过合法渠道表达自己的利益诉求，这不仅有利于促进行政活动的科学性，更有利于公众对公私协力行为进行监督，防止以后出现种种违法现象，以减少矛盾的发生。因此，在公私协力有关的程序设计上，还应对"公众参与"与"信息公开"有所体现。

（五）我国公私协力行为法律规制的完善

构建完善的、贯穿公私协力行为机制实施全过程的法律法规，是公私协力行为法治化的根本。政府政策的支持、全国各地的实践、现有的法律法规的基础及国外的经验等都为公私协力行为法制化的发展提供了良好的支撑，公私协力行为法治化建设势在必行。

（1）强调法律保留原则的适用。如前文所述，在公权力委托中，公权力的行使因其行为的特殊性，应当强调法律法规的规范依据，其他公私协力行为类型是否应当适用法律保留应分情况而论。我国有关公私协力行为的具体规定散见于各类法规规章等规范性文件之中，可见，我国各类法规规章等规范性文件也是实施公私协力行为的重要依据，依各类法规规章等规范性文件而实施公私协力行为，可以视情况而区别对待：如果公私协力行为实施所依据的法规规章等规范性文件的制定机关即是作出公私协力决定的机关或其同级机关，那么应否定该行为的合法性；反之亦然。法规规章等规范性文件由于独立性的缺乏始终处于法律的监控之内，因此，对于依法规规章等而行使的公私协力行为，首先应将作出公私协力决策的机关或同级机关所制定的规章排除出判断该行为是否合法的规范之外，以保证"法律保留原则"的适用。

（2）制定合理的实体法规范。完善的法律制度是公私协力行为机制得以有效运作的重要保障。因此，我国应根据上述有关公私协力行为立法层面上存在的不足，完善现有的实体法规范，以做到有法可依、有法必依。首先，制定相应的国家级法律法规。由于现有的法律法规位阶较低，权威性不足，给公私协力行为的发展带来了一定的阻碍，因此，我们有必要在结合现有的经济特征及公私协力发展现状的基础上，参考当前我国的相关经济发展政策，由全国人民代表大会颁布一部适用于全国的法律，为公私协力行为的发展建立完善的外部法律保障体系。法律应包括以下内容：公私协力行为机制实施的相关程序；公私协力所适用的范围和市场准入条件；明确规定参与公共行政的私人主体的资质条件；明确参与的私人主体的资格考核制度；明确规定考核的内容、评判标准、等级；公私部门之间的责任分配；有关争议发生时的救济路径等。其次，完善相关的法律法规。对现有的法律法规进行梳理，修正法律法规的冲突。公私协力行为机制的推行与各个地方的实践紧密相关，因此，相关立法应当充分考虑到各个地区的经济与法律环境，因地制宜，制定合理的规范体系。最后，完善相应的争端解决机制。争端解决机制的缺失不利于所生纠纷的解决，在相关的实体法规范中，应对争议解决的步骤程序等予以规定，确立争议发生时应采取的司法救济手段。

（3）完善有关的程序法规范。法律的正确实施唯有通过适当的程序才能得到真正实现。根据前文所述，目前的规范性文件没有明确规定公众参与和信息公开等具体程序。因此，应针对公私协力行为本身的特点，建立具体的程序性规范，主要包括以下内容：首先，确立听证程序。公共服务事项与公众利益密切相关，公众应当有正确且有保障的渠道来表达自身的诉求，使公众拥有真正意义上的发言空间。其次，应当制定专门的程序性规范来保护私人部门的利益，尤其是应对其权利若发生损害时该如何获得补偿、获得多少补偿作出专门的规定。虽然公私协力双方在合作中处于平等协商的地位，但是私人部门与行政部门相比，仍属于较弱的一方，因此法律有必要有所倾斜，以维护其合法权益。最后，应当对"招标投标"与特许权竞争作细致化的规定，将市场竞争机制引入进来。此外，还应当对私人部门的某些抗辩性权利作出规定，如申辩权、处罚通知权等。

第七章 行政听证程序论

一、行政听证的概念

(一) 听证的由来

作为一项程序性制度，听证是指听取利害关系人意见的法律程序，"听取利害关系人意见的程序，法律术语称为听证"，[1]现代意义上的听证制度，即独立的听证制度，源于西方，并最早用于司法领域，作为司法审判活动的必经程序，谓之"司法听证"（Judicial Hearing），后逐渐为立法吸收，适用于立法领域，谓之"立法听证"（Legislative Hearing）；到20世纪晚期，才正式运用于行政领域并获得巨大发展。现在，人们提到听证或听证程序，主要是就行政听证（Administrative Hearing）而言的。[2]

听证程序运用于行政领域并得到较大发展，一方面是行政权扩张的结果，另一方面是基于对行政权扩张的担心，而要求对权力约束和对公民权益强保护的结果。随着社会的发展，行政权理所当然地得到了迅速发展：首先是制定行政法规与行政规章的行政立法权的发展，然后是裁决私人纠纷的行政司法权的发展。行政权的发展，意味着其侵犯公民合法权益的可能性增加。伴随着社会的发展而出现的个人能力相对弱小，个人的

---

〔1〕 王名扬：《美国行政法》，中国法制出版社1995年版，第382页。

〔2〕 王克稳："略论行政听证"，载《中国法学》1996年第5期。

合法权益得到了高度重视；因此，在行政权扩张的同时，保护公民合法权益避免遭受行政权侵害的愿望也在加强。听证程序适用于行政领域是近代行政权不断扩张的结果。它以听取并充分考虑行政相对人意见为核心，从程序角度满足了人们合法权益得到有效保护的愿望，而又没有从实体上违背行政权需要加强的客观需要；它一方面限制行政官吏的专断恣意，维护了法的稳定性和自我完善性，另一方面也给予其一定的自由裁量权，容许其选择的自由，扩大了本身的适应性，因此，听证程序的发展具有必然性。日本学者盐野宏在其著作中写道："行政程序原本来自对国家权力之防御思想出发，再加上民主参加之理念重新发展……听证程序系以行政官署之程序上义务及程序关系人之程序上权利为构成要素"，旨在确保公民能运用这些参与权利，进行"自卫"和"防御"，以抵抗行政机关的违法不当行政行为，并缩小其与行政机关法律地位不对等所造成的巨大反差。[1]

（二）与听证相关的概念区分

1. 正式听证与非正式听证

正式听证以审判型的听证会为主要标志，又称听证会，一般是指行政机关制定行政法规、规章或者作出具体裁决时，举行审判型的听证会，以给予当事人及其他利害关系人提出证据、辩论、对质或者质证的机会，然后根据听证记录或充分考虑记录作出决定的程序。非正式听证则是指行政机关在制定行政法规、规章或者作出具体裁决时，不举行审判型的听证会，而给予当事人及利害关系人口头或者书面陈述意见的机会，以供行政机关作出决定时参考，但行政机关不必基于听证记录作出决

---

〔1〕〔日〕盐野宏：《行政法》，杨建顺译，法律出版社1999年版，第232~233页。

定的程序。正式听证与非正式听证主要有以下差别：第一，正式听证必须采用类似司法审判的方式和程序进行，手续比较复杂；而非正式听证程序比较简单。第二，适用范围不同。正式听证程序复杂，费时费力，一般适用于对公众或者个人重大权益产生影响的事项；而非正式听证程序简便，形成上的公正性也相对较弱，因而一般适用对较小权益产生影响的事项。第三，在正式听证程序中，当事人享有的权利和承担的义务法律规定比较严格，例如，当事人依法享有法定期限内获得通知的权利，知悉对方提出证据及辩论内容的权利，提出证据及进行辩论的权利等。这些权利都有法律的严格规定。在非正式听证程序中，当事人享有的权利和承担的义务，法律规定并不十分严格，当事人主要行为是陈述意见。另外，在正式听证程序中，行政机关受到较多的严格限制，法律一般要对听证主持人及听证后决定的作出等问题作出明确规定，限制行政机关的自由裁量；而在非正式听证程序中，行政机关所受的上述限制显然要小。例如，在正式听证中，行政机关一般依据听证记录作出决定，而在非正式听证中，听证所获得的信息、资料及其他证据，仅供行政机关决定时参考，行政机关可不受其约束。

　　正式听证程序既适用于行政法规、规章的制定，也适用于对具体案件的裁决活动。在行政立法中，使用正式听证程序虽然有利于保障公众的立法参与权，促进立法的客观、公正，但是，"这个程序的缺点在于把行政上正式程序的裁决的规定适用于制定法规，不符合制定法规程序的性质和需要……在正式程序中，大部分时间浪费在证人的相互盘问上，在这种程序下，行政机关的立法活动几乎处于瘫痪状态，失去灵活应变能力，不符合近代行政法的需要"。〔1〕因此，在行政立法活动中，严格的正式听证程序运用得越来越少，与此相反，在对具体事项的行政裁决活动中，由于正式听证能够有效地保证裁决的客观、公正，保障当事人合法权益，减少行政争议的发生，因此，其适用范围有扩大的趋势。

2. 事前听证和事后听证

听证一般要求在行政决定作出之前举行，即事前听证。但有的国家也规定在行政决定后进行听证，又称迟延听证。如美国的一个法院判例认为："听证是否在命令制定以前进行……无关紧要，只要在命令执行以前提供完全的公正的听证，就已足够。"〔2〕

3. 公听会、辨明程序与听证程序

在日本，公听会、辨明程序常常与听证程序相混淆。公听会，是指行政机关在制定、修改或者废除命令，或作出影响多数人利益的处分时，要求广泛听取一般意见的程序，不需要一般程序，往往徒成为一种形式。〔3〕

辨明程序在日本一般与听证程序相并列，两者有很多相似之处。但是，"辨明程序，较诸听证程序，为略式程序"，一般采用书面审理，不另设审理官，强调建议、迅速的辨明程序与听证程序往往法律界限并不十分清晰，辨明程序也可以转化为听证程序，故"两种事前之行政程序，可以互为应用，充分发挥其功能"。

---

〔1〕 王名扬：《美国行政法》，中国法制出版社 1995 年版，第 368~369 页。

〔2〕 王名扬：《美国行政法》，中国法制出版社 1995 年版，第 389 页。

〔3〕 ［日］室井力主编：《日本现代行政法》，吴微译，中国政法大学出版社 1995 年版，第 180~181 页。

二、行政听证程序的价值

1. 公正的价值取向

行政听证程序是在适应约束扩张的行政权、保护弱小个体合法权益的需要中产生并发展的，它要求行政机关在采取影响相对人权利义务的行为时，给予相对人以充分表达自己意见并为自己辩解的机会，其实质就是程序公正，其内核就是听取意见。

20 世纪 60 年代，美国法律进行了一场"正当过程革命"；而在德国，也存在着以"程序正当性"为核心的法律程序化现象和主张。程序正当过程的最低标准是：公民的权利义务将因为决定而受到影响时，在决定作出之前，他必须有行使陈述权和知情权的公正的机会。[1]大法官道格拉斯指出："公正程序乃是'正当过程'的首要含义。"[2]听证程序是公正程序的最起码的要求，是正当法律程序的核心内容。没有这个最起码的程序要求，行政机关行使权力影响公民合法权益时可以不听取其意见，那么，行政权力的行使就不是公正的，行政管理就不是民主的，政府就是专制的。"人们获得听取针对他的指控并提出自己的理由机会的权利对文明的法律制度来说是如此的重要，以至于……没有遵守它应使任何违背这一要求而作出的决定无效。"[3]因此，听证程序在价值取向上更侧重于公正，当然它同样不放弃对效率的追求，只是相比较而言，效率目标已退居公

---

〔1〕 季卫东："程序比较论"，载《比较法研究》1993 年第 1 期。

〔2〕 Justic Wlilliam O. Douglas's comment in Joint Anti-Fascist Pefugeecomm. V. Mcgrath, see *United States Superme Court Reports*, The Lawyers Co-orpertative Publishing Company 1951, p. 848.

〔3〕 ［英］威廉·韦德：《行政法》，徐炳等译，中国大百科全书出版社 1997 年版，第 159 页。

正之后。

2. 程序的公正

听证程序的实质是程序公正而不是实质公正。也就是说，它追求作出决定的过程公正；虽然人们希望通过公正的程序实现公正的结果，但它并不直接决定着公正的结果。听证程序的公正价值，在于它不把人作为某种目的的手段看待，而是在程序运行中，保护人格尊严，实现人的法律及道德主体地位。

听证程序之所以能够成为公正的程序，在于：第一，一切公正合理的程序都必须具备一个最基本的条件，即权益可能受到裁决影响的主体必须有充分的机会富有意义地参与程序，并对裁决结果的形成发挥有效的影响。只有参与，才能摆脱仅仅作为一种客体被动地承受别人意志的命运，才能作为一个积极主动的道德主体通过具体行为促使程序产生符合自己真实意愿的结果。程序参与是程序公正的最低要求。第二，程序自治确保了裁决结果必须从程序运行过程中而不是在程序之外形成和产生。也就是说，程序在结果方面具有唯一的决定作用。程序自治原则有助于裁判者严格遵循法律确定的程序发现案件事实真相，保证实体公正的实现；而且这一原则有利于维护程序参与人陈述权和申辩权，确保程序不流于形式。听证程序中的案卷排他性原则制度以及其他类似的重视案卷的制度是程序自治的重要保障。

3. 公正与效率的对立统一

（1）从较深层次上说，听证程序的公正目标与效率目标是相统一的。公正并不妨碍效率，效率也是公正的要求。因为公正不仅体现在保护个体权益方面，还体现在推行公共利益方面；不仅体现在严格、详密的程序步骤上，也体现在及时、合理的程序期限上。因此，一个公正的程序必须同时含有效率的追求；

而效率也有助于公正的实现。具体就听证程序而言：一是公正的听证程序有如达摩克利斯之剑，时刻防范行政机关的专横恣意，有利于促使其依法行政和公平行使权力。实行听证程序，违法行政、不合理行使权力的现象减少了；实际举行的听证不如想象的那样多，并没有妨碍效率的实现；相反，它维护了公民与行政机关的信任和良好的关系，反而最大限度地提高了行政效率。二是通过听证程序作出的决定，尽管不能满足全体当事人的要求，但听证程序具有疏导、容纳功能，使决定易为各方接受，从而使决定易于执行。从行政活动的一贯性来看，听证程序减小了决定执行的阻力，因而也可以说是提高了行政效率。

（2）从现实的具体情况看，听证程序的公正与效率之间又确实存在一定的冲突。为了将冲突限制在尽可能小的范围内，可采取如下措施：第一，实行听证程序繁简分立的原则，根据公正与效率的不同倾向，适用不同形式的听证程序。一般说来，涉及相对人权益越大，适用的形式就越严密，减小该权益受行政侵犯的可能性；反之，涉及相对人权益较小，可考虑适用简单、便捷的听证程序。但这种权衡具有很强的主观色彩。在主观色彩不可避免的情形下，应考虑以立法的形式进行利益权衡。因为从一般意义上说，立法毕竟代表了大多数人的意志，是社会统治观点的体现。另外，还必须采取补救措施，避免考虑不周的情形。第二，在适用严密的听证程序，如正式的听证形式时，也可以通过具体制度力戒资源浪费，促进行政效率。如时效制度可以避免当事人旷日持久的辩论和听证程序的无限制拖延；主持人制度可以令主持人指挥听证程序的有效进行；证据制度可以禁止无关的、重复的证据提出等。第三，在适用简单的听证程序实现行政效率目标的同时，也要通过具体制度保证最低限度的公正。听证程序的核心是当事人的了解权和陈述申辩权。这两项权利是公正程序和不公正程序的分水岭。即使涉及最微小的利益，适用最简单的听证形式，也必须确保当事人的了解权和陈述、申辩权，以保证效率不脱离公正。

三、行政听证程序的适用范围

(一) 行政听证适用范围确定的范式

1. 制定法

大陆法系国家一般采用这种模式，如奥地利、德国、葡萄牙、日本等。这一方式又分为概括式和排除式两种。德国的《联邦行政程序法》第28条第1款规定，"在颁布影响参与人权利的行政行为之前应当给予当事人陈述影响该决定的重要事实的机会。"该条第2款和第3款为排除条款。日本的《行政程序法》第13条规定："符合下列各款之一者，进行听证：拟为撤销需认可等之不利益处分时；前款规定外，将为直接剥夺相对人资格或地方之不利益处分时；相对人为法人时，命其解任职员之不利益处分，命其解任从事相对人业务者之不利益处分或命其将会员除名之不利益处分；除前3款所述情形以外，行政机关认为相当时。"另外，"赋予辨明之机会"这一非正式听证形式也以概括式和排除式加以确定，即除法定听证的四种情形以外，赋予辨明之机会。同时，五种法定情形排除适用。美国是普通法系国家，但也采用了制定法方式。首先，美国宪法规定了正当法律程序原则，即未经正当的法律程序，不得剥夺任何人的生命、自由或财产。它要求行政机关对当事人作出不利的决定时，必须听取当事人的意见。因此，听证是美国公民根据宪法正当法律程序原则所享有的权利，其效力高于行政法上所规定的程序规则，除非法律明文规定，不能排除其适用。此外,《联邦行政程序法》第 553 条第 3 款明文列举了制定法规的非正式听证的排除范围,该法第 554 条规定了在行政裁决中排除适用正式听证程序的情形。这种概括加排除的方式优点在于明确、统一,具有原则性,也便于行政机关掌握。相比之下,我国《行政处罚法》采用的听证适用范围的立法方式为列举式和间接排除式,由于缺乏概括性的规定,虽然适用听证的情形清楚明确,但却容易挂一漏万,导致听证的适用范围过于狭窄。

2. 判例法

大多数英美法系国家是通过判例的形式来确定行政听证适用范围的。由于深受古老的"自然公正"法则的影响,英美法国家对行政听证适用范围的规定相对而言要广泛些。早在 1863 年英国著名的"库柏诉旺德斯沃兹工程委员会案"就确定了非经听证程序,任何行使公共权力的机关均不得剥夺个人财产权利的规定。当时英国的行政听证适用范围还仅适用于剥夺公民财产权利的不利行政行为。20 世纪 60 至 70 年代,法院又通过一系列判例将其扩大到限制或剥夺职业或社团的资格权利、许可证持有人对许可事项的权利以及损害"合法期待"权的行政行为等,即当行政机关的行政行为影响到当事人合理的、建立在一定事实基础上的符合逻辑的、未来即将得到的法律权利和自由时,也必须给予当事人听证机会。[1]这种方式的优点在于能够照顾到不同种类行政行为的特点,易于行政机关在实践中准确把握,缺点是不具有概括性和统一性,而且多是在行政行为发生争议后由法院作出判断,不能完全适用于普遍的行政行为。

---

[1]　马怀德:"论听证程序的适用范围",载《中外法学》1998 年第 2 期。

（二）听证程序适用范围的确立标准

1. 行为标准

德国、韩国、奥地利、日本等国采用行为标准确定听证程序的适用范围。德国的《联邦行政程序法》第 28 条第 1 项规定：干涉当事人权利之行政处分作出以前，应给予当事人对与决定有关之重要事实，表示意见之机会。韩国的《行政程序法》第 22 条规定：行政机关对当事人为科以义务或限制权益之处分时……应向当事人等提供提出意见的机会。奥地利的《一般行政程序法》第 37 条规定：调查程序之目的在于认定处理行政事件所依据之事实，并给予当事人主张其权利与法律上利益之机会。日本的《行政程序法》第 3 章第 2 节中，从第 15 条到 18 条也规定行政机关作出"不利益处分"前需举行听证。荷兰的《行政程序法》第 4 章第 7 条、第 8 条规定，行政机关作出否定申请之前，应当给予申请人陈述其观点的机会。

根据上述规定，只有行政决定或行政行为的作出对当事人有不利的影响，才有可能听证。何谓不利的行政行为，理论界又有不同的界定。有人把不利的行政行为定义为"负担处分"，即对当事人造成不利后果的所有处分。它使当事人负担了不利后果，所以在作出这种处分前必须给予当事人陈述意见的机会。也有人将不利行政行为归纳为"干涉处分"，即由于作出这种处分，会使当事人现存的法律地位转为不利，或者课以法律上的义务要求当事人作为、不作为或容忍。由于这种干涉也存在于通常所说的"授益处分"，故对原许可事项附加限制等行为也属于"干涉处分"。干涉处分以当事人的权利为干预的对象，而此种权利必须是法律上容许个人享有的法律地位，当行政机关作出的行政行为会对这种法律地位造成侵害时，即构成对当事人权利的干涉。对于非法律上所承认的利益或状态的干涉，不属于干涉处分。由此可见，由于这种干涉处分是以干涉当事人的权利为内容，所以其范围比负担处分窄。[1]还有人将不利的行政行为概括为"不利益处分"。日本学者盐野宏认为，"听证程序，系将不利益处分中许可、认可等之撤销、名义人资格或地位之剥夺、董监事之解职命令等所谓不利益程度较强之行为予以列举，此等可称为法定听证。此外，行为官署依其裁量判断，纵关于此等以外之不利益处分，认为相当时，亦得采取听证程序，此可谓任意听证"。[2]

至于行政机关拒绝申请（许可）的行为是否为不利行政行为？一种观点认为，如果当事人本来就没有请求的权利，且行政机关拒绝也合法的，当然就不会损害他的权利。如果当事人具有请求权而受到行政机关违法拒绝时，由于当事人的法律地位，尚须经由许可处分才能加以确认，在未确认前，他仍未获得法律地位，所以行政机关的拒绝也无干涉可言。另一种观点则认为，行政机关拒绝申请的行为与其他干涉行为并无区别。虽然申请人在未获得许可前并无特定权益和法律地位，但他根据法律规定提出申请本身就证明他与行政机关之间存有不同于普通人的法律关系，行政机关作出的行为必然直接影响到他可能享有的权益，因而，行政机关作出不利于申请人的拒绝行政行为时，应当给予申请人陈述其观点、说明事实情况的机会。[3]

---

〔1〕　洪家殷："行政程序之基本制度——以行政处分为中心"，1997年海峡两岸行政程序法研讨会论文。

〔2〕　[日] 盐野宏：《行政法Ⅰ》，刘宗德、赖恒盈译，月旦出版公司1996年版，第270页。

〔3〕　[英] 威廉·韦德：《行政法》，徐炳等译，中国大百科全书出版社1997年版，第207页。

2. 利益标准

采用利益标准来确立行政听证的适用范围通常是英美法系国家的做法，比如英国、澳大利亚等。英美法系国家通常都不制定一个统一的行政程序法典，因此，英美法系的国家没有统一的行为标准来规定行政听证适用范围。而利益标准则恰好符合英美法系国家的判例制度。通过大量判例的形式，英美法系国家赋予了行政相对人一旦行政机关在行政行为中侵害行政相对人达到一定的利益标准时，便可以申请行政听证的权利。利益标准与行为标准最大的区别在于，采用利益标准的国家并没有明确哪些行政行为应该举行听证，哪些行政行为不应该举行听证。因此，在采用利益标准的英美法系国家中，即使是相同的行政行为，因为侵害行政相对人利益的不同也可能导致某些行为适用听证，某些行为不适用听证。

传统上，听证程序仅适用于剥夺公民财产权利的行政决定。著名的古贝尔诉得斯沃斯工程委员会案首次确定了该原则，即"非经听证程序，任何行使公共权力的机关均不得剥夺个人的财产权利"。1964 年以来，法院通过一系列判例扩大了听证程序的适用范围，即不仅公民财产权利受到侵犯时应当适用听证程序，而且其他的法定权利受到侵犯时，也必须适用听证程序。例如，职业或社团的资格权利，许可证持有人对许可事项的权利等均受自然正义原则保护，如果行政机关准备限制或剥夺这些权利，必须给当事人一个听证的机会。

20 世纪 70 年代以来，随着"合法期待"出现，适用行政听证程序的权利范围再度扩大。认为行政机关影响当事人合理的、建立在一定事实基础上的符合逻辑的未来即将得到的法律权利和自由时，也必须给予当事人听证的机会。合法期待通常产生于以下情形：一是已经拥有某种合法的权利和利益，希望继续拥有；二是行政机关承诺给予某种利益或延续某种利益。当出现上述情形时，当事人就有权要求行政机关适用听证程序予以处理。

英美法的许多判例表明，除了法定财产权利、人身自由权利和合法期待外，个人的其他利益受到行政决定影响时，也有权获得公平的听证。当然，所谓其他利益受影响必须符合几个条件：这些利益为法律保护；行政机关对这些利益的影响必须是直接的，即刻发生效力的；这种影响是对特定对象发生的，有别于对一般公众的影响。

综上，世界各国大多采用行政行为或当事人利益作为界定听证范围的标准。就实质内容而言，这两项标准是密不可分的。无论是负担处分还是干涉处分，或是不利处分，都是从当事人利益的角度对行政行为的种类所做的划分，正是利益受到某种侵害，才要求导致侵害的行政行为履行听证义务。在听证适用范围问题上，行政行为与当事人权益之间存在某种对应关系。并非所有不利行政行为都导致听证义务。首先，行政机关作出严重侵害当事人法定权利的不利行为必须履行听证义务；其次，行政机关作出影响当事人合法期待的不利行为和自由裁量行为，如拒绝申请行为是否履行听证义务则视情况而定；至于那些影响当事人其他利益的不利行为大多无须履行听证义务。由此可见，发生不利行政行为是确定听证范围的首要前提，当事人权益遭到何种损害则是确定听证范围的具体标准。在确定某一行为是否适用听证程序时，首先要看该行为是否对当事人权益产生不利影响，其次还要看这种不利影响是否侵害了法律赋予当事人的合法权益，最后还要看对当事人合法权益的侵害是否达到严重程度。掌握以上标准，才能在立法、执法和行政审判中正确理解和适用听证程序。

（三）我国听证程序适用范围的完善

《行政处罚法》从听证范围、听证程序以及处罚条款等方面规定了听证制度。其中，第42条规定："行政机关作出责令停产停业、吊销许可证或者执照、较大数额罚款等行政处罚决定之前，应当告知当事人有要求举行听证的权利；当事人要求听证的，行政机关应当组织听证。"该法律条款明确了行政处罚听证的范围，排除了诸如限制人身自由处罚等事项。《行政许可法》在总结行政处罚听证制度经验的基础上，进一步完善行政许可听证制度。例如，在《行政许可法》中既规定了依申请的行政听证程序，也规定了依职权的听证程序。[1]此外，还规定了有关部门在"起草法律草案、法规草案和省、自治区、直辖市人民政府规章草案，拟设定行政许可的，起草单位应当采取听证会、论证会等形式听取意见，并向制定机关说明设定该行政许可的必要性、对经济和社会可能产生的影响以及听取和采纳意见的情况"。但这些规定，较为模糊和不明确，赋予了行政机关较大的自由裁量权。《立法法》第36条第1款规定："列入常务委员会会议议程的法律案，法律委员会、有关的专门委员会和常务委员会工作机构应当听取各方面的意见。听取意见可以采取座谈会、论证会、听证会等多种形式。"该条第3款规定："法律案有关问题存在重大意见分歧或者涉及利益关系重大

---

[1]《行政许可法》第47条规定了依申请的行政许可听证制度，"行政许可直接涉及申请人与他人之间重大利益关系的，行政机关在作出行政许可决定前，应当告知申请人、利害关系人享有要求听证的权利；申请人、利害关系人在被告知听证权利之日起五日内提出听证申请的，行政机关应当在二十日内组织听证。申请人、利害关系人不承担行政机关组织听证的费用"。第46条还规定了依职权的行政许可听证制度，"法律、法规、规章规定实施行政许可应当听证的事项，或者行政机关认为需要听证的其他涉及公共利益的重大行政许可事项，行政机关应当向社会公告，并举行听证"。

调整，需要进行听证的，应当召开听证会，听取有关基层和群体代表、部门、人民团体、专家、全国人民代表大会代表和社会有关方面的意见。听证情况应当向常务委员会报告。"第67条第1款规定："行政法规由国务院有关部门或者国务院法制机构具体负责起草，重要行政管理的法律、行政法规草案由国务院法制机构组织起草。行政法规在起草过程中，应当广泛听取有关机关、组织、人民代表大会代表和社会公众的意见。听取意见可以采取座谈会、论证会、听证会等多种形式。"此外，《行政法规制定程序条例》《规章制定程序条例》都规定了听证制度。它是加强立法民主化、科学化的一个重要措施，是我国社会主义民主立法和人民群众参加国家管理的重要形式。但在实践中，立法听证运用得还不多，听证的效果还不显著，立法听证制度还有待进一步完善。

行政听证的适用范围，一定程度上决定着行政听证制度保障公民权利的范围。因此，扩大行政听证适用范围是我国法治建设中的重要环节。但根据我国行政听证制度的立法现状，改善我国行政听证适用范围的存在问题不可能一步到位，应采取逐步扩大的方式。

1. 扩展行政处罚听证的适用范围

我国《行政处罚法》主要规定了七类行政处罚方式，但我国的行政听证范围只纳入三类行政处罚形式，即责令停产停业、吊销许可证或者执照、较大数额罚款，即使规定了"等"字，但实践中可以申请行政听证的行政处罚行为更多限于这三种处罚形式。但是，除这三类以外的其余四类行政处罚行为也可能对行政相对人的权利和利益造成侵害，这种侵害有时候甚至影响更大。像"警告"属于名誉罚，在法理设置上这是一种较轻的行政处罚方式。但是名誉对一个人的价值有时候是很难估量的，比如一个名人，虽然是"警告"这样轻微的行政处罚，但是对其的影响甚至远远超过其他的金钱罚。当前社会，人们越来越重视名誉，名誉权受损的影响正在逐渐扩大。又比如"通报批评"，信誉受损对企业造成的损失将远远超过普通的罚款等行政处罚。因此，如果行政听证的适用范围包含"警告"和"通报批评"这两种行政处罚，那么行政相对人就可以为自己进行辩驳，行政相对人的权益将得到更多的保障。另外，没收较大数额的非法所得以及非法财物不管在形式上还是内容上与处以较大数额的罚款都比较相似，作为同一类型的处罚方式，既然处以较大数额罚款属于行政听证适用范围，那么没收较大数额的非法所得以及非法财物也应该允许行政相对人申请行政听证，这样才符合《行政处罚法》设置的初衷。再者，行政拘留等自由罚是我国最为严重的行政处罚。因此，赋予行政相对人一个提供证据证明法律事实，为自己辩驳的机会也是法律公正性的体现。

2. 把其他行政行为纳入行政听证适用范围

从逻辑上看，各种行政机关的行政行为都可能侵害行政相对人的权利和利益，比如行政裁决、行政强制措施以及行政征收，甚至这种侵害的程度会超越我国现行行政听证制度中规定的行政处罚和行政许可这两种行为。而我国现行听证制度却并没有将这些行政行为纳入行政听证的范围，不符合行政法对于公平正义的要求。这种矛盾在行政强制措施中表现得尤其明显。行政强制措施在行政权力扩张的背景下发展迅速，其适用范围也在不断地扩张中，越来越多的行政行为可能会涉及行政强制措施。但现行的行政法律中，缺乏系统的法律制度对行政权力进行有效的制约，这导致行政强制措施很有可能会在执行过程中损害行政相对人的权利和利益。在执行的过程中，我国行政机关也常常发生不按照法律规定的程序，肆意对行政相对人实施行政强制措施的事实。同样的情形也存在于其他一些行政行为中。因此，应该引入行政听证程序，听取利害关系人的陈述与意见，避免行政权力的滥用，保障公民的合法权益。

3. 适当拓宽抽象行政行为的听证适用范围

当前世界各国的行政立法活动日趋频繁，因此，对行政立法活动的监督也越来越被人们所关注。拓宽抽象行政行为的听证适用范围是对行政立法活动进行有效监督的方法。

在我国，《价格法》以及《立法法》实施后，有些地方也对抽象行政行为作出适用行政听证的具体规定，但对抽象行为的听证范围并没有过多的拓展。《价格法》将主要关系群众切身利益的国家定价行为列入行政听证制度的适用范围，而不是所有的国家定价行为。因此，也并不是所有的抽象行政行为都需要经过行政立法听证。行政听证程序的设置在注重追求公平的时候，不能罔顾行政制度对于效率的要求。因此，我国行政听证制度应通过肯定式概括，明确行政听证程序适用的基本原则，即对于那些与人民群众切身相关的、社会影响较大的抽象行政行为应当举行行政听证制度，而对其他抽象行政行为可以借鉴国外确定行政听证制度适用范围的方式，通过否定式列举将其排除。通过肯定式概括和否定式列举两种形式，完善我国抽象行政行为的听证适用范围。结合我国行政实践，下列抽象行政行为应当被排除在听证适用范围之外：一是对群众的权利利益影响微小的行为，例如行政机关制定内部的规范制度，如果此时也允许行政相对人向行政机关申请听证，则是一种法律资源的浪费；二是法律有明确规定的，此时即使可能对群众造成巨大的影响，但因为法律对此种行为已经作出了明确的规定，因此也没有必要允许行政相对人申请听证；三是在非常紧急情况下作出的抽象行政行为。

四、行政听证主持人制度

听证既是行政主体依法行使职权的重要程序制度，又是行政相对人维护自身合法权益的重要程序权利。听证会能否有序进行以及是否有质量，在相当程度上取决于听证组织者和主持者的能力、素质以及法律所赋予的职权等因素。鉴于听证主持人地位的重要性，世界各国行政程序的立法惯例，都对行政听证主持人的法律地位及独立职权作出了明确规定。

（一）现代听证主持人制度的基本理论

"听证的核心就是抗辩"，在行政听证关系中，作为行政法律关系的主体双方，行政相对人与行政主体处于相对抗的地位，听证主持人作为第三者，应站在公正的立场上，维护听证程序的公正性，从保障双方各自的合法权益的角度出发，居中进行裁判。正如《美国行政法》中所述："听证主持人头戴三顶帽子，一顶是当事人的帽子，维护当事人的利益；一顶是行政机关的帽子，听证官员必须注意对政府有利的证据，维护政府的利益；一顶是裁判官的帽子，听证官员必须站在公正的立场上，衡量各方面的利益，作出公正的裁决（当然裁决为初步裁决或建议性裁决）。"

由于听证主持人是正式听证不可或缺的要素，各国在行政程序法中，纷纷建立听证主持人制度，以规范听证主持人的行为。综合分析世界各国的行政程序法，听证主持人制度大体包含以下几个方面的基本要素。

1. 职能分离制度

职能分离制度源于自然公正原则和分权理论。自然公正原则要求，任何人不能成为自己案件的法官，任何人的辩解都必须被公正地听取。分权理论要求，通过独立行使权力及权力间的相互制约，来保障民主和自由的真正实现。可见，作为英美普通法的传统制度，职能分离制度的用意在于避免职能集中而导致当事人不能得到公正对待。

职能分离有广义和狭义之分。广义的职能分离，是指行政听证必须由相互独立、职能完全分离的机构行使，以避免因职能合并而导致的主观臆断或偏见；狭义的职能分离，也称为内部职能分离，是指行政机关在听证时，由同一行政机关内部的、职能不同的多个独立的行政主体实施，为确保裁决和听证公平，行政主体不能从事和听证行为不相容的活动，即听证主体不能从事案件的追诉活动及对追诉事项进行事先调查的活动。

由于行政机关的活动具有专业性、效率性的特点，如果事无巨细地一律实行完全的职能分离，可能会导致行政机关失去活力，或使社会利益受到影响。但在听证程序中，作出行政行为的行政工作人员往往对案件的事实先入为主，若不实行一定的职能分离，听证主持人以他们调查的证据作为判断的基础，容易形成偏见，造成对当事人的不公平。所以，大多数国家实施内部职能分离，主要体现为听证主持人和作出行政行为的行政工作人员的分离。例如，按照 1946 年美国的《联邦行政程序法》规定，在行政机关的实际工作阶层实行职能分离。在机关的决策阶层，职能不分离，行政机关的长官可以决定是否进行调查，是否提起控诉，并且作出最后的裁决。各种职能如何行使，由行政长官从全局观点来考虑，另外，听证人员和调查人员之间没有上下级的关系，两者完全独立，共同受最高行政长官监督。[1]

---

〔1〕 杨海坤："关于行政听证制度若干问题的研究"，载《江苏社会科学》1998 年第 1 期。

2. 选任制度

职能分离从制度上防止了行政机关执法的偏见。但在听证过程中，要使听证主持人保持公正、中立的立场，必须使其不受任何外界因素的干扰和影响，这就需要建立听证主持人选任制度。

听证主持人的选任有两种方式，一是由行政机关指定的人员或行政首长担任。二是建立行政法官制度，由专职的人员主持听证，行政法官完全摆脱与行政机关的牵连，其任命、罢免、工资、任职等方面均不受行政机关的控制。目前，只有美国采取了行政法官制度，大多数国家关于听证主持人的选任都采用第一种方式。

比较两种听证主持人的选任制度，可以看出，听证法官受行政机关的牵制比较小，享有较高的地位和较大的独立性。由他们来主持听证，较有利于当事人合法权益的维护，有助于维持听证程序的公正性、权威性和严肃性。同时，"任何人不能成为自己的法官"这一亘古不变的法理念在行政法官制度中得以充分的体现。而行政机关指定听证主持人制度则有一定的缺陷，听证主持人在履行职责时易受行政机关的掣肘，致使在引导听证进程、体现公正性方面大打折扣。

3. 回避制度

回避制度既是职能分离制度的具体表现，又是职能分离制度的延伸。行政听证活动中的回避，是指听证主持人基于法定理由，在行使主持听证的职权行为时，因与听证事项或听证当事人有利害关系，而终止其职权行使的一项程序性法律规则。回避制度的法律价值在于：确保行政听证程序的公正性。听证主持人回避制度大体包含以下几方面的规定：

（1）回避主体：指法律规定哪些人员适用回避制度。一般是指主持听证的人员及拟主持听证的人员。如美国的《联邦行政程序法》规定，申请回避的程序适用于行政法官和参加裁决的职员，并可类推适用于行政机关的首长。

（2）回避理由：指在什么条件下听证主持人应当回避。任何偏私都有害于法律目标价值的实现，因此，回避制度要体现排除偏见原则。构成回避偏见的主要内容主要限于以下两个方面：第一是利害关系，即听证主持人及其亲属是否同案件有直接的利害关系；第二是个人的偏见。主持人虽与案件不存在利害关系，但由于个人原因，对当事人一方或其所属的团体有偏爱或憎恶，不可能保证听证程序的公正开展，也需要回避。

（3）回避方式：指在法定条件下，有关人员如何回避，这是回避的具体步骤。回避的方式有自行回避和申请回避两种。自行回避，指听证主持人在法定的情形下，自己主动提出回避。这有利于在社会上树立起听证主持人客观公正的整体形象，能使社会对行政行为产生更加广泛的认同感，使行政权的运作拥有广泛的社会支持。申请回避，是指听证主持人应该回避但却没有回避，当事人为了保证本人受到公正程序的对待，用申请书形式陈述理由并及时提出回避申请。

4. 禁止单方面接触制度

单方面接触是指听证主持人在一方不在场的情况下，和另一方单方面讨论案件，或者事先了解案件。单方面接触会极大地损害对方当事人的利益，破坏正当程序裁决的基本原则和行政机关的威信，这样不利于听证制度立法宗旨的实现。

美国的《联邦行政程序法》明确禁止当事人单方面接触听证主持人或行政裁决人。当事人企图对行政法官或其他作出裁决的官员施加影响，只能在公开场合，在对方当事人参加的情况下进行，该法的第557条（d）款规定：①行政机关以外的任何与听证有利害关系的人，不得就案件的是非曲直问题向行政机关的任何官员、行政法官、其他参与或有理由预料可能参与案件裁决程序的官员单独表示意见，或促成这种意见表示。②行政机关的任何成员、行政法官，或其他参与或有理由预料可能参与案件裁决程序的官员，不得就案件的是非曲直问题，向行政机关以外的任何有利害关系的人单方面表示意见，或促成这种意见的表示。③禁止单方面接触从听证通知发出时开始，如果当事人在此时间以前已知听证的通知将要发出，则应从当事人知道时起开始禁止单方面接触。

5. 听证主持人的权限

确定听证主持人的权限是听证主持人制度的中心环节。对当事人而言，听证主持人在听证程序中的地位类似于司法中的法官，听证公正可以树立利益冲突的双方当事人寻求行政听证程序来解决行政争议的信心，客观上也有助于产生社会稳定发展的积极力量。为了保证听证的顺利进行，实现听证公正，主持人一般都享有以下基本权力：主导听证的进行、询问当事人及证人、安排证据的调查、对妨碍听证的人采取必要措施、对听证中出现的程序性问题作出决定等。

例如美国的《联邦行政程序法》规定，行政法官具有以下权力：①主持宣誓和宣读誓言，旨在保证自己所说和所写的完全正确。②根据法律的授权签发传票。一般是由当事人申请，当事人申请时必须陈述被传唤的证人、证据与案件的关系，以及所传唤证据的合理范围。③接收具有关联性的证据并对证据作出裁定。④规定听证过程，决定听证时间地点，是否允许延期以及提出证据方式。⑤保全证据或指定他人保全证据以备裁决所用。⑥举行听证前的商讨会，协商解决案件或简化案件的情况，加快听证的程序。⑦对程序上的请求及类似的问题给予决定。⑧听证后，对普通规则适用于具体案件的听证案件作出初步裁决，对新发展领域的听证案件，听证主持人作出建议性的裁决。而且初步裁决在没有当事人上诉、行政机关复议的情况下直接成为行政机关的决定。

6. 听证主持人的法律责任

听证主持人是否具有法律地位，最终体现于其是否能独立承担法律责任。独立责任的承担是主持人听证活动的最终约束条件。在法理中，也往往把是否独立承担责任视为个体是否具有法律地位的最终标准。可以说，听证主持人若不能独立承担法律责任，便不具有真正意义上的法律地位。

听证主持人的法律责任在理论上有两种类型：一种由作为长官的首席听证主持人领导其他听证主持人工作，听证主持人对首席听证主持人负责；另一种是由其他非听证主持人领导听证主持人工作，非听证主持人由行政机关任命产生，不具有听证主持人的独立地位，听证主持人对非听证主持人负责。前者称作首席听证主持人负责制，后者称作非听证主持人负责制。在听证主持人独立化要求越来越高的趋势下，世界各国将首席听证主持人负责制视为行政听证制度的有力改革而倍加推崇。

（二）我国听证主持人制度的法律缺位

我国目前涉及听证主持人制度的法律只有两部，即《行政处罚法》和《行政许可法》。[1] 上述法律虽然吸纳了职能分离原则、回避原则、制作听证记录等内容，但对听证主持人的法律地位、职权职能、程序性责任等制度未作规定，鉴于此，部分省、市的行政职能部门在本地区的听证实施细则中对听证主持人制度做了具体规定。如北京、天津、吉林、浙江、海南、

----

〔1〕　详见《行政许可法》第 48 条，《行政处罚法》第 42 条。

深圳、四川、上海等地方政府，以及海关总署等行政部门制定了专门的行政处罚听证程序实施办法。此外，原国家版权局、煤炭工业部、卫生部、交通部等部门也在各自发布的行政处罚办法中，对听证主持人制度作出了规定。尽管各地听证主持人制度的基本原则是统一的，但诸多规定仍存在很大差异和冲突。

1. 听证主持人的界定过于宽泛

关于"听证主持人"的定义，各地区的规定及理解存在较大差异。大致有三种情况：一是将听证主持人规定为首席听证员和独任听证员，如浙江、四川等地的行政处罚条例。二是将听证主持人概括为独任听证员和听证组成员，如海南的行政处罚条例中，听证主持人既指独任听证员，又指听证组中除首席听证员外的其他成员。三是将听证主持人概括为所有听证人员。在《海关行政处罚听证暂行办法》中，听证主持人泛指所有的听证人员，包括独任听证员，也包括听证组中的首席听证员和其他成员。

在听证人员的称谓上，各地差别也较大。有的地区将独任听证的主持人称为独任听证员，将听证组中的主持人称为首席听证员，其他成员称为听证员；有的地区就单一地使用"听证主持人"这一称谓。

关于听证主持人的人数，《行政处罚法》的规定也并不具体，而各行政规章或规范性文件在这个问题上的规定又显得互相矛盾。有的为了提高行政效率，规定采取独任听证制度。有的为了突出听证活动的准司法性，要求根据案件的具体情况，可以选择独任听证员听证，也可以由2人或3人组成听证组来组织听证，如《工商行政管理机关行政处罚听证暂行规则》第10条规定：听证主持人可以由1至3人担任，2人以上共同主持听证的，应当由其中一个为首席听证主持人。

2. 听证主持人的地位相对不独立

（1）在职能分离方面。我国《行政处罚法》第 42 条第 1 款第 4 项规定，听证由行政机关指定的非本案调查人员主持，《行政许可法》第 48 条第 1 款第 3 项规定，行政机关应当指定审查该行政许可申请的工作人员以外的人员为听证主持人。这些规定体现了职能分离原则，但具体操作中有一个问题值得特别注意。尽管法律规定了"由非本案的调查人员、审查人员外的人"主持听证，但是，"非本案调查、审查人员"的范围十分广泛，既可以是负责案件调查、审查部门的其他人员，也可以是行政机关的首长，还可以是本机关其他部门的人员。另外，对于"非本案的调查、审查人员"的性质、地位及其职权，法律都没有作出规定。在实际行政处罚的操作中，一个案件的调查、处罚往往是由行政机关或者授权组织内部的稽查、复核部门负责，需要经过调查取证、集体讨论和提出处罚决定建议等多项内部程序。如果该案需要听证，由该部门产生的听证主持人主持听证，虽然是非本案调查人员，但是，这些人员可能已经参加过案情讨论或者是处罚建议的讨论。由这些人员担当听证主持人，显然有悖公正原则。[1]另外，由于行政机关指定的缘故，听证主持人又要对本行政机关负责。究竟是对本部门的内部各部门的负责人负责还是对机关的法定代表人或者负责人负责？法律并没有规定，这是亟待完善的法律问题。

（2）在听证主持人的选任方面。关于在立法上要不要设专职的听证主持人，听证主持人应当具备何种资格等问题，我国《行政处罚法》《行政许可法》没有具体的规定。大多数规范性文件只是概括的规定：行政机关法制工作人员、专职法制工作

---

〔1〕 郁忠民："论行政处罚听证主体的若干问题"，载《法学》1998 年第 5期。

人员或其他非本案调查人员均可担任听证员。有的地区虽对听证员作出了规定，但对听证员的任职资格仍缺乏具体的管理规定。如北京市仅规定在行政机关从事法制工作 2 年以上或者从事行政执法工作 5 年以上，公道正派的人方可担任听证员。

（3）在听证主持人的职责权限方面。尽管目前的法律中规定了由"非本案调查、审查人员"来主持听证，但对其职权并未规定。同时，由于我国还没具体明确听证主持人的选任制度，实践中，如果某个案件需要听证，就由行政首长指定非本案调查、审查人员的其他工作人员主持听证，这些人员因为仅为临时的主持人，不具有独立地位，也没有独立行使的职权，只能行使行政首长委托其行使的权力。这种情形使得听证主持人很难独立地行使职权，也很难在公正立场上主持听证，并提出客观、公正的听证意见。

3. 听证主持人的回避制度不够明确

在回避制度上，我国《行政处罚法》《行政许可法》禁止与本案有直接利害关系的听证主持人主持听证。但仍有一系列的问题需要解决。

（1）回避的理由不明确。对"利害关系"没有明确的列举规定，也无实施细则之类的具体规定。各部门规章、地方政府规章中也很少对回避理由细化，即使细化了的，也很概括，缺乏明确性和准确性。如《工商行政管理机关行政处罚听证暂行规则》第 12 条规定：在下列三种情形下听证主持人应当回避：①是案件的当事人或者当事人的近亲属；②与案件有利害关系；③与案件当事人有其他关系，可能影响对案件的公正听证的。近亲属的范畴有哪些？利害关系是直接的还是间接的？什么样的关系才可能影响到案件的公正？这些规定相对比较模糊，不能真正地约束听证主持人，也容易导致行政机关在该问题上滥用自由裁量权。

（2）提出回避的时间与回避制度相违背。如国家税务总局《税务行政处罚听证程序实施办法（试行）》第9条第1款规定："当事人认为听证主持人与本案有直接利害关系的，有权申请回避。回避申请，应在举行听证的3日前向税务机关提出，并说明理由。"这一点与回避制度的基本精神不太一致，从法律角度而言，只要在听证结束前的任何时间，当事人发现听证主持人与本案有利害关系的都有权要求其回避。

（3）回避的程序不完善。谁决定听证主持人的回避，以及听证主持人是否可以自行决定回避等一系列程序上的问题，我国的法律法规都没有作出详细的规定。

4. 事先介入案件及当事人的不当规则

听证主持人过早接触案件和当事人也是导致程序不公正的因素之一。《工商行政管理机关行政处罚听证暂行规则》第24条规定："案件调查人员应当自确定听证主持人之日起三日内，将案卷移送听证主持人，由听证主持人阅卷，准备听证提纲。"事先接触卷宗材料，很容易使听证主持人先入为主，而使听证流于形式。听证的精髓在于公正、公开与公平，保障双方当事人的合法权益。如果听证主持人事先与一方当事人单独接触，就违背了其中立的原则，显然对另一方当事人是不公正的。

（三）我国听证主持人制度的完善

鉴于我国听证主持人制度存在的上述问题，应从几个方面对我国的听证主持人制度进行完善。

1. 规范听证主持人的称谓及组成

听证主持人制度是听证程序制度的组成部分，只有进一步完善听证制度的立法，才能达到完善我国听证主持人制度的目的。建议在即将制定的《行政程序法》中设专章规定听证主持人制度，明确行政听证主持人的基本含义，以统一听证主持人的名称。同时，按照法律规定，对现存的行政听证程序进行清理，规范《行政许可法》等法律、法规中听证主持人的名称。

关于听证主持人的组成，实践中的三人听证组的模式虽然有助于体现听证的公正性，但容易导致行政效率低下或造成资源浪费。因为行政听证仅是行政机关一种特殊的调查手段，与法院庭审有着本质的区别。行政听证主持人不同于法官，主要在行政执法过程中体现公正性，对案件并不能作出决定性处理。因此，听证主持人的组成可以简化。

2. 建立相对独立及稳定的听证主持人队伍

建立一支相对独立、稳定、合格的听证主持人队伍是保证听证有序进行的基础。

要明确听证主持人的产生资格。合格的听证主持人应具有以下资格：第一，良好的品格。一个听证主持人应当具备的道德品格范围十分广泛，概括起来有：善良、诚实、正直、互助、勤劳、无私、刚正不阿，具有正义感和权威性。第二，精良的业务素质。包括扎实的法学理论功底、良好的法律意识、丰富的法律知识、高超的职业技能和行政经验及对社会现实的充分认识。第三，国家法律制度保障下的独立地位，在选任、工资、晋升、奖惩、考核、罢免等方面不受所属机关的控制，他们应仅从事与听证有关的活动，而不能干预其他的行政行为。当然，上述设想是一种理想化的模式，也是我国听证主持人制度所追求的最终目标。

由于我国的听证制度发展时间比较短，统一设立专职的听证主持人，并成立专门的机构进行管理，条件尚不成熟。因此，可以分三个阶段逐步实现听证主持人的专职化。第一阶段：由各个行政机关法制机构的专门人员主持听证。我国大多数行政机关内部设有法制机构，机构内有专门人员负责本机关法律事务及其他事项。这些人员具有丰富的法律知识和行政经验，由他们主持听证既可以避免行政首长指定的不足，也可以赢得当事人的信任和认同。第二阶段：由行业听证机构的听证人员主持听证。随着听证制度的成熟，进一步加强有关法制工作人员地位独立性方面的建设，成立专门的行业听证管理机构，管理机构在符合一定条件的行政法制工作人员中，通过考试考核方式选拔任命听证主持人，由行业听证机构负责所属的行业听证。第三阶段：建立专职的听证主持人。随着行业听证机构的发展及听证制度的健全，最终的目标是建立专职的听证主持人员制度。各地区成立统一的听证人员管理机构，由听证机构对听证人员直接管理，不受任何行政机关影响。听证人员经过听证业务考试、专业知识考核后，进行选拔。其任免、工资、晋级都相对独立于行政管辖和行政级别。听证主持人对听证机构直接负责，服从听证机构直接负责人的领导，接受其监督。

3. 明确听证主持人的权限

设置听证主持人的目的有两个：一是提高听证的效率，保证听证程序的顺利进行，以便能较快地作出决定；二是保证听证的公正，公正地进行听证程序，公正地作出决定。为了达到上述目的，必须赋予听证主持人相应的权力，即指挥听证程序进行的权力。具体来说，应在听证之前、之中、之后三个阶段对听证主持人的职责权限加以明示设计。

决定权。在听证开始之际，听证主持人有权确定听证的时间、地点及是否公开举行听证会。在听证开始后，听证主持人有权决定听证的进程，有权根据听证活动进展情况决定是否中止听证、终结听证或者延期听证，有权接受双方的证据，对重复、不重要的证据加以排除。为了防止听证内容偏离主题或违背听证目的，主持人有权决定一方能否拒绝回答另一方提出的问题和要求，有权决定是否要求当事人提供或者补充证据，是否传唤证人当场作证，是否对已经出示的证据进行鉴定。同时，根据法律的授权，主持人有权决定采取必要的措施，维护听证秩序。

召开商讨会权。随着现代行政权的扩张，行政机关拥有很大的自由裁量权，其作出行政决定的幅度和弹性很大。我们可以借鉴美国听证法官制度，赋予听证主持人举行听证前商讨会，并就双方争论问题进行和解的权力，由听证主持人提供给双方当事人对有关事实的合法性以及关联性进行慎重思考和互动交流的场合。这样，既有助于加强管理者与被管理者之间的沟通，加深彼此之间的了解，也有利于缩短听证的时间，提高听证的质量，减少行政复议和行政诉讼发生的机率，从而最终有利于国家良好的宏观行政管理职能的实现。

事实与证据的认定权。听证主持人应有权对听证会上双方所提供证据的真实性和合法性进行裁决。听证主持人根据控辩双方陈述的事实，质证和辩论的情况，及时对双方提供的证据的真实性和合法性进行审查和裁决，对真实合法的证据予以采信，对虚假和非法的证据予以摒弃。当然，无论是采信还是摒弃的证据以及采信或摒弃的理由，都应当真实地记录在案，为案件的最终裁决提供可靠的依据。[1]

建议权。在听证结束后，应赋予听证主持人一定的建议权，如明确听证主持人制作听证结论报告书是听证必经的程序，要求听证主持人在客观听证笔录的基础上，对案件作出合法、合理裁决，并提出处理建议。这样可以为行政决定人作出公正合

---

〔1〕谢子传："行政处罚听证主持人刍议"，载《福建公安高等专科学校学报》2003年第4期。

理的决定节约大量的时间，提高行政效率。

4. 细化听证主持人回避制度

回避制度要求，听证主持人在整个听证程序中应处于中立地位，任何人不得在与自己有关的案件中担任"法官"，不能与案件的审理结果有利害关系。因此，应当扩大听证回避的理由，以列举的方式对听证主持人回避的范围作出明确的规定。规定若存在下列两类情形，听证主持人应当回避。第一，听证主持人存有个人偏见，即听证主持人受个人情感或所属党派、团体的影响，对当事人有偏爱或憎恶的情况。第二，听证主持人及近亲属与案件有下列利害关系：①是当事人或者是因案件直接获得利益或损失的人；②是当事人的近亲属；③是当事人的代理人、监护人或监护人、代理人的近亲属；④是因本案为当事人提供服务的人；⑤同本案有其他的利害关系。另外，还应以法律的形式明确，除了当事人可以申请主持人回避外，主持人也可以自行要求回避。这样，可以从程序上保证听证主持人地位的中立，从而保障听证程序的公正。

5. 确立禁止事先介入、接触案件的规则

为了确保行政听证程序的公正性，我们应当借鉴美国的《联邦程序法》的规定，以法律、法规的形式严格禁止听证主持人事先接触案件、当事人及利害关系人。具体要求如下：第一，在听证召开之前，听证主持人只能从形式上了解听证的案件，不得接触案件的实质性证据材料；第二，行政机关的调查人员不得事先向听证主持人移送案卷，也不得单方向听证主持人表达自己对案件的看法，并积极促成这种看法的实现；第三，当事人也不得事先接触听证主持人，实施任何影响听证公正进行的行为；第四，在听证进程中，听证主持人不得单方面接触当事人或行政机关；第五，禁止接触的时间从听证通知发出之日起计算，如果当事人及行政机关已经了解听证即将召开，禁止接触的时间则从当事人及行政机关了解之日起计算；第六，听证主持人违反单方面接触制度，其作出的决定或者建议将不具有法律的效力，并由有关机关追究其行政责任。

五、行政案卷排他制度

自我国引入行政听证制度以来一直存在着一个争议，即听证笔录在行政决定中的法律效力如何？有的主张借鉴案卷排他性原则，案卷之外没有经过质证的证据不得采纳；有的则主张仅将听证笔录视为行政决定的根据之一，其他的特别是听证会后行政机关调查的或者当事人提供的相关证据亦应采纳。[1]在立法没有作出明确规定之前，各地各部门在具体的行政执法中对待听证笔录的态度五花八门，以至于在很大程度上采纳听证笔录成为一根"弹性皮筋"，致使听证程序成为一种走形式、摆过场的"面子"事。

2004年7月1日正式实施的《行政许可法》首次在听证制度中确立了严格的案卷排他性原则，突出了以听证笔录为依据作出行政许可决定的核心要求。《行政许可法》第48条第1款第5和第2款项规定："听证应当制作笔录，听证笔录应当交听证参加人确认无误后签字或者盖章。行政机关应当根据听证笔录，作出行政许可决定。"这一规定相对于我国以往立法规定的听证制度而言是一个明显的进步和重大的突破，对于我国的行政法制建设必将产生深远的影响。

---

〔1〕 实际上，在国外，关于听证笔录的法律效力，有两种不同的规定：一种是听证笔录对行政机关的决定有一定的约束力，行政机关应斟酌听证笔录作出行政决定，但行政机关不是必须以听证笔录为根据，除非法律有明确规定。这以德国、日本、韩国、瑞士等国家为代表。另一种是美国联邦行政程序法规定的案卷排他性原则，也称为"唯一专有记录"，否则，行政裁决无效。

（一）案卷排他性原则的源起及其在我国的确立

美国通过一个著名的判例"摩根案"确立了其正式听证程序中的案卷排他性原则。"摩根案"前后共有四个，一般按先后顺序称呼，都是因农业部长的一个限制价格的命令而引起的。从行政法的观点而言，最重要的判决就是"第一摩根案件"与"第四摩根案件"。[1]

1933 年 6 月，美国农业部长发布了一个命令，限制堪萨斯市牲畜代理服务收费的最高价格，这个命令是根据牲畜买卖及牲畜场法的授权制定的。法律规定部长制定限制价格的命令必须举行正式听证，农业部在 1930 年到 1932 年期间，举行两次正式听证。由听证审查官主持，口头辩论在副部长主持下进行，口头证词的记录多达 13 000 页，统计资料及其他证据多达几百件，记录达到 1000 多页，对听证一部分的说明多达 500 页。申诉人除攻击命令的内容以外，还攻击这个命令不符合正式的程序，其中最主要的理由是听证结束后，听证职员没有写出一个总结性的中间报告，以供部长参考。部长没有听证，没有阅读任何证据材料，没有听取或考虑申请人的口头辩论，没有阅读或考虑申请人提供的诉状摘要，部长做决定的唯一根据是部内职员所提供的信息，而没有申诉人或其代表参加，地区法院根据听证记录，认为部长的决定合法，驳回了申诉人的请求，申诉人上诉。这个案件最后由最高法院判决，称为"第一摩根案件"。

美国最高法院认为，法律要求部长举行正式听证作出决定，这个决定具有准司法性质，有较高的程序要求，必须以听证所确定的事实作为决定的根据。部长必须仔细考虑证据，才能确定事实，听证的作用在于保证部长的决定根据正确的信息来源

---

〔1〕 王名扬：《美国行政法》，中国法制出版社 1995 年版，第 502~508 页。

作出，部长不能根据听证以外的材料作出决定。如果部长对事实的认定不仔细考虑证据，这就等于没有举行听证，案中农业部长的决定，实质上是部内职员的决定。农业部长仅仅是一个橡皮图章，没有考虑听证中的证据。最高法院的结论认为正式程序的裁决，要求决定者必须听证，本案发回地区法院就申诉人所主张的事项，查明以后再判决。

"第一摩根案件"判决发回重审后产生了一个问题：法院在多大限度内能够审查部长制作决定的思维过程，以确定部长是否认真考虑了听证的记录。申诉人经法院授权后要求部长说明他作出决定的过程，包括对听证记录研究的方式和程度，以及他和内部职员讨论的方式，农业部长对此做了详细的回答。地区法院认为部长做决定的程序符合最高法院规定的原则，申诉人不服，第二次上诉到最高法院。最高法院在"第二摩根案件"中没有就农业部长的陈述是否真实进行审查，而是认为法院不能探索决定者的思维过程，但没有说明理由。在"第四摩根案件"的判决中，最高法院说明了这个理由，即行政程序的完整性质，必须如同法院的程序一样，应当得到他方的尊重。思维过程的探索不仅对决定者不礼貌，而且很难为外界的人所认识。

"摩根案件"反映了美国当时行政裁决中存在的问题。行政听证本来是行政裁决的基础，但是在当时情况下，行政听证结束以后，在法律无规定时，听证人员不必写出一个中间性的报告，裁决人员可能完全不考虑听证案卷，听证可能流于形式，不发生真正的作用。"第一摩根案件"指出行政裁决的原则：决定者必须听证，但是没有指出如何贯彻执行这个原则。"第二摩根案件"和"第四摩根案件"的判决，禁止法院审查决定者的思维过程，结果导致无法检查"第一摩根案件"的原则是否遵守。最高法院没有能够解决正式程序裁决中的问题——最高法院没有完全否定机关决定的原则，行政机关的职员在行政裁决中必须发挥正当的作用，但是法院要求行政长官必须注意案情、研究案情，最终的裁定必须是行政长官个人的产物，不是行政机关职员的决定，形式上做决定的人也必须是实际上做决定的人。然而其指出了解决问题的方向，即：决定者必须听证。这里的"决定者必须听证"，不能从字面去理解，认为行政首长必须亲自主持听证，而是用其抽象的意义，就表示听证的作用而言，即做决定者必须以听证的记录作为根据，认真考虑各方当事人提供的证据，必须符合实质意义的听证。这个原则刺激了美国的《联邦行政程序法》的产生。《联邦行政程序法》第556(e)款规定：证言的记录、证物连同裁决程序中提出的全部文书和申请书，构成按照本编第557节规定作出裁决的唯一案卷。当事人交纳法定的费用后，有权得到副本。第557节所规定的决定是正式程序裁决的决定，只能根据案卷作出。这即是案卷排他性原则在行政联邦程序法中的体现，此原则在美国被认为是正式听证的核心内容，其目的在于维护听证的公正性。

案卷排他性原则与听证制度紧密相连。美国的行政裁决就其采取的程序正规化程度的不同，可以分为非正式程序裁决和正式程序裁决。非正式程序裁决是指行政机关作出具体决定时，在程序上有较大的自由，不适用审判型正式听证程序。美国行政机关的大部分裁决属于非正式裁决，这种裁决没有一致的程序，根据行政机关的任务和事件的性质而采取不同的程序。正式程序裁决是指行政机关通过审判型的正式听证，对具体事件作出决定的行为。美国的《联邦行政程序法》称这种裁决为"经过机关听证以后，根据记录作出决定"［第554节（a）］。案卷排他性原则即是正式行政裁决程序的基本要求，主要适用于经过正式听证作出的行政许可。我国《行政许可法》引入了

"应当根据听证笔录作出决定"的"审判"型正式听证程序，首开我国听证制度之案卷排他性原则的先河。[1]

1996年我国首次在《行政处罚法》中规定了听证制度，后又相继在《价格法》《立法法》《政府价格决策听证暂行办法》等法律规范中规定了听证制度。如我国《行政处罚法》第42条第1款第7项规定："听证应当制作笔录；笔录应当交当事人审核无误后签字或者盖章"，但没有规定听证笔录在决定中作为唯一依据，甚至对该笔录在处罚决定中的效力也只字未提。"而以听证笔录作为最后决定的唯一依据，正是听证的法律意义所在。"[2]

在《行政许可法》的立法当中，借鉴美国正式听证程序中的案卷排他性原则，不得不说这是我国听证制度确立以来的一次重大突破，该原则的确立无疑将对包括行政许可在内的行政行为产生积极而又深远的影响，也必将对我国统一的行政程序立法产生积极的借鉴与影响作用。

（二）案卷排他性原则的含义及确立此原则的意义

1. 案卷排他性原则的含义

案卷排他性原则是指为了保护当事人的知情权和防卫权，行政许可机关作出的影响申请人或利害关系人权利义务的决定所根据的证据，原则上必须是该决定作出前，行政案卷中已经记载的，并经过当事人口头或书面质辩的事实材料。[3]

---

[1] 实际上，在我国的某些地方性立法中，已经确立了案件排他性原则，如《上海市行政处罚听证程序试行规定》第26条规定，"听证笔录应当作为行政机关作出行政处罚决定的依据"。

[2] 杨海坤、黄学贤：《中国行政程序法典化——从比较法角度研究》，法律出版社1999年版，第166页。

[3] 湛中乐主编：《行政许可法实用解答》，中国检察出版社2003年版，第174页。

　　案卷排他性原则的确立意味着，"行政许可决定的作出只能以行政案卷中记载的经过当事人质证的材料为依据，不能在案卷以外，以当事人所未知悉和未论证的事实作为根据"。[1]这就表明：①行政许可机关不能在听证以外接纳证据，例如在听证以外询问医生当事人的伤残程度，或者就听证中的事实询问听证以外的其他证人；②行政机关不能利用其工作人员的秘密调查报告作为证据，因为这些材料没有记载在案卷之中，为当事人所不知，也没有经过当事人的论证，纯系片面之词，以此为根据作出决定，有违公正原则；③行政机关不能就案件中所涉及的物体，单方面进行观察，因为行政机关进行观察时，其本身已经成为证人，所以必须要求当事人在场做成记录，以符合证据法规则；④行政机关不能屈从于外界的压力与影响，这些影响不论来自哪个方面，都没有记载在案卷之中，不能作为裁决的依据。[2]

　　那么，究竟案卷排他性原则中的"案卷"包括哪些内容呢？美国的《联邦行政程序法》规定，"证言的记录、证物连同裁决程序中提出的全部文书和申请书，构成……作出裁决的唯一案卷"，即全部听证的记录和文件构成案卷的一部分，除听证的文件和记录外，案卷还包括裁决程序中作出的和收到的各种文件和记录。我国《行政许可法》规定，"行政机关应当根据听证笔录，作出行政许可决定。"[3]在这里，单从字面上理解，"案卷"仅包括"听证笔录"，但实际上其立法精神与美国正式行政

------

　　〔1〕　王名扬：《美国行政法》，中国法制出版社1995年版，第493页。
　　〔2〕　王名扬：《美国行政法》，中国法制出版社1995年版，第493页。
　　〔3〕　"案卷"作为法律用语在我国只出现在《最高人民法院关于审理反倾销行政案件应用法律若干问题的规定》和《最高人民法院关于审理反补贴行政案件应用法律若干问题的规定》中，我国法律中多是使用"听证笔录"一词，现有法律规范主要对听证笔录作了规定。

程序中的"案卷"的包括内容并没有大的出入，因为《行政许可法》引入的是"审判"型听证制度，"举行听证时，审查该行政许可申请的工作人员应当提供审查意见的证据、理由，申请人、利害关系人可以提出证据，并进行申辩和质证"。这一规定意味着：①行政机关负责审查申请的工作人员（不得为听证主持人）必须将其审查意见的所有证据及理由提供给听证会，以供申请人和利害关系人申辩和质证，如某些可能影响最后行政许可决定的证据和理由未提供，则将一律不再考虑。据此，行政机关听证会举行之前进行调查获取的证据和依据以及作出和收到的各种文件和记录，如未提供给听证会予以质证，则不得在最后的许可决定中采纳。听证会结束之后，行政机关便不得再次进行有关方面的调查与取证，即使进行了也不得采纳，除非将其提供给下一轮的听证会质证；②申请人和利害关系人可以在听证会上提出证据并予以质证，只有在听证会上经过质证的证据，行政机关在行政许可决定中才可以采纳。那些未在听证会上质证、听证会后当事人单方又提出的新的证据，行政机关作出行政许可决定应不予采纳。

2. 我国确立案卷排他性原则的意义

（1）能够保障当事人陈述意见的权利和批驳不利于己的事实的权利——即质证权与申辩权，并在客观上促使当事人更加积极地行使上述权利。质证又称对质，是"当事人就证据当面辩论、相互盘问，以弄清事实的真相"。[1]行政决定的基础依赖于正确认识事实，事实的认定依赖于证据，质证的作用主要就在于检查对方所提供的证据是否可靠，是否全面，而了解事实的真相不能单凭一面之词。因此，质证已经成为现代法治国家

---

〔1〕 姜明安主编：《外国行政法教程》，法律出版社1993年版，第274页。

听证制度的核心。当然，行政许可法确立的质证原则中也包含着当事人对于行政机关自身提供给听证会的证据和理由的申辩权。案卷排他性原则的确立，将在很大程度上使当事人陈述意见的权利和批驳不利于己的事实的权利得以保障，对于现实执法中普遍存在的"会"（听证会）外调查取证、行政执法人员与当事人不当的单方面接触、不正当的外界压力的影响等诸多违背公正原则的问题直接起到抑制作用，同时也能够使当事人对行政许可后果的预测能力大大增强。

案卷排他性原则的确立，客观上也势必促使当事人积极地行使其在听证会的质证与申辩权。因为如果当事人一旦知道听证笔录将作为行政许可决定的唯一证据，那么相对人要求行政机关举行听证时，就有义务也有积极性提供事实、理由和证据来证明自己的主张，反驳行政机关的主张，以维护自己的合法权益。如果相对人听证过程中不积极举证，一方面其正当权益将面临得不到及时有效保护的危险，另一方面他可能承担将来在行政复议或行政诉讼中举证不能的风险。

（2）能够使行政许可机关依法行政，增强行政行为的透明度，并维护行政许可听证的权威性、严肃性。"先取证、后裁决"是现代行政程序制度的基本要求，也是依法行政的基本要求。而案卷排他性原则的精髓在于，"行政机关裁决所依据的事实证据必须是当事人知晓并经过辩论的，行政机关不得以当事人不知晓和未论证的事实作为裁决的依据"。这就要求行政机关在听证过程当中必须向相对人展示所有收集到的证据，为相对人提供充分的质证和申辩的机会。同时，行政机关还必须对其拟作出的行政决定说明理由，让相对人知晓整个行政决定的过程、根据与理由，真正做到"先取证、后决定"。[1]

案卷排他性原则的确立也有利于增强行政行为的透明度。《行政许可法》以法律的形式明确规定了案卷排他性原则，可以使行政许可机关摆脱诸如《行政处罚法》《价格法》等听证笔录"弹性皮筋"的境地，使举证、质证、认证以及行政处理结果的决定等环节更加公开、透明，适应了WTO对于我国行政行为的基本要求。这一原则的推行可以从某种程序上减少腐败问题的滋生，大大增强行政执法机关自身抵制外界不良因素的干扰能力，即"公开是腐败的天敌，阳光是最好的杀虫剂"。[2]

案卷排他性原则的确立，有利于维护行政许可听证的权威性、严肃性。"案卷排他性原则是正式听证的核心，如果行政机关的裁决不以案卷为依据，则听证程序只是一种欺骗行为，毫无实际意义。"[3]而听证的目的在于通过听证获得行政决定的证据。听证笔录作为行政机关最后决定的唯一依据，正是听证的法律意义之所在。因此，听证应坚持案卷排他性原则，"只有这样，才能维护听证制度的严肃性、权威性。"[4]正如施瓦茨所指出的那样，"在依法举行的听证中，行政法庭作出裁决时，不得考虑审讯记录以外的任何材料……若不遵守这一原则，受审讯的权利就毫无价值了。""如果没有这一原则（案卷排他性原则），听证就会成为骗局。行政机构可以走形式，接纳堆积如山的证言和书证，但是，如果行政机构可以依据未在听证中出示

---

〔1〕 唐建强、王斌初："论行政许可听证程序之案卷排他性原则"，载《北京市政法管理干部学院学报》2004年第1期。

〔2〕 周汉华："行政许可法：观念创新与实践挑战"，载《法学研究》2005年第2期。

〔3〕 王名扬：《美国行政法》，中国法制出版社1995年版，第493页。

〔4〕 杨海坤、黄学贤：《中国行政程序法典化——从比较法角度研究》，法律出版社1999年版，第168页。

的材料作裁决，那么厚厚的案卷就成为掩盖真相的假面具，秘密证据或几分钟的秘密会议可以推翻长时间的审判听证。只有把行政机构限制在听证案卷中，才能使私人当事人确信，他不仅有陈述自己意见的正式机会，更重要的是他有机会对质和批驳一切不利于他的事实。"〔1〕

（3）案卷排他性原则能够保障法院对行政机关的监督，并节约诉讼成本。案卷排他性原则要求行政许可机关的决定只能以案卷中的记载——听证笔录为根据，据此，法院在审查行政机关作出的行政许可决定是否合法时，只需审查行政许可决定所依据的听证笔录，而对于案卷中不存在或者在听证之外搜集的证据法院将不予以考虑，这就为法院有效监督行政行为创造了良好的条件。

案卷排他性原则的确立也可以节约诉讼成本。在学术界，有人主张将听证笔录视为最终行政决定主要证据之一，是认为行政行为之后还有行政诉讼程序，当事人可以通过行政诉讼来救济自己的合法权益。笔者认为这一解释欠妥。首先，在将听证笔录视为证据之一的情况下，当事人有可能基于某种原因的考虑，在听证会上故意隐瞒对其有利的证据，而在听证会后单独提交给行政机关，使听证会成为一个可有可无的程序，这无疑会使相当一部分的相对人不服，从而增加行政诉讼案件的数量，加重法院负担。并且就一项制度的设计来讲，等于是行政机关将"皮球"踢给了法院，这无论如何是不合适的。其次，就行政许可而言，其与行政处罚不同，行政处罚更多涉及合法性判断，而行政许可作为最重要的政府规制手段，往往涉及合理性判断和多维政策选择，不论是在国外还是在我国，许多情

---

〔1〕　［美］伯纳德·施瓦茨：《行政法》，徐炳译，群众出版社 1986 年版，第 303~329 页。

况下由法院做判断并不合适。最后，仅仅依靠法院这种事后机制，成本太高，会增加整个制度的不确定性。

（三）案卷排他性原则的例外：官方认知

案卷排他性原则的重要例外是官方认知原则，其含义是行政机关可以在听证笔录之外，在当事人所提供的证据以外，利用行政人员的专门知识，认定案件中的某些事实，并以这样认定的事实作为裁决的依据。这类似于法院在审理案件过程中对于众所周知的事情，无须当事人的证明，而把它认定为事实，作为最终裁决的依据。"众所周知"的事情不用证明，这是西方诉讼程序中的一个古老的格言，其存在可以追溯至早期的罗马法和宗教法。当然，这里的"众所周知"并不是说每个人都必须知道，只要一般人都已知道即符合标准，同时，这种事实不能只由行政机关掌握而为其他领域人士所不知悉。

官方认知原则的适用是为了提高行政效率，免去当事人为某些"众所周知"的事实做无谓的争辩，如根据自然规律可以确定的自然现象，根据史书、年鉴等可靠资料能够查明的事实等，另外，法院作出的业已生效的裁决亦无须再由当事人通过听证程序予以质辩。

一个良好的制度必须同时兼顾效率和公平，官方认知规则亦不例外，它只能在合理和公平范围内存在，不能过分强调行政人员的专门知识，允许其无限制地依靠案卷以外的材料作出行政决定。最重要的就是行政人员不得就行政许可相对人是否符合许可条件利用官方认知原则，否则就等于承认行政机关由于具有专门知识，可以不用证明而确定任何问题。

为了保障当事人的合法权益，行政许可机关对于经官方认知而认定的事实以及据以认知的根据，必须提供给听证会或在听证进行中通知当事人，不能隐瞒或含糊其辞，其目的是为了接受并考虑当事人提出的反证，这是为了避免行政机关"一言堂"。因此，官方认知制度的实际法律效果为转移举证责任，行政机关对于其所主张的事实，不负举证责任，而当事人反对行政机关的认知，则必须提出证明，以推翻行政的决定。

（四）案卷排他性原则在我国现行立法中的缺憾

《行政许可法》在听证程序中第一次确立了行政行为的案卷排他性原则，这是我国立法的一大突破，具有重要的理论和现实意义。但是，由于《行政许可法》立法的缺憾，一定程度上又抑制了案卷排他性原则应有作用的发挥。因此，需要进一步改进与完善。

（1）立法中对听证适用范围规定得太模糊，对听证程序规定得太"粗"，使得很多情形下应当举行听证而行政许可机关不举行，从而使案卷排他性原则在适用范围上受到极大限制。

在适用范围上，《行政许可法》规定"行政机关认为需要听证的其他涉及公共利益的重大行政许可事项"以及"行政许可直接涉及申请人与他人之间重大利益关系的"。何为"重大"？"重大"的标准是什么？这基本上没有客观标准，有些事项也许对某些人是重大的，而对其他人却是无所谓的，因此就出现了行政许可机关在实践中如何把握的问题，以涉案人数的多寡、涉案金额的多少等标准来衡量，似乎都不合适。再比如立法对听证程序过于简单的规定，使得行政许可机关在实践中难以操作，而不得不在具体的执法过程中摸索，过多的不确定性使得行政许可机关及当事人在对待听证笔录的严肃态度上大打折扣。于是，出现了两种与立法预期相悖的情况，一种是举不举行听证由行政机关说了算，于是可听证可不听证的就不听证了；还有一种是行政许可机关主观上还是想搞听证的，但又对"漏洞百出"的听证程序"望洋兴叹"。上述两种情况的结果就是很多行政许可机关干脆采取"规避"的态度，于是，听证无论在范围上还是数量上都大大地"萎缩"了。因此，在立法中应明确规定行政许可听证的范围，并对听证程序作出具体化规定，从而为案卷排他性原则的适用创造条件。

（2）立法中确立了案卷排他性原则，但遗憾的是立法没有设置违反这一原则的法律责任，这是立法技术上的一大缺陷。

就现代成文法国家来说，法律规则一般由行为模式和后果模式两部分组成，行为模式确定主体的权利或义务，而后果模式则对行为表示态度。对于后果模式的设置又可分为否定性后果的设置和肯定性后果的设置。否定性后果的设定增大了行为人的违法成本，使行为人的违法成本总和大于违法收益，而使行为人放弃该行为；肯定性后果的作用则正相反。后果模式就是这样通过有效改变行为人的"预期成本—收益"结构，从而有效地引导其作出遵循法律的选择。所以，立法时应杜绝后果模式的缺失，在设置法律责任时，应注重适度和对应，而进行利益激励时，应力求足额补偿，忌开"空头支票"，由此来提高违法者的预期违法成本或保障法律遵循者的收益，从而引导行为人放弃不遵循法律的选择。

具体立法中究竟应当设置否定性后果模式还是设置肯定性后果模式，需要针对具体的行为模式，从总体上来说，设置否定性后果模式较肯定性后果模式多。就《行政许可法》听证程序之案卷排他性原则而言，设置相应的否定性后果模式则更合适。而遗憾的是《行政许可法》没有做相应的法律责任的设置，从而使行政许可机关即使不依据听证笔录作出许可决定亦不需要承担任何责任。

第八章 行政公益诉讼论

一、行政公益诉讼的基本概念

（一）行政公益诉讼的概念及特征

关于行政公益诉讼的概念，有学者认为，"行政公益诉讼是指公民为维护公益，就与自己权利及法律上利益无利害关系的事项，就行政机关的违法行为提起的行政诉讼"。该界定将公民作为诉讼主体，强调与自己无利害关系。有学者认为，"行政公益诉讼是指当行政主体的违法行为或不作为对公共利益造成侵害或有侵害之虞时，法律容许无直接利害关系人为维护公共利益而向法院提起行政诉讼的制度。"[1]此界定将行政行为可能造成的损害纳入行政公益诉讼的范围，从而更好地实现其制度目的。还有学者认为，"行政公益诉讼是指公民、法人或其他社会组织以及特定的国家机关，针对国家行政机关或其他社会公共部门不依法履行法律规定的职责而损害公共利益的行为提起的行政诉讼。"[2]此概念主张诉讼的主体包括公民、法人或者其他组织以及特定的国家机关。杨建顺教授在其《〈行政诉讼法〉的修改与行政公益诉讼》一文中对行政公益诉讼进行了广义和狭

---

〔1〕 王玉萍："论行政公益诉讼制度"，载《四川行政学院学报》2006 年第 5 期。

〔2〕 高岩："浅谈行政公益诉讼制度"，载《农业科技与信息》2015 年第 5 期。

义的界定，指出"广义上的行政公益诉讼是指公民、法人或其他组织认为行政主体的作为或不作为违法，对国家利益、社会公共利益或者他人利益造成侵害或者可能造成侵害的，皆可以根据法律的规定向人民法院提起的行政诉讼"。[1]其外延可延伸到兼顾追求个人自身的利益。而狭义上的行政公益诉讼则明确地将追求个人利益保护的主观诉讼情形排除在外，原告只能以追求公共利益保护为直接目标，且必须与被诉行为或者不作为没有直接的利害关系。

从行政公益诉讼的上述界定可以看出，学界对于建立行政公益诉讼制度虽然意见比较一致，但对于其内涵的界定却存在不同理解。通过对行政公益诉讼的实质性内容进行分析，笔者将行政公益诉讼界定为，当行政主体的作为或不作为损害了公共利益或者可能损害公共利益时，由与行政行为无直接利害关系的公民、法人或其他组织以及特定的国家机关以维护公共利益为目的，依照法律规定向法院提起行政诉讼的行为或制度。

具体而言，行政公益诉讼具有以下特征：

第一，诉讼的公益性。行政公益诉讼与一般传统的行政诉讼解决特定双方当事人的纠纷的目的不同，它保护的不是某一特定对象的利益，其初衷是为了保护公共利益和法律秩序。行政公益诉讼的意义在于，通过司法途径审查行政行为的合法性，从而对行政权进行监督和制约并最终达到维护国家和社会公共利益的积极有益的社会效果。

第二，不存在直接利害关系。法院受理一般诉讼案件的前提是原告自身权益受到侵害，即原告适格理论。由于行政公益诉讼的提起依据的是法律的授权，故不要求践行原告适格理论。

---

[1] 杨建顺："《行政诉讼法》的修改与行政公益诉讼"，载《法律适用》2012 年第 11 期。

同时该特征直接导致行政公益诉讼的起诉主体更为广泛，公民个人、社会团体、检察院都可能有起诉资格。

第三，功能的预防性。公益诉讼维护的是国家利益及社会利益，一旦遭受侵害，其损失将是无法估量及难以恢复的。因此，行政公益诉讼的提起不以发生实质性的损害为要件，只要行政行为违法，存在或可能存在侵害公共利益的情形时，诉讼即可启动。从社会效果上看，该制度有利于对可能遭受侵害的公共利益进行事前的救济，同时，对行政机关也能起到震慑性作用。

第四，诉讼判决效力更加广泛。普通行政诉讼的判决效力只及于特定的诉讼当事人。行政公益诉讼的权利主体是不特定的多数人，但出于诉讼成本的考量，最后向法院起诉的可能是其中的某个人或某部分人，由于诉讼本身的公益性，提起诉讼是为了寻求和维护公共利益，因此，判决效力对具备行政公益诉讼原告资格但未能直接参加诉讼的人员，都发生法律效力。原告获得胜诉判决，则判决当然生效于所有的公共利益受益人，其他公共利益受益人不需要亲自起诉，也能获得相应权益。此外，如果法院判决公共利益没有遭受行政行为侵害，则其他公共利益受益人也应承认该诉讼结果，除非有新的证据，否则不能因相同事由提起诉讼。

（二）行政公益诉讼与相近概念比较

一项制度的合理构建，离不开将其与相近概念进行辨析，厘清相互间的界限以便在司法实践中得以正确运用，以保证法律的衔接性及统一性。

1. 行政公益诉讼与民事公益诉讼

鉴于古罗马时期的法律"民刑不分"，当时的公益诉讼自然不存在分类的情形，然而到了现代，社会关系错综复杂，法律的制定者为使社会关系能得到更好的调整，从而适应社会发展的需要，诸法开始走向分立，部门法出现。公益诉讼逐渐分为行政公益诉讼、民事公益诉讼及刑事公益诉讼，而刑事公益诉讼渐渐独立发展成为目前的刑事诉讼制度。

在我国，公益诉讼制度首次以法律形式出现是在 2012 年的《民事诉讼法（修正案）》中，这是我国法制建设的重大进步，引起了重大的社会反响。虽然诉讼目的都是维护公共利益，但行政公益诉讼与民事公益诉讼的不同之处在于：一是行政公益诉讼侧重的是对行政机关侵害公共利益的行政行为的监督，民事公益诉讼则是为了惩罚民事主体的违法民事行为，促进良好市场经济秩序的形成。二是诉讼对象的不同，二者分别归属于行政诉讼及民事诉讼，前者的诉讼对象是行政机关，后者自然是双方诉讼地位平等的民事主体。三是两类诉讼达成的诉讼效果不同，对于前者，法院主要是裁判行政行为的合法性与否，可确认其违法抑或责令撤销，主要是为纠正及监督行政机关的行政行为。而民事公益诉讼，法院往往采取经济赔偿、停止侵权的方式来结束诉讼，主要是出于对民事主体合法权益保护的考虑。

2. 行政公益诉讼与代表人诉讼

在我国的诉讼体制当中，存在一种极具中国特色的多数人诉讼制度，即代表人诉讼制度，该制度产生于 20 世纪 80 年代改革开放初期，现代化生产经营规模的扩大促进了经济的飞速发展，多数人因同一或同类事件产生纠纷的案件层出不穷，有限的诉讼空间在此时受到挑战，为解决这一难题，代表人诉讼制度应运而生。该制度是指鉴于诉讼的一方或双方人数众多，为方便起诉，可推选出代表人参与到诉讼当中，而诉讼效力却可及于所有人，可分为"人数确定的代表人诉讼"及"人数不确定的代表人诉讼"。行政公益诉讼与该制度（尤其是人数不确定的代表人诉讼）的联系在于二者往往涉及人数较多，利益波及范围广，代表人诉讼制度往往被认为具有维护公益的性质而与公益诉讼混淆，其实它们完全是两种不同的制度，区别的关键在于诉讼目的是否是保护公共利益，因此，代表人诉讼不能称之为公益诉讼。

3. 行政公益诉讼与行政集团诉讼

集团诉讼起源于英国，发展于美国，是一种推选代表人提起诉讼，而判决的效力及于未参加诉讼的其他成员的制度。在我国，行政集团诉讼首次出现在 2000 年施行的《最高人民法院关于执行〈中华人民共和国行政诉讼法〉若干问题的解释》中，现行《行政诉讼法》第 28 条则将其作为共同行政诉讼的一种特殊形式。两种制度都属于行政诉讼的范畴，但有显著区别。一是行政集团诉讼的诉讼效果长远来看会涉及对公共利益的保护，但起诉人提起诉讼的前提仍需与诉讼标的存在利害关系。二是法律明确规定了行政集团诉讼的同案原告为 5 人以上，代表人的数量应为 1 名至 5 名。集团成员在起诉前会进行必要的组织，人数其实可确定。三是诉讼功能的不同，行政集团诉讼设立的目的是避免诉讼当事人人数过多，影响审判工作的开展，而行政公益诉讼的功能在于督促行政机关依法行政，并对损害公益的行为进行预防。

二、行政公益诉讼的法理基础

任何一种制度的建立和发展都必须有其自身的理论基础作为支撑，否则它就会成为空中楼阁。行政公益诉讼的法理基础包括：[1]

---

[1] 卢峰："行政公益诉讼之基本理论与制度构建"，中共江苏省委党校 2007 年硕士学位论文，第 19~21 页。

（一）社会公共性权利的司法保护

社会公共性权利是公民权利的延伸。公民权利以及社会公共性权利受到尊重和保护的程度，是一国法治状况和人权发展水平的反映，正如学者所说，"行政诉讼制度本身就是民主政治在某一诉讼领域的具体反映。赋予什么样的人可以提起行政诉讼的权利，不仅仅是一个诉讼程序问题，更重要的是通过行政诉讼这一特定的诉讼制度体现一个国家对公民权利保护的程度。而从行政诉讼制度监督行政职权的依法行使这一特定角度来说，原告起诉资格的赋予就是其民主权利的一个表现。"[1]

公民的各项权利，根本上是通过法律来确认和规范的，法律的制定和实施，实际上是法律使公民权利从应然权利演变为法定权利，再发展成为现实权利的过程。因而公民权利的主要内容是法律权利，这是由公民权利的性质和法律的性质决定的，也是权利获得法律保障的必然要求。法律要保障公民权利，首先要为公民权利设立相应的权利制度，为保障公民权利提供制度根据，包括宪法和普通法律两个层面的根据。同时，"形成中的权利"的司法救济是在没有相应的实体法规范的情形下进行的，此时正当利益享有者需要运用诉讼来判断其利益的有无，但应当承认其具有诉的利益。

社会公共性权利仅有制度根据没有制度保障是不够的，必须以切实有效的诉讼手段为依托。无救济即无权利，权利受侵害者都应享有申请救济的资格；司法救济是保护公民的最后一道防线，任何一种法律权利要获得实在性，就必须赋予权利人获得司法救济的权利。因此，公民的基本权利，包括社会公共性权利，除了通过法律的普遍性实际赋予外，还要获得可诉性，

---

[1] 黄学贤、王太高：《行政公益诉讼研究》，中国政法大学出版社2008年版，第122页。

这是行政公益诉讼确立的法理基础之一。

（二）私人力量对行政权的制约

依我国《行政诉讼法》的相关规定，只有公民、法人或其他组织认为行政行为侵犯其自身合法权益时，才有提请行政诉讼的权利；而如果政府行为侵害了社会公共利益，因这种侵害与私人没有直接利害关系，则被排除在行政诉讼的受案范围之外。此种观念和制度之所以存在，其理论根据就在于：行政权本身就是为维护公益而设的，它的行使原则上不受司法审查。私人无权为公益提起诉讼，当法院认定公民个人与案件不存在直接利害关系时，则不认可其具有诉的利益，也即不认可其原告资格。

依此理论，行政权在其固有范围内运作，即使其行为侵害公共利益，只要没有直接损害私人利益，普通公民就无权干预，无权借助司法手段对之进行审查；而只能靠公权系统内部解决，即以权力分立与制约机制加以解决。但是封闭的权力分立与制约之设计一方面使得公权系统呈无限扩张的趋势，运作效率愈来愈低下，造成社会资源的极度浪费，另一方面使得各种权力日益聚合为一个拥有自身利益的庞大系统，堵塞了公民管理国家事务、主张各种权益的途径，违背了人民主权的根本法理。因此，必须运用公权以外的力量——私人力量，通过司法审查的手段，对行政权力进行制约。司法审查的旨趣之一在于动用私权的力量来制约行政权的行使，从而保护各种公益和私益。

三、行政公益诉讼制度的域外考察

由于宪政体制、社会文化、法律制度发展等差异，关于行政公益诉讼的具体名称及运作方式域外国家不甚相同，但在维护公共利益、以行政机关为被告等方面是有较为明显的共同之处的。因而，对域外国家相关制度进行考察和借鉴，可为我国行政公益诉讼制度发展与完善提供经验借鉴。

（一）英美法系

1. 英国

英国的检察总长制度与我国的行政公益诉讼制度较为相似。该制度是在诉讼原告资格不断放宽的基础上逐步发展而来的。19 世纪时，英国法律规定原告只有足够重大利益受损，才能提起诉讼。英国作为判例法系国家，在早期的司法实践中形成了"遵循先例"的审判原则，因而在具体制度的发展中，法院发挥的作用非常大。同样，在诉讼的原告资格问题上，对于什么算是足够重大，也取决于法院的自由裁量。受到相关法理与价值选择的影响，很多时候法院更倾向于对重大利益做相对宽泛的解释。以此为契机，英国行政公益诉讼原告资格逐渐向扩大的趋势发展。

该制度实际运行有两种模式，一种是检察总长发现行政机关及其工作人员侵害公共利益时，可以以公共利益代表人的身份向法院直接提起诉讼；另一种模式是，普通公民借用检察总长的名义起诉。后一种模式在案件的审理中依照普通私人诉讼进行。公民借得检察总长的名字，可以申请禁止令、宣告令等，而一旦出借名义之后，检察总长对于案件所涉及的公共利益不再关注。此类出借名义的诉讼的被告不仅仅限于行政机关，还可以是侵犯国家及社会公共利益的私人及私人机构。而此类诉讼的原告后来也扩大到一些具备公益性质的社会团体。

此外，在受案范围上，英国的相关制度也历经了由窄变宽的过程。起初，尚未将侵害公共利益的抽象行政行为纳入受案范围。而在 1966 年的"布莱克伯恩诉警察局"一案中，引发争议的是布莱克伯恩要求警察对俱乐部中存在的违反法律的赌博履行职责，而警方则以"政策规定"这一抽象行为为理由拒绝他的要求。布莱克伯恩遂针对这项"政策规定"提起了诉讼，理由是侵犯了公共利益。[1]当时的丹宁法官支持了他的诉讼主张，自此，在英国的相关制度中，抽象行政行为和具体行政行为一样，都可以成为起诉对象。

英国检察总长制度的不足之处在于，检察总长是否出借他的名义，完全由其自由裁量，法院不能干预，普通民众也无权对其拒绝出借的行为提起诉讼。

2. 美国

虽然公益诉讼起源于古罗马，但是美国却是第一个建立现代意义上的公益诉讼制度的国家。在美国的法律制度中，没有"行政诉讼"的说法，司法权对行政权的控制是三权分立思想中的重要内容，因而称为"司法审查"。但是，当司法部长（早期称为法务大臣）拒绝对行政行为提出司法审查要求时，公民个人启动诉讼的行为逐渐形成行政公益诉讼制度。该制度是以司法判例为主，以成文法为辅，逐渐建立完善起来的诉讼制度。1901 年纽约州发生的"报刊亭经营诉讼案"就是一个典型案例。该案不是由直接利害关系人提起的诉讼，因而被称为相关人诉讼，即公民个人以法务大臣的名义提起诉讼，该时期的法务大臣可以是州的，也可以是联邦的，此时的公民个人就被称为相关人。这是行政公益诉讼最早的形态。在此时的制度规定中，对于原告的资格限定较多，最大的限制是法务大臣是否允许这种"借名"的行为。后来这种相关人诉讼被运用于就公务人员不履行职务行为或者职务行为不适当所提起的诉讼。公民提起诉讼的目的在于要求其履行或者适当履行自己的职责，提

---

〔1〕［英］丹宁勋爵：《法律的训诫》，刘庸安等译，法律出版社 2000 年版，第 151 页。

起诉讼者仍然只能以相关人的身份，而不是当事人，这就是美国所谓的"职务履行令请求之诉"。第三类是纳税人诉讼，主要针对行政机关的违法行为导致税收等公共财产被不适当使用的情形而向法院提起诉讼。这种纳税人诉讼对于原告的资格要求是必须具有纳税人身份。这种条件看似是限制，其实在无形之中已经最大可能地放宽了原告的资格。

尽管在美国行政公益诉讼制度的发展中也存在着波折与坎坷，但最终行政公益诉讼制度随着原告资格的不断扩大，逐渐确立并完善，最为典型的案件应当是桑德斯广播公司案。后来在《反欺骗政府法》《谢尔曼法》《联邦采购法》以及随着环境问题日益严重相继颁布的《清洁空气法》《清洁水法》，以及各个州的相关立法中，都明确了对起诉资格的赋予，以保护公共利益。

概括说来，美国行政公益诉讼制度的发展具有以下特点：一是提起诉讼的原告资格不断扩大，相关诉讼权利也在不断扩大，从"相关人"的身份逐渐具有"当事人"的资格；二是受案范围的不断扩大，从最初的经济利益逐渐扩大到社会生活中其他有价值的利益内容中，特别是当下，环境、资源几乎成为行政公益诉讼中最常见的诉讼内容。

（二）大陆法系

1. 德国

与其他欧洲国家相比，德国更早注重公共利益的保护。德国行政诉讼制度最突出特点是很早就明确规定了公益代表人制度，也就是行政公益诉讼制度。德国巴伐利亚州作为德国最早建立行政公益诉讼的地区，其基本制度具有如下特点：一是行政法院设立检察官，专门针对政府的违法行为提起诉讼。随着理论界对"私益"和"公益"区分的日益明确，在1960年的

《德国法院法》中，建立了以保护公共利益为目的的公共代表制度。[1]在该制度中，由联邦、州、地方的公益诉讼代表人保护公共利益。而这些公益代表人分别由联邦最高检察官、州高等检察官、地方检察官担任。二是利益保护范围全面。德国行政诉讼法所保护的利益不仅限于实体权利的保护，其他值得保护的价值和利益也在保护范围内。[2]这些权利可以来自宪法、部门法，也可以只来自一般的法律原则，甚至可以来自习惯法。基于此制度，原告资格的范围相当广泛，并不限于基本权利受到侵害的权利主体。三是行政公益诉讼的受案范围较广。由于德国行政诉讼制度的目的更侧重于公共利益的保护，因而其受案范围自然很广泛，以真正实现保护各种权利。

2. 法国

学界普遍将法国作为现代意义上的行政诉讼的发源地，其诉讼类型包括：越权之诉、解释之诉、完全管辖之诉、处罚之诉。其中的越权之诉就是以保护公共利益为目的，致力于救济因行政行为不当而导致的利益损害。法国行政诉讼中的越权之诉的发展一直处在利益平衡之中。如果要求公民只有在直接利益受到损害时才能对行政机关提起行政诉讼，势必减弱了对行政机关的监督，继而影响公共利益的保护，公益诉讼制度设置的意义也不复存在；但是，如果不对原告资格加以限制，意味着每个公民都有权利和机会提起诉讼，案件的解决很可能就变得复杂和迟缓，最终不利于公共利益的保护。因而，法国的行政诉讼制度，既没有明确赋予普通公民提起越权之诉的权利，

---

〔1〕 〔德〕奥托·迈耶：《德国行政法》，刘飞译，商务印书馆 2013 年版，第 218 页。

〔2〕 〔德〕平特纳：《德国普通行政法》，朱林译，中国政法大学出版社 1999 年版，第 266 页。

也没有明确规定，只有直接权利受到侵害时才能提起诉讼，而是努力在两种利益之间努力平衡。

发展到后期，法国行政诉讼制度中对于"利益主体"的解释就分为了三类：一是公民个人，是普通行政诉讼中的直接利益主体；二是社会团体，它与自然人主体的要求类似，必须是行政行为直接影响了集体的利益时，社会团体可以自己的名义提起诉讼；三是特定的国家机关，当其他行政机关的行为侵犯了其所代表的利益，而该特定机关又无权直接撤销或变更时，该机关就可以提起越权之诉，要求法院撤销或变更该行为。这里的特定国家机关只能是其他政府机关，而非法院或者检察院等司法机关。

3. 日本

在日本，类似于我国行政公益诉讼制度的是民众诉讼。以"请求纠正国家或者公共团体机关的不符合法律规定的行为"为目的的诉讼是日本的民众诉讼。[1]从整体上看，日本的行政公益诉讼具有更多的民事诉讼的特征。民众诉讼的审理程序大致由《行政案件诉讼法》统一规定，而在《公职选举法》《地方自治法》等特别法中，也有一些审理程序以外的特别规定。

根据民众诉讼的规定，原告资格并不仅限于直接利益受到侵害的公民，但并不意味着所有公民都当然享有原告资格，而必须具有某种特殊身份或者资格。这种资格有时是纳税人，有时是选举人，根据相关法律有关权利救济中的内容进行规定。比较典型的是《公职选举法》中规定，对于选举或当选效力的诉讼争议，候选人或选举人可以以原告的身份提起诉讼。

（三）经验借鉴

综合域外考察可以发现，不同国家的具体立法模式、立法

---

〔1〕 ［日］盐野宏：《行政法》，杨建顺译，法律出版社1999年版，第30页。

选择存在较大的差异，也有某些相通之处，这为完善我国行政公益诉讼制度提供了较好的借鉴。具体而言包括以下特点。

（1）原告资格不断扩大。无论是英美法系还是大陆法系，我们可以发现，从制度建立初始的"直接利益相关人"到"貌似完全无关的旁观者"，只要出于公共利益或价值的保护，就可以以原告的资格，以行政机关为被告向法院提起诉讼。这几乎已成为世界范围内制度构建和完善的必然趋势，因为最大限度保护公众的利益已逐渐成为必然的价值选择。

（2）受案范围不断扩大。保护公共利益的价值选择决定了越来越多的行政行为进入到可诉的范围，而不仅仅局限于早期行政行为。而所涉及的利益种类也越来越丰富，不仅保护人身权和财产权，还扩大到了环境权等非经济价值的保护，有的国家甚至把社会治安、反垄断和城市发展等都纳入到行政公益诉讼所保护的利益中。一个国家行政诉讼制度所保护利益的广泛性几乎已经成为衡量法治文明程度的重要标志。

（3）制度规定更为明确、具体。域外行政公益诉讼制度发展较为完善的国家，在制度构建完善中，也基本都经历了从粗放、简约到细致、具体的过程。因为行政公益诉讼所涉及的利益大都与社会公众的利益息息相关，而公益诉讼在管辖、举证证明、诉讼权利责任等方面都较一般的诉讼有不同程度的不同。因此，无论以保护公共利益为目的，还是为了行政公益诉讼制度能够顺利实行，都有必要将制度规定得明确、具体，而不能完全依赖法官的自由裁量。

（4）起诉条件逐步放宽。在梳理相关制度过程中我们发现，在行政公益诉讼制度的发展中，伴随着原告资格的不断拓宽、受案范围的不断扩大、保护利益的不断增加，起诉条件势必会逐渐放宽。但是这不可避免地会造成司法资源的浪费，因而很多国家为公益诉讼设立了前提条件。例如英美法系国家倾向于设置诉讼的前置程序，例如美国的《清洁水法》中规定了60天的通告期，以督促行政机关及时自我纠正违法行政行为。

四、我国行政公益诉讼制度的发展

（一）我国行政公益诉讼制度发展进程[1]

在我国，建立行政公益诉讼的探讨由来已久。随着《行政诉讼法》的修改被提上议事日程后，行政公益诉讼更是成为修法的焦点之一，2005年12月3日颁布的《国务院关于落实科学发展观加强环境保护的决定》中明确提出要"研究建立环境民事和行政公益诉讼制度"以及"推动环境公益诉讼"。此后的实践中公益诉讼制度有所发展，但始终面临着缺乏法律依据的尴尬局面。2012年《民事诉讼法》第55条规定："对污染环境、侵害众多消费者合法权益等损害社会公共利益的行为，法律规定的机关和有关组织可以向人民法院提起诉讼。"从而使民事公益诉讼有了基本的法律规定。尽管在《行政诉讼法》修改前刚刚通过的《中共中央关于全面推进依法治国若干重大问题的决定》（以下简称《决定》）中提出，"检察机关在履行职责中发现行政机关违法行使职权或者不行使职权的行为，应该督促其纠正"，并首次明确提出"探索建立检察机关提起公益诉讼制度"的问题。习近平总书记在对《决定》的说明中，更是全面阐述了公益诉讼制度。但令人遗憾的是，2014年修改的《行政诉讼法》并无行政公益诉讼的踪影。2015年最高人民检察院在修订的《关于深化检察改革的意见（2013-2017年工作规划）》

---

〔1〕 黄学贤："行政公益诉讼回顾与展望——基于'一决定三解释'及试点期间相关案例和《行政诉讼法》修正案的分析"，载《苏州大学学报（哲学社会科学版）》2018年第2期。

中就行政公益诉讼又特别提出，要"探索建立健全行政违法行为法律监督制度。建立检察机关在履行职务犯罪侦查、批准或者决定逮捕、审查起诉、控告检察、诉讼监督等职责中发现行政机关违法行使职权或不行使职权行为的督促纠正制度"；要"探索对行政违法行为实行法律监督的范围、方式、程序，明确监督的效力，建立行政机关纠正违法行为的反馈机制"；要"探索建立检察机关提起公益诉讼制度。探索提起公益诉讼的条件、适用范围和程序，明确公益诉讼的参加人、案件管辖、举证责任分配。健全督促起诉制度，完善检察建议工作机制"。

近年来，在生态环境和资源保护、国有资产保护、国有土地使用权出让等领域，行政机关违法行使职权或者不作为使国家利益和社会公共利益受到侵害的事件屡屡发生。但由于长期以来我国保护国家利益和社会公共利益的法律制度还很不完备，对行政机关此类违法行政行为缺乏有效的监督方式。为了加强对国家利益和社会公共利益的保护，强化对行政违法行为的监督，建立行政公益诉讼的呼声日渐高涨。十八届四中全会的《决定》中所提及的"公益诉讼制度"虽然包括民事公益诉讼和行政公益诉讼，但很明显其重点在于行政公益诉讼。因为从切实维护公共利益，实现国家治理体系和治理能力的现代化，加快法治政府建设，推动法治国家的实现等方面看，建立和完善行政公益诉讼制度更具有现实必要性和紧迫性。事实上，行政公益诉讼制度的发展相较于立法，司法已经先行了。例如2000年"沈某诉某地文体局案"；2001年"施某、顾某诉南京市规划局案"等，一直到2014年的"贵州省金沙县检察院诉金沙县环保局行政不作为不履行职责案"等案件。改革试点前的行政公益诉讼案件，在原告方面既有公民个人和社会组织，也有检察机关。在涉案范围上涵盖了文体领域、国税领域、规划领域、环保领域等不同领域。原告类型的多元化反映了社会对公共利益的关注，涉案领域的广泛反映了我国目前公共利益维护机制的不健全。但试点之前的行政公益诉讼由于缺乏明确的法律规定，多以法院裁定驳回起诉而结案。虽然行政公益诉讼在维护公共利益方面具有不可替代的功能，但试点以前大多数涉案法院的做法也无可厚非，因为于法有据是法院的基本准则。一些地方在试点之前已先行探索，陆续出台了相关规定，结合自身特色试行了相应的具体举措。如贵州省，在试点前就以地方性法规及其他规范性文件等形式，探索行政公益诉讼制度的发展范式，对于保护生态环境起到了重要的作用，为在全国范围内推行行政公益诉讼制度的试点工作提供了有益经验。

正是实践的迫切需要以及十八届四中全会的明确要求，行政公益诉讼的理论探索与实践展开并未因 2014 年《行政诉讼法（修正案）》的通过而止步。令人欣慰的是，《行政诉讼法》2015年 5 月 1 日实施，2015 年 7 月 1 日第十二届全国人民代表大会常务委员会第十五次会议就通过了《关于授权最高人民检察院在部分地区开展公益诉讼试点工作的决定》。次日，最高人民检察院发布了《检察机关提起公益诉讼改革试点方案》。2015 年12 月 16 日最高人民检察院第十二届检察委员会第四十五次会议通过了《人民检察院提起公益诉讼试点工作实施办法》。作为推进试点工作配套制度的一部分，2016 年 2 月 22 日最高人民法院审判委员会第 1679 次会议通过了《人民法院审理人民检察院提起公益诉讼案件试点工作实施办法》。至此，我国检察机关提起行政公益诉讼有了直接的法律依据（即上述的"一决定三解释"）和基本规则，行政公益诉讼制度的基本框架落地。虽然目前的制度在受案范围、原告资格管辖、审理程序以及裁判方式等方面，距离完备的行政公益诉讼制度尚有较大的距离，但在通过建立起检察机关提起行政公益诉讼制度，以便充分发挥检察机关的法律监督职能作用，促进依法行政，维护国家利益和社会公共利益方面，毕竟迈出了可喜的步伐。

如果说关于公益诉讼的"一决定三解释"使得我国行政公益诉讼因有了直接的法律依据而落地，那么，《行政诉讼法》的第二次修改则使得我国行政公益诉讼真正生根。就在两年试点工作即将到期的 2017 年 6 月 27 日，第十二届全国人民代表大会常务委员会第二十八次会议通过了关于修改《中华人民共和国行政诉讼法》的决定，对《行政诉讼法》作出了如下修改，即对原法第 25 条增加 1 款，作为第 4 款："人民检察院在履行职责中发现生态环境和资源保护、食品药品安全、国有财产保护、国有土地使用权出让等领域负有监督管理职责的行政机关违法行使职权或者不作为，致使国家利益或者社会公共利益受到侵害的，应当向行政机关提出检察建议，督促其依法履行职责。行政机关不依法履行职责的，人民检察院依法向人民法院提起诉讼"。该修正案自 2017 年 7 月 1 日起施行。虽然此次修改的内容不多，但却意义非凡。这表明我国行政公益诉讼已从试点区域扩大到全国范围，同时也表明在制度建设上我国的行政诉讼制度更加完善，检察机关的监督职能进一步拓展，从而依法行政的实践，法治政府的步伐又向前大大迈进了一步。当前的主要工作应该是，认真梳理行政公益诉讼试点工作开展以来的具体实践情况，分析和研究试点工作中的具体问题，有效提出解决问题的举措，进而推进相关的理论研究并促进行政公益诉讼制度的进步完善。

（二）我国行政公益诉讼制度取得的成绩

检察机关提起行政公益诉讼，不仅进一步有效发挥了检察机关作为国家法律监督机关的职能，而且大大释放了行政诉讼制度的能量，积极拓展了对行政机关违法行为司法监督的空间，开拓了司法维护国家利益和公共利益的领域。检察机关提起公益诉讼试点以来，全国试点地区的检察机关严格按照试点方案，紧紧抓住国家和社会公共利益这个核心展开相关工作，试点工作总体顺利进行并取得了积极成效。[1]

1. 拓展了检察机关法律监督的职能

《宪法》以及《人民检察院组织法》明确赋予了检察机关法律监督职能，但实践中检察机关法律监督的范围因其方式是有限的。在行政公益诉讼落地之前，检察机关对行政权的主动、直接监督主要停留在以抗诉以及检察建议形式纠正行政机关违法行使职权或不作为，即《行政诉讼法》第93条第1款、第2款的规定："最高人民检察院对各级人民法院已经发生法律效力的判决、裁定，上级人民检察院对下级人民法院已经发生法律效力的判决、裁定，发现有本法第九十一条规定情形之一，或者发现调解书损害国家利益、社会公共利益的，应当提出抗诉。地方各级人民检察院对同级人民法院已经发生法律效力的判决、裁定，发现有本法第九十一条规定情形之一，或者发现调解书损害国家利益、社会公共利益的，可以向同级人民法院提出检察建议，并报上级人民检察院备案；也可以提请上级人民检察院向同级人民法院提出抗诉"。这种在诉讼末端的监督，显然并不能充分发挥检察机关对行政权的监督职能。检察机关提起行政公益诉讼权的获得，将检察机关对行政权的监督又向前大大延伸了一步。这无疑大大地拓展了检察机关法律监督的职能。

---

[1] 黄学贤："行政公益诉讼回顾与展望——基于'一决定三解释'及试点期间相关案例和《行政诉讼法》修正案的分析"，载《苏州大学学报（哲学社会科学版）》2018年第2期。

2. 填补了行政公益诉讼中诉讼主体的缺位

由于检察机关行政公益诉讼主体地位的明确，在行政机关不履行法定职责或者违法行使职权，而又没有适格主体起诉的情况下，检察机关直接向人民法院提起行政公益诉讼，这在很大程度上改变了国家利益和社会公共利益遭受损害时无人诉、无法诉的现象。从理论上讲，行政权力的运行应当以维护和增进国家利益和社会公共利益为价值取向和实践目标。但实践中，一些行政机关违法行使职权或者不作为，则大大损害了国家利益和社会公共利益。近几年来，由于一些人发展理念上的错位，有些行政机关在生态环境和资源保护、国有资产保护、国有土地使用权出让、食品药品安全等重要领域违法行为或者行政不作为，造成国家利益和社会公共利益受到侵害的案件时有发生。根据传统的原告适格理论，提起行政诉讼的原告只能是与行政行为有法律上直接利害关系的当事人。这就使得许多损害国家利益和社会公共利益的行政行为，由于没有特定的受害人而被排除在行政诉讼的审查范围之外，进而导致遭受损害的国家利益和社会公共利益得不到充分有效的维护，由此引发的社会矛盾、纠纷也得不到及时有效的化解。试点工作的实践表明，检察机关提起行政公益诉讼弥补了行政公益诉讼主体的缺位，强化了对国家利益和社会公共利益的维护。

3. 促进了行政机关自制功能的发挥

行政公益诉讼制度的产生本身就大大激发了行政机关自制功能的发挥，而一旦行政机关出现违法作为或者行政不作为的情形，检察机关又可以通过诉前程序，促使行政机关纠正其违法作为或者督促其依法作为。试点以来的实践表明，特别是诉前程序在促进行政机关发挥其自制功能方面的效果十分显著。截至2016年9月，试点地区检察机关办理的1668件诉前程序案

件中，行政公益诉前程序案件 1591 件，有关行政机关回复意见
1348 件，其中尚未到一个月回复期的就有 243 件，行政机关纠
正违法或履行职责案件 1214 件。[1]诉前程序的分流功效之所以
能够有效发挥，除了得益于检察机关作为公益诉讼人所具有的
独特优势地位外，亦与行政机关在利益衡量后作出相对最优选
择有关。以检察院提起行政公益诉讼的方式来监督制衡行政机
关可能的滥用权力或怠于履职等行为，成本较高且耗时较长。
诉讼不仅仅消耗司法资源，同时也会对行政机关的人财物力造
成损耗。若能在启动诉讼程序，动用司法资源之前即可及时纠
正行政机关的违法行为，则无须再以提起诉讼的方式耗费人财
物力资源。诉前程序的设置，在节约司法资源、尊重行政自制、
促进社会和谐方面确有不可替代之功效。

　　行政公益诉讼促进行政机关发挥其自制功能，无疑助推了
法治政府建设。检察机关对在履行职责中发现的行政机关违法
行使职权或者不作为，造成国家利益和社会公共利益遭受侵害
或者有侵害危险的案件，及时提出检察建议；行政机关拒不纠
正违法或不履行职责的，检察机关提起公益诉讼，通过人民法
院裁判促使行政机关纠正违法行为，极大地推动了行政机关依
法行政，大大加快了法治政府建设进程。

　　4. 促进了行政诉讼制度的完善

　　行政公益诉讼已经成为许多国家和地区行政诉讼制度的重
要内容，甚至在很大程度上成为衡量一国或地区行政诉讼制度
完善程度的重要标志。在试点期间，我国以检察机关为原告的
行政公益诉讼制度，虽然在制度依据、受案范围等方面尚有不

---

　　[1] 黄学贤："行政公益诉讼回顾与展望——基于'一决定三解释'及试点期
间相关案例和《行政诉讼法》修正案的分析"，载《苏州大学学报（哲学社会科学
版）》2018 年第 2 期。

足，但毕竟在一定程度上弥补了行政诉讼制度的一大缺憾，推动维护了国家利益和社会公共利益的行政法律制度体系的进一步完善。2017 年 5 月 23 日，习近平总书记主持召开中央全面深化改革领导小组第三十五次会议，审议通过《关于检察机关提起公益诉讼试点情况和下一步工作建议的报告》。会议指出：试点检察机关在生态环境和资源保护、食品药品安全、国有资产保护、国有土地使用权出让等领域，办理了一大批公益诉讼案件，积累了丰富的案件样本，制度设计得到充分检验，正式建立检察机关提起公益诉讼制度的时机已经成熟；要在总结试点工作的基础上为检察机关提起公益诉讼提供法律保障。[1]会上，时任检察长曹建明指出：实践充分证明，党的十八届四中全会部署"探索建立检察机关提起公益诉讼制度"是完全正确的，这一制度设计也是切实可行的，对于全面依法治国特别是推进法治政府建设，完善中国特色社会主义司法制度具有重大意义。正是试点期间行政公益诉讼在实践中所取得的明显成效，直接促进了《行政诉讼法》在距第一次修改仅仅两年多的时间内再次修改，从而在严格意义的法律层面上设定了行政公益诉讼制度。

（三）我国行政公益诉讼制度存在的问题

从试点到《行政诉讼法》的修改，尽管取得了上述成绩，但并不意味着检察机关提起行政公益诉讼的制度已经很完善了，2017 年《行政诉讼法（修正案）》只是对行政公益诉讼做了原则性的规定。2017 年 4 月 12 日，最高人民检察院召开全国人大代表议案建议和全国政协提案交办会，在承办的 204 件议案建议和提案中，公益诉讼类约占 15.7%，对全面推开公益诉讼、

---

〔1〕 胡卫列、田凯："检察机关提起行政公益诉讼试点情况研究"，载《行政法学研究》2017 年第 2 期。

如何做好改革的顶层设计、推动完善公益诉讼立法、深入推进公益诉讼制度建设提出了有价值的意见和建议。公益诉讼改革成为 2017 年代表、委员高度关注的热点。修改后的《行政诉讼法》明确了行政公益诉讼案件的范围，明确了行政公益诉讼案件中，检察机关以"公益诉讼人"的原告身份提起诉讼。原试点方案也明确了行政公益诉讼的诉前程序、提起诉讼的条件和诉讼请求等主要问题。但目前以《行政诉讼法》和试点方案为基础的行政公益诉讼基本制度，在原告资格、受案范围、举证规则、诉讼程序等方面仍然有待进一步完善。

五、我国行政公益诉讼制度的发展方向

针对我国行政公益诉讼制度存在的问题，我国行政公益诉讼制度的发展应强化以下制度建构：[1]

1. 实现行政公益诉讼原告二元化

根据试点方案，行政公益诉讼只能由检察机关提起，但有些学者对于检察机关作为垄断性提起公益诉讼主体的资格问题提出了质疑。2017 年《行政诉讼法》修正案也确立了该模式。[2]行政公益诉讼的原告资格问题历来有一元论和二元论之争。所谓一元论，即只赋予特定国家机关（在我国即指检察机关）行政公益诉讼原告资格。所谓二元论，是指既赋予特定国家机关行政公益诉讼原告资格，同时也赋予公民、法人或者其他组织行政公益诉讼原告资格。虽然"与其他诉讼主体相比，

---

〔1〕 黄学贤："行政公益诉讼回顾与展望——基于'一决定三解释'及试点期间相关案例和《行政诉讼法》修正案的分析"，载《苏州大学学报（哲学社会科学版）》2018 年第 2 期。

〔2〕 余彦、黄金梓："对检察机关垄断行政公益诉讼起诉资格之质疑及正位——以环境行政公益诉讼为分析重点"，载《常州大学学报（社会科学版）》2018 年第 1 期。

检察机关作为国家法律监督机关，不牵涉地方和部门利益，适合代表国家和社会公共利益提起诉讼；检察机关拥有法定的调查权，有利于调查取证和解决举证困难问题；检察机关能够从大局出发，审慎地行使公益诉权，避免影响到正常的行政秩序；检察机关具有专业法律监督队伍，能够高效、准确地配合人民法院进行诉讼，可以大幅度降低司法成本"，但是，就充分发挥社会主体维护国家利益和社会公共利益的作用而言，行政公益诉讼原告资格的一元性显然是不够的，并且检察机关垄断行政公益诉讼起诉资格，亦存在不作为或乱作为的可能性，影响公共利益的正常保护。从行政法治的发展趋势看，行政公益诉讼原告资格的二元论是最终的理想状态。需要注意的是，作为宪法所确立的法律监督机关，检察机关参加行政公益诉讼，主要还是基于其法律监督机关的身份，通过对行政机关的依法监督，来维护国家利益和社会公共利益。当然，检察机关作为宪法规定的法律监督机关，在诉讼中对法院的审判活动也要予以监督。因此，检察机关既可以监督行政机关，又可以监督法院的审判执行活动，一定程度上存在"运动员"兼任"裁判员"之嫌。

2. 明确行政公益诉讼的受案范围

试点方案采用了列举的方式，规定了属于行政公益诉讼受案范围的典型案件。对此，有学者认为，从行政法法理来看，这种列举式的规定不应当被视为排他性的，凡是对公共利益造成侵害的违法行政行为，都应当属于行政公益诉讼的受案范围。但是，对于一种尚处在探索阶段的制度而言，由特别法来限制受案范围也是当下较为合理的一种选择。《行政诉讼法（修正案）》规定行政公益诉讼受案范围是，"人民检察院在履行职责中发现生态环境和资源保护、食品药品安全、国有财产保护国有土地使用权出让等领域负有监督管理职责的行政机关违法行使职权或者不作为"。这与试点方案关于行政公益诉讼受案范围的规定相比，修正案增加了食品药品安全领域。长期以来我国的食品药品安全领域的问题比较突出，社会反响也较大，这与负有食品药品安全监管职责的行政机关不作为、乱作为有较大关系。实践证明，仅仅通过提起民事公益诉讼的途径，尚不能有效解决食品药品安全问题。因此，《行政诉讼法修正案》将食品药品领域纳入行政公益诉讼的受案范围，是加强该领域司法监督的实践需要。需要指出的是，在试点方案和《行政诉讼法修正案》中，关于行政公益诉讼案件受案范围的规定，在列举事项的最后都用了一个"等"字作为兜底条款。有学者认为"等"字系指"等内"，主张检察机关至少在现阶段办理行政公益诉讼案件时，不宜僭越立法明确的四大类型，[1]亦有部分学者主张"等外"观点，即虽然试点以来检察机关参与行政公益诉讼案件的重点为环境资源保护等四大领域，但不排除检察机关可以并已经在四大领域以外的其他领域开展行政公益诉讼相关工作。[2]

就目前来看，检察机关受案范围依然局限在四大领域之中，在一定程度上造成了权力监督真空地带，容易出现行政机关不作为或违法履职侵犯公益及不特定私权利主体私益情形，不利于全面回应人民群众诉求及充分保护公共利益。笔者认为，"等"字宜作"等外之等"理解。其一，从立法技术及通常原理分析，如果法律对于相关事项或情形采取封闭式枚举，则一般不会出现"等"字，以彰显法律的可预测性价值和行为的严

〔1〕 周虹、王栋："检察机关提起行政公益诉讼制度构建中的问题"，载《中国检察官》2018 年第 3 期。

〔2〕 徐全兵："检察机关提起行政公益诉讼的职能定位与制度构建"，载《行政法学研究》2017 年第 5 期。

谨，而对于开放式列举则往往缀以"等"字，以弥补法律的滞后性。其二，从公共利益保护的客观形势来看，亦不能仅局限于环境资源保护等四大领域。在文物古迹保护、土地征收、刑罚执行及安全管理等其他领域中，亦存在因行政机关不作为或违法行为而导致公共利益受到损害的情形。根据行政公益诉讼的立法目的，应当被纳入行政公益诉讼受案范围，允许检察机关启动相应程序，而不能放任公共利益受损状态持续或扩大。因此，随着行政公益诉讼制度的发展与完善，行政公益诉讼受案范围中的"等"字将会日益显示出应有的开放性意义。建议用特别法的规定来逐步释放"等"字的意义，既可以防止"等"字的虚化，又可以防止行政公益诉讼受案范围的无限扩张。

3. 进一步明确证明责任

正所谓"任何一制度之创立，必然有其外在的需要，必然有其内在的用意，则是断无可疑的"。尽管与传统行政诉讼在"私益"范围监督行政不同，行政公益诉讼强调的是在"公益"领域督促依法行政，但其本质上仍属于行政诉讼，其举证责任制度的设计应当遵循行政诉讼举证责任分配的基本原则即"举证责任倒置"原则，不应因行政公益诉讼起诉人举证能力的不同而有所改变。行政公益诉讼举证责任分配遵循"举证责任倒置"原则，既有行政法基本原理的支撑也是实现制度的价值功能所需。行政公益诉讼是继续沿用传统理论来进行构建，还是应重新审视传统举证责任理论，进行新的理论创设？在实务界，有专家指出，"公益诉讼人"这个新的身份定位与传统行政诉讼中的原告相比，既有相同之处，亦有本质区别。检察机关在证明起诉符合法定条件这一点上与传统的行政诉讼原告所负有的举证责任无异，而区别则主要在于其应承担起证明行政机关对公共利益造成损害事实的举证责任。而该责任并非要求检察机关承担完全意义上的证明责任，依照《最高人民检察院提起公益诉讼试点工作实施办法》（以下简称《试点办法》）第 44 条的规定，其只需提交"国家和社会公共利益受到侵害的初步证明材料"即可。但现实中，检察机关需要就行政机关存在不作为或违法行为的事实、公共利益受到损害或威胁且与行政机关违法事实存在因果联系、检察机关履行诉前程序职责和行政机关不纠正违法事实等事项承担举证责任。因此，检察机关需要就以上各类事项开展调查取证工作，甚至部分事项证明标准应当达到"高度盖然"甚至"确凿无疑"的程度，需要以大量的证据材料作为支撑，并承担包括败诉在内的举证不利后果，工作量及压力相对较大。[1]检察机关负担大量的举证责任，从一方面来看，可以保证以确凿、充分的证据支持自己的诉讼请求，在试点阶段谨慎、妥当地处理好每一起行政公益诉讼案件，但从另一方面来看，如此之重的举证负担又是检察机关所无法承受的。[2]

关于行政公益诉讼中举证责任分配，学界有不同观点。有学者认为："在行政公益诉讼案件中，行政机关取证时更具有专业性与便利性，且行政机关应证明行政行为的合法性。因此，行政公益诉讼案件中应实行一般行政诉讼中的举证责任倒置规则。"[3]有学者则认为："检察机关具有法律专业人才和专业优势，举证能力较强，由检察机关在原则上承担举证责任是合理的。行政行为具有公信力，检察机关必须有足够证据才能对其提出挑战，否则不利于行政秩序的稳定。此外，由检察机关举

---

〔1〕 张硕："论行政公益诉讼证明标准"，载《哈尔滨工业大学学报（社会科学版）》2018 年第 4 期。

〔2〕 王玎："检察机关提起行政公益诉讼的举证责任"，载《上海政法学院学报》2017 年第 4 期。

〔3〕 朱全宝："论检察机关提起行政公益诉讼：特征、模式与程序"，载《法学杂志》2015 年第 4 期。

证还有利于防止检察机关滥用行政公益诉讼权。"[1]还有学者认为，应当对作为类和不作为类行政公益诉讼案件的举证责任进行区分，"在作为类的行政公益诉讼中，由被告承担举证责任，应当提供作出行政行为的证据和所依据的规范性文件；在不作为类行政公益诉讼中，原告应当提供其向被告提出申请的证据，但被告应当依职权主动履行法定职责的，以及原告因正当理由不能提供证据的除外"。[2]该分类举证的观点实际上与一般行政诉讼中的举证责任并无本质区别。最高人民检察院《试点办法》第 45 条对行政公益诉讼中检察机关的举证责任做了原则性规定，人民检察院作为行政公益诉讼原告时，对下列事实承担举证责任：①证明起诉符合法定条件；②人民检察院履行诉前程序提出检察建议且行政机关拒不纠正违法行为或者不履行法定职责的事实；③其他应当由人民检察院承担举证责任的事项。

在行政公益诉讼中，对国家利益和社会公共利益受到侵害的举证责任应当由检察机关承担，至于该侵害是否由被告违法行使职权的行为或者不作为引起，则由被告承担举证责任。这是行政诉讼举证责任的基本要求。在试点实践中，检察机关反映较多的是在行政公益诉讼中检察机关举证责任过重。实际上，行政公益诉讼中，要区分检察机关举证责任重与承担举证责任难。对于该举证的事项，检察机关的责任不能以难为借口而有丝毫的减轻。对于举证难则要寻找原因进而通过建立完善的机制予以解决。

检察机关作为国家法律监督机关参与行政公益诉讼案件，属于依据职权进行的法律监督活动，应当具备一定的调查取证

---

〔1〕 傅国云："行政公益诉讼制度的构建"，载《中国检察官》2016 年第 5 期。

〔2〕 杨解君、李俊宏："公益诉讼试点的若干重大实践问题探讨"，载《行政法学研究》2016 年第 4 期。

权，并由法律强制力予以保障。司法实践中，检察机关为了查明行政机关的不作为或违法行为及公共利益受损事实等事项，需要调阅由行政机关制作或保管的证据材料、向行政机关工作人员询问相关情况，并还可向知情的公民或组织等私权利主体展开调查。[1]最高人民检察院《试点办法》第 33 条规定了行政公益诉讼中检察机关的调查取证权，但还应当在明确检察机关调查取证法律责任的同时，增强其保障措施，以便强化检察机关的调查取证权。因此，建议通过完善立法，就检察机关在开展行政公益诉讼案件中的调查取证权进行细化规定，包括检察机关开展调查取证的条件、程序及当事人的权利义务，应当增加关于行政机关、公民及各类组织拒不配合甚至阻碍检察机关调查取证的法律责任，包括但不限于罚款、拘留法定代表人等手段，还可以在诉前程序中引入行为保全制度，以防止公共利益受损继续扩大。唯有通过立法赋予检察机关在行政公益诉讼中的调查取证权以强制力，才能对行政机关产生实质上的拘束力，倘若仅是由检察机关单方或联合法院就调查取证作出规定，且无明确的法律责任条款，则难以保障检察机关调查取证工作的顺利有效进行。

由于行政公益诉讼所涉案件的技术性和科学性比较强，检察机关作为原告有时会出现难以应付的情形，此时可以引进专家辅助人制度。在具体的诉前办案程序方面，应格外注意对检察机关调查取证环节权力行使的控制，其在行政公益诉讼中所享有的调查取证权并不同于刑事诉讼，不应在调查取证过程中固守旧有思维，混用其在刑事侦查中所惯常使用的侦查措施和手段。为了最大限度地避免检察机关滥用权力，应加大对检察

---

〔1〕 梁鸿飞："中国行政公益诉讼的法理检视"，载《重庆大学学报（社会科学版）》2017 年第 6 期。

机关权力运用的监督。

　　4. 完善行政公益诉讼中的诉前程序

　　诉前程序是行政公益诉讼的一般性前置程序，不能认为只有经由起诉之后才是行政公益诉讼程序的开始。诉前程序是检察机关向法院提起行政公益诉讼的前置程序，主要形式为检察机关依据调查获得的各类证据向行政机关发出要求作为或纠正违法行政行为的检察建议，督促检察机关挽回对公共利益的损害后果或消除对公共利益的威胁——如果行政机关及时根据检察建议切实履行职责并挽回或基本挽回对公共利益的不利后果，则检察机关可做结案处理，不再向法院提起诉讼；但是如果行政机关在收到检察建议后依然不纠正违法行为或没有从实质上挽回对公共利益的不利后果，则检察机关可向法院提起诉讼，进入诉讼程序。综合试点及全国人大常委会 2017 年 6 月修订《行政诉讼法》以来，在全国及各省级区域的行政公益诉讼实践中，行政公益诉讼诉前程序案件甚至一度占了同期各类公益诉讼案件总数的 95% 以上，部分地区检察机关办理的约 80% 以上行政公益诉讼案件系通过诉前程序便督促行政机关纠正了不作为或违法行为情形并实现了对公共利益的保护，进而实现结案。[1]因此，检察机关提起行政公益诉讼之前，应当先向相关行政机关提出检察建议，督促其纠正行政违法行为或依法履行职责。诉前程序与提起诉讼具有同等重要的地位，既体现了检察机关对"穷尽救济原则"的尊重，又体现了司法机关对行政机关自行决定权的尊重，既能尽可能释放行政机关自我纠错机制的效能，又能缓解提起诉讼的压力，降低司法运行成本。[2]而提起行政

---

　　〔1〕　沈开举、邢昕："检察机关提起行政公益诉讼诉前程序实证研究"，载《行政法学研究》2017 年第 5 期。

　　〔2〕　毛斌："论行政公益诉讼前置程序"，载《中国检察官》2016 年第 12 期。

公益诉讼的后续程序，在很大程度上又使得诉前程序的检察建议有了"牙齿"。但是，如何充分发挥检察建议的效用，加强检察建议与提起诉讼的有效衔接，行政公益诉讼的诉前程序尚需要进一步完善。目前诉前程序中的问题主要表现在：诉前的检察建议刚性不足；行政机关履行检察建议的期限未定、回复不具体；行政机关不履行检察建议后检察机关提起诉讼的时间不确定等。

由于检察建议就其本质而言仍是种程序性行为，对行政机关并不具有强制力，检察机关也不能直接变更或者撤销行政行为，也不能直接要求行政机关作出什么行政行为。为了避免久督不决、久促不诉现象的发生，要完善诉前程序与提起诉讼程序的衔接机制。其中，应当明确检察建议的具体内容、送达程序，以及行政机关在检察建议规定的时间内不履行检察建议情况下检察机关提起诉讼的时间。有学者曾经提出，由于行政诉讼是一个程序烦琐、期间较长的过程，为避免违法行政行为的进一步实施可能给国家和社会公共利益带来无法挽回的重大损失，应当规定诉前临时禁令程序，由法院审查决定立即迅速暂停该行政行为，是一种必要的诉前救济措施和制度安排。该制度的建立对于维护国家利益和社会公共利益确有其必要性。在向法院提起诉讼之前，检察建议是否应当对次数给予限制？有的行政机关在接到检察建议后只是部分履行了检察建议内容。对于未完全履行检察建议情形的，检察机关是再次发出检察建议，还是直接提起行政公益诉讼？无论是从检察建议的严肃性，还是从有效维护社会公共利益和国家利益的角度讲，检察建议宜为一次性。行政机关除非有正当理由，应当完全履行检察建议，否则就会面临被诉的法律后果。

5. 应在行政公益诉讼中设置协调结案

最高人民检察院的《试点办法》第 48 条规定："行政公益

诉讼案件不适用调解。"但第49条规定:"在行政公益诉讼审理过程中,被告纠正违法行为或者依法履行职责而使人民检察院的诉讼请求全部实现的,人民检察院可以变更诉讼请求,请求判决确认行政行为违法,或者撤回起诉。"这里的撤回起诉实际上就是一种协调。行政公益诉讼中,人民检察院的宗旨是依法督促行政机关纠正违法行政行为、履行法定职责。这不仅是检察机关提起行政公益诉讼的重要内容,也是行政公益诉讼制度价值的重要体现。在由学者选取的17个行政公益诉讼案例样本中,真正进入法院开庭审理结案的只有6例,在6例已结案件中,原被告双方以"和谐庭审模式"协调结案的共4例,占66.67%。然而,值得注意的是,协调结案并非没有原则与底线的随意妥协。检察机关之所以撤回起诉,是因为在行政公益诉讼审理过程中,被告纠正了违法行为或者依法履行职责使人民检察院的诉讼请求全部实现,对已经或将要招致损害的国家利益和公共利益进行切实有效的补救与保护。而非其他普通意义上的"协商调解,各退一步"式的结案方式。此外,法院在审理案件过程中应对检察机关申请撤诉进行严格审查,只有在符合法定条件下方可准许。以协调方式结案,在当下中国有着特殊的意义。在探索建立行政公益诉讼制度的初期,这种模式一方面能够最大限度地降低司法及行政成本,另一方面也有利于实质性地解决国家利益和公共利益受损的问题。

　　除上述问题之外,在我国行政公益诉讼制度的完善中,还存在着管辖、附带民事诉讼制度、检察机关作为原告败诉后的处理以及面对地方保护主义或跨区域事件,检察机关担任原告的难度及可实现性等问题,仍需要学界进一步研究。

主要参考文献

著作类

1. ［德］平特纳:《德国普通行政法》，朱林译，中国政法大学出版社 1999 年版。

2. ［德］哈特穆特·毛雷尔:《行政法学总论》，高家伟，法律出版社 2000 年版。

3. ［德］奥托·迈耶:《德国行政法》，刘飞译，商务印书馆 2013 年版。

4. ［韩］金东熙:《行政法》（Ⅰ、Ⅱ），赵峰译，中国人民大学出版社 2008 年版。

5. ［美］伯纳德·施瓦茨:《行政法》，徐炳译，群众出版社 1986 年版。

6. ［美］卡罗尔·哈洛、理查德·罗林斯:《法律与行政》，杨伟东等译，商务印书馆 2004 年版。

7. ［美］菲利克斯·尼格罗、劳埃德·尼格罗:《公共行政学简明教程》，郭晓来等译，中共中央党校出版社 1997 年版。

8. ［美］欧内斯特·盖尔霍恩、罗纳德·M. 利文:《行政法和行政程序概要》，黄列译，中国社会科学出版社 1990 年版。

9. ［美］戴维·罗森布鲁姆、罗伯特·克拉夫丘克:《公共行政学：管理、政治和法律的途径》（第 5 版），张成福译，中国人民大学出版社 2002 年版。

10. ［美］菲利克斯·尼格罗、劳埃德·尼格罗:《公共行政学简明教程》，郭晓来等译，中共中央党校出版社 1997 年版。

11. ［美］朱迪·弗里曼:《合作治理与新行政法》，毕洪海、陈标冲译，商务印书馆 2010 年版。

12. ［葡］迪奥戈·弗雷塔斯·亚玛勒：《行政法教程》（第 1 卷），黄显辉、王西安译，法律出版社 2014 年版。

13. ［日］米丸恒治：《私人行政——法的统制的比较研究》，洪英等译，中国人民大学出版社 2010 年版。

14. ［日］和田英夫：《现代行政法》，倪建民、潘世圣译，中国广播电视出版社 1993 年版。

15. ［日］盐野宏：《行政法总论》，杨建顺译，北京大学出版社 2008 年版。

16. ［日］市桥克哉等：《日本现行行政法》，国林等译，法律出版社 2017 年版。

17. ［意］罗西：《行政法原理》，李修琼译，法律出版社 2013 年版。

18. ［英］威廉·韦德：《行政法》，徐炳等译，中国大百科全书出版社 1997 年版。

19. ［英］丹宁勋爵：《法律的正当程序》，李克强等译，法律出版社 1999 年版。

20. 王名扬：《英国行政法》，中国政法大学出版社 1987 年版。

21. 王名扬：《美国行政法》，中国法制出版社 1995 年版。

22. 王名扬：《法国行政法》，中国政法大学出版社 1988 年版。

23. 王敬波等：《欧盟行政法研究》，法律出版社 2013 年版。

24. 翁岳生编：《行政法》，中国法制出版社 2009 年版。

25. 吴庚：《行政法之理论与实用》（增订 8 版），中国人民大学出版社 2005 年版。

26. 林锡尧：《行政法要义》，元照出版社 1998 年版。

27. 城仲模主编：《行政法之一般法律原则》，三民书局 1997 年版。

28. 许宗力：《法与国家权力》，月旦出版公司 1993 年版。

29. 詹镇荣：《公私协力与合作行政法》，新学林出版公司 2014 年版。

30. 罗豪才、湛中乐主编：《行政法学》（第 3 版），北京大学出版社 2012 年版。

31. 罗豪才主编：《现代行政法的平衡理论》，北京大学出版社 1997 年版。

32. 应松年主编：《行政法与行政诉讼法学》（第 2 版），法律出版社 2009

年版。

33. 《行政法与行政诉讼法学》编写组：《行政法与行政诉讼法学》，高等
    教育出版社 2016 年版。

34. 应松年主编：《当代中国行政法》，中国方正出版社 2005 年版。

35. 应松年主编：《行政程序法立法研究》，中国法制出版社 2001 年版。

36. 应松年主编：《外国行政程序法汇编》，中国法制出版社 2004 年版。

37. 江必新、梁凤云：《最高人民法院新行政诉讼法司法解释理解与适用》，
    中国法制出版社 2015 年版。

38. 姜明安主编：《行政法与行政诉讼法》（第 6 版），北京大学出版社
    2015 年版。

39. 姜明安主编：《行政法》，北京大学出版社 2017 年版。

40. 章剑生：《现代行政法专题》，清华大学出版社 2014 年版。

41. 章剑生：《现代行政法总论》，法律出版社 2014 年版。

42. 余凌云：《行政法讲义》（第 2 版），清华大学出版社 2014 年版。

43. 余凌云：《行政自由裁量论》，中国人民公安大学出版社 2005 年版。

44. 余凌云：《行政契约论》，中国人民大学出版社 2000 年版。

45. 刘志刚：《中国行政法专题》，复旦大学出版社 2011 年版。

46. 周佑勇主编：《行政法专论》，中国人民大学出版社 2010 年版。

47. 杨解君：《中国行政法的变革之道——契约理念的确立及其展开》，清
    华大学出版社 2011 年版。

48. 胡建淼：《行政法学》（第 4 版），法律出版社 2015 年版。

49. 叶必丰：《行政法与行政诉讼法》（第 3 版），高等教育出版社 2015
    年版。

50. 马怀德主编：《行政诉讼原理》，法律出版社 2003 年版。

51. 张治宇：《合作论——从政治哲学、法哲学到行政法哲学》，法律出版
    社 2017 年版。

52. 李洪雷：《行政法释义学：行政法学理的更新》，中国人民大学出版社
    2014 年版。

53. 王旭：《行政法解释学研究：基本原理、实践技术与中国问题》，中国
    法制出版社 2010 年版。

54. 周佑勇：《行政法基本原则研究》，武汉大学出版社 2005 年版。

55. 任进：《行政组织法研究》，国家行政学院出版社 2010 年版。

56. 沈岿主编：《风险规制与行政法新发展》，法律出版社 2013 年版。

57. 胡建淼、江利红：《行政法学》（第 3 版），中国人民大学出版社 2015
年版。

58. 孙笑侠：《法律对行政的控制》，山东人民出版社 1999 年版。

59. 陈新民：《中国行政法学原理》，中国政法大学出版社 2002 年版。

60. 黎军：《行业组织的行政法问题研究》，北京大学出版社 2002 年版。

61. 黄娟：《行政委托制度研究》，北京大学出版社 2017 年版。

62. 薛刚凌主编：《行政主体的理论与实践——以公共行政改革为视角》，
中国方正出版社 2009 年版。

63. 李娟：《行政法控权理论研究》，北京大学出版社 2000 年版。

64. 黄学贤、王太高：《行政公益诉讼研究》，中国政法大学出版社 2008 年
版，第 122 页。

65. 王旭军：《行政合同司法审查》，法律出版社 2013 年版。

66. 张康之：《公共行政中的哲学与伦理》，中国人民大学出版社 2004
年版。

67. 王学栋主编：《公共行政学》，清华大学出版社 2011 年版。

论文类

1. 周佑勇："裁量基准的制度定位——以行政自制为视角"，载《法学家》
2011 年第 4 期。

2. 周佑勇："行政法的正当程序原则"，载《中国社会科学》2004 年第
4 期。

3. 杨临宏："行政法中的信赖保护原则研究"，载《云南大学学报（法学
版）》2006 年第 1 期。

4. 黄学贤："行政法中的信赖保护原则"，载《法学》2002 年第 5 期。

5. 龚刚强："法体系基本结构的理性基础：从法经济学视角看公私法划分
和私法公法化、公法私法化"，载《法学家》2005 年第 3 期。

6. 李春燕："行政信赖保护原则研究"，载《行政法学研究》2001 年第

3 期。

7. 黄学贤、杨红："我国行政法中比例原则的理论研究与实践发展"，载《财经法学》2017 年第 5 期。

8. 湛中乐："行政法上的比例原则及其司法运用——汇丰实业发展有限公司诉哈尔滨市规划局案的法律分析"，载《行政法学研究》2003 年第 1 期。

9. 章剑生："对违反法定程序的司法审查——以最高人民法院公布的典型案件（1985-2008）为例"，载《法学研究》2009 年第 2 期。

10. 刘东亮："还原正当程序的本质——'正当过程'的程序观及其方法论意义"，载《浙江社会科学》2017 年第 4 期。

11. 江必新："行政程序正当性的司法审查"，载《中国社会科学》2012 年第 7 期。

12. 薛刚凌："多元化背景下行政主体之建构"，载《浙江学刊》2007 年第 2 期。

13. 沈岿："重构行政主体范式的尝试"，载《法律科学（西北政法大学学报）》2000 年第 6 期。

14. 张树义："论行政主体"，载《政法论坛》2000 年第 4 期。

15. 杨解君："行政主体及其类型的理论界定与探索"，载《法学评论》1999 年第 5 期。

16. 王学栋："政治与行政二分法视野中的行政自由裁量权"，载《行政论坛》2008 年第 1 期。

17. 王学栋、王舒娜："论行政自由裁量权的价值定位"，载《中国行政管理》2007 年第 6 期。

18. 王学栋："论行政自由裁量权的政治控制"，载《行政论坛》2009 年第 5 期。

19. 王学栋："行政伦理视野中的行政自由裁量权"，载《教学与研究》2007 年第 6 期。

20. 王学栋："论行政自由裁量权产生的历史前提"，载《中国石油大学学报（社会科学版）》2008 年第 4 期。

21. 高家伟："论德国行政法的基本观念"，载《比较法研究》1997 年第

3 期。

22. 余凌云："对行政自由裁量概念的再思考"，载《法制与社会发展》2002 年第 4 期。

23. 杨建顺："行政裁量的运作及其监督"，载《法学研究》2004 年第 1 期。

24. 邱瑞虹、王东风："论行政许可设定权"，载《法制与社会发展》2000 年第 6 期。

25. 林秋萍："行政法领域的'设定权'与'规定权'"，载《河北法学》2014 年第 11 期。

26. 沈福俊："部门规章行政处罚设定权的合法性分析"，载《华东政法大学学报》2011 年第 1 期。

27. 胡锦光、王锴："论我国宪法中'公共利益'的界定"，载《中国法学》2005 年第 1 期。

28. 张鲁萍："私主体参与行政任务的界限研究"，载《北方法学》2016 年第 3 期。

29. 谌爱华："关于听证主持人制度的法律思考"，载《上海大学学报（社会科学版）》2006 年第 1 期。

30. 孙增芹、王学栋："论行政许可听证程序之案卷排他性原则"，载《中国石油大学学报（社会科学版）》2006 年第 5 期。

31. 陈松："公私合作的公法调试——以国家担保责任为中心"，载《武汉理工大学学报（社会科学版）》2015 年第 5 期。

32. 杨建顺："《行政诉讼法》的修改与行政公益诉讼"，载《法律适用》2012 年第 11 期。

33. 黄学贤："行政公益诉讼回顾与展望——基于'一决定三解释'及试点期间相关案例和《行政诉讼法》修正案的分析"，载《苏州大学学报（哲学社会科学版）》2018 年第 2 期。

34. 胡卫列、田凯："检察机关提起行政公益诉讼试点情况研究"，载《行政法学研究》2017 年第 2 期。

后 记

本教材是为学习行政法课程的法学专业硕士研究生而编写的，也是编者在多年讲授行政法课程讲义的基础上进一步搜集资料整理而成的。本教材基于法学专业硕士研究生教学的科学定位，与行政法学本科教材，包括大部分研究生教材相比较，具有以下特点：

（1）教材结构由专题性替代体系性，并打破传统教材章节与单行法的局限，实现专题内容与单行法相结合。研究生学习的创新性、学术性与个性化特征，决定了研究生教学无需像本科生教学那样进行体系性或系统性的知识训练，而应采用专题式教学与深入式讨论；在进行专题教学与讨论时，把单行法的制度规定揉进各专题教学内容，打破传统教材章节与单行法的局限，实现单行法之间的纵横结合。

（2）教材内容既体现与本科阶段的衔接，又避免重复本科阶段的知识内容，体现出与本科教学的层次性差异，是在更高层次上介绍行政法的基本原理、最新进展与学科发展前沿。这有利于研究生掌握坚实宽广的基础理论以及系统深入的专门知识，有利于研究生综合能力、实践能力、创新能力和科学精神的培养。

本教材的出版得到山东省研究生教育优质课程建设项目《行政法学原理》、中国石油大学（华东）研究生教育建设项目《法学一级学科硕士点核心课程群的建设》的经费资助；本教材的出版还得到了中国政法大学出版社的大力支持。在此，对中国石油大学（华东）研究生院、中国政法大学出版社的各位领导表示衷心的感谢。

本教材由王学栋、谌爱华共同编著完成，由王学栋拟定编写提纲并负责统稿与定稿。具体分工如下：第一章、第二章、第四章、第五章、第八章由王学栋撰写，第三章、第六章、第七章由谌爱华撰写。硕士研究生吴乐瑶、赵博、杨秋、陈明洋、金鹤为本教材撰写搜集与整理了部分资料，在此亦表示感谢。

本教材在编写过程中，参阅了行政法学界大量的参考文献，吸收了最新的研究成果，恕不一一列明，只能择其要列于书后，在此向所有的专家学者致谢。由于编者水平有限，书中难免有错误、不当之处，恳请专家、学者批评指正。

编　者

2019 年 5 月 10 日